中等职业教育国家规划教材
全国中等职业教育教材审定委员会审定
全国建设行业中等职业教育推荐教材

建 筑 统 计

（建筑经济管理专业）

主　　编　苏铁岳
副 主 编　孔素芹
责任主审　刘伟庆
审　　稿　张　琳　钱存华

中国建筑工业出版社

图书在版编目（CIP）数据

建筑统计/主编苏铁岳．—北京：中国建筑工业出版社，2003

ISBN 978-7-112-05406-0

Ⅰ．建… Ⅱ．苏… Ⅲ．建筑企业-工业统计-中国
Ⅳ．F407.924

中国版本图书馆 CIP 数据核字（2002）第 108617 号

本书共分为13章，分别从总论、综合指标、时间数列、统计指数、建筑业统计概念、建筑产品统计、建筑业企业劳动工资统计、建筑业企业机械设备统计、建筑业企业原材料能源消费与库存统计、建筑业企业财务状况、经营成果统计、建筑业经济效益统计、建筑业企业职工伤亡事故统计以及建筑业企业附营业务活动统计等诸方面系统介绍了建筑统计工作的基本概念、观点和方法。

本书可用作中等职业学校相关专业的教材，也可供广大建筑经济管理工作者参考。

中等职业教育国家规划教材
全国中等职业教育教材审定委员会审定
全国建设行业中等职业教育推荐教材

建 筑 统 计

（建筑经济管理专业）

主　编　苏铁岳
副 主 编　孔素芹
责任主审　刘伟庆
审　　稿　张　琳　钱存华

*

中国建筑工业出版社出版、发行（北京西郊百万庄）
各地新华书店、建筑书店经销
北京市铁成印刷厂印刷

*

开本：787×1092毫米　1/16　印张：17　字数：412千字
2003年1月第一版　2012年1月第九次印刷
定价：27.00元
ISBN 978-7-112-05406-0
（14986）

版权所有　翻印必究
如有印装质量问题，可寄本社退换
（邮政编码100037）

中等职业教育国家规划教材出版说明

为了贯彻《中共中央国务院关于深化教育改革全面推进素质教育的决定》精神，落实《面向21世纪教育振兴行动计划》中提出的职业教育课程改革和教材建设规划，根据教育部关于《中等职业教育国家规划教材申报、立项及管理意见》（教职成［2001］1号）的精神，我们组织力量对实现中等职业教育培养目标和保证基本教学规格起保障作用的德育课程、文化基础课程、专业技术基础课程和80个重点建设专业主干课程的教材进行了规划和编写，从2001年秋季开学起，国家规划教材将陆续提供给各类中等职业学校选用。

国家规划教材是根据教育部最新颁布的德育课程、文化基础课程、专业技术基础课程和80个重点建设专业主干课程的教学大纲（课程教学基本要求）编写，并经全国中等职业教育教材审定委员会审定。新教材全面贯彻素质教育思想，从社会发展对高素质劳动者和中初级专门人才需要的实际出发，注重对学生的创新精神和实践能力的培养。新教材在理论体系、组织结构和阐述方法等方面均作了一些新的尝试。新教材实行一纲多本，努力为教材选用提供比较和选择，满足不同学制、不同专业和不同办学条件的教学需要。

希望各地、各部门积极推广和选用国家规划教材，并在使用过程中，注意总结经验，及时提出修改意见和建议，使之不断完善和提高。

教育部职业教育与成人教育司
2002年10月

前　言

《建筑统计》是根据建设部中等职业学校建筑经济与房地产管理专业教学指导委员会颁发的建筑经济与管理专业的教育标准和培养方案的要求，并按照本课程教学大纲规定编写的。

本教材贯彻了理论联系实际的原则。在编写过程中，尽量使教材内容符合实际需要，在文字上力求做到深入浅出，通俗易懂，并结合中等职业教育的特点，在每章内容后面均附有练习题，以便于学生复习和掌握。但是，由于编者水平有限，书中难免有疏漏、错误和不足之处，在此诚挚希望广大读者提出宝贵意见。

本书由河北城乡建设学校苏铁岳主编，河北城乡建设学校孔素芹担任副主编，山西建筑工程职业技术学院高玉兰和张蔚参加编写。

在编写和审稿过程中，得到了建设部中等职业学校建筑经济与房地产管理专业教学指导委员会和中国建筑工业出版社的热忱帮助，对此深表感谢。

带 * 号章节为选学内容。

目 录

第一章 总论 1
- 第一节 统计的产生和发展 1
- 第二节 统计的对象和方法 3
- 第三节 统计学中几个重要的基本概念 5
- 第四节 统计的组织与管理 8
- 第五节 统计工作过程 9
- 练习题 29

第二章 综合指标 32
- 第一节 总量指标 32
- 第二节 相对指标 34
- 第三节 平均指标 39
- 练习题 53

第三章 时间数列 58
- 第一节 时间数列的概念和种类 58
- 第二节 时间数列的发展水平指标 61
- 第三节 时间数列的速度指标 70
- 第四节 现象变动的趋势分析 77
- 练习题 88

第四章 统计指数 93
- 第一节 统计指数的概念和种类 93
- 第二节 综合指数和平均指数 95
- 第三节 平均指标指数 100
- 第四节 指数体系和因素分析 103
- 练习题 110

第五章 建筑业统计概念 115
- 第一节 建筑业统计的对象和特点 115
- 第二节 建筑业统计的调查单位和范围 116
- 第三节 建筑业企业资质管理及有关内容 119
- 练习题 122

第六章 建筑产品统计 123
- 第一节 建筑产品的概念、特点及分类 123
- 第二节 建筑产品实物量统计 125
- 第三节 建筑产品价值量统计 131
- 第四节 建筑业产品质量统计 142

| 第五节 | 建筑企业原始记录、统计台账和内部报表 | 144 |
| 练习题 | | 158 |

第七章 建筑业企业劳动工资统计 162
第一节	建筑业企业从业人员统计	162
第二节	劳动时间利用情况统计	168
第三节	劳动生产率统计	174
第四节	从业人员劳动报酬和职工工资外收入统计	178
第五节	保险福利费用统计	184
第六节	建筑企业劳动统计的工作程序	185
练习题		191

第八章 建筑业企业机械设备统计 196
第一节	建筑机械设备统计的范围与分类	196
第二节	建筑机械设备的数量、能力和装备程度统计	198
第三节	建筑机械设备完好情况统计	202
第四节	建筑机械设备利用情况统计	204
第五节	建筑机械设备统计的基本程序	208
练习题		215

第九章 建筑业企业原材料、能源消费与库存统计 217
第一节	原材料、能源统计范围及分类	217
第二节	原材料、能源收入量统计	218
第三节	原材料、能源消费量统计	221
第四节	原材料、能源储备量统计	225
第五节	原材料、能源基层统计程序	228
练习题		230

第十章 建筑业企业财务状况、经营成果统计 232
第一节	建筑业企业资本金、资产权益统计	232
第二节	建筑业企业损益及分配统计	236
第三节	建筑业企业其他财务指标及补充资料财务指标统计	239
第四节	企业经营效果统计	239
练习题		241

第十一章 建筑业经济效益统计 242
第一节	建筑业企业经济效益考核指标及经济效益的综合评价	242
第二节	评价经济效益的财务指标	244
练习题		247

*第十二章 建筑业企业职工伤亡事故统计 248
第一节	职工伤亡事故统计范围及分类	248
第二节	职工伤亡事故情况统计	249
第三节	职工伤亡事故台账与报表	252
练习题		253

* **第十三章　建筑业企业附营业务活动统计** ································· 254
　第一节　附营工业统计 ··· 254
　第二节　附营批发零售贸易业统计 ··· 259
　第三节　附营交通运输业统计 ··· 261
　第四节　附营其他业务活动的统计 ··· 262
　练习题 ··· 262

第一章 总　　论

内容提要：本章主要讲述统计的概念、对象、特点和研究方法；统计中几个常用的基本概念；统计的组织与管理；统计工作过程。

第一节　统计的产生和发展

一、统计的概念

统计一词在不同的场合可以有不同的含义，即统计工作、统计资料、统计学。

（一）统计工作

即统计实践，是指统计的业务活动。它包括对客观现象从数量方面进行调查、整理和分析研究。

（二）统计资料

即统计工作的成果，是指在统计工作过程中所取得的各项数字资料及其他资料。它以统计报表、统计年鉴等形式表现，反映社会现象的规模、水平、速度等，表明现象的发展特征及其规律。

（三）统计学

即指导统计工作的理论和方法的科学。它包括统计学原理及其他专业统计学等。

"统计"的三种含义是相互联系的。统计工作是统计的实践过程，统计资料是统计工作的成果，统计学是统计工作的理论指导，统计工作的实践经验必然丰富和发展统计学。三者是理论与实践辨证统一的关系。

二、统计的产生和发展

（一）统计实践

统计实践远早于统计学的产生，它萌芽于奴隶社会，距今已有四千年的历史，当时的统治阶级为征兵和征税的需要，对所管辖的土地、人口、粮食和牲畜等数量进行记录。这就是统计实践活动的产生。随着社会的发展，统计的实践活动也随之发展起来，但人类进入资本主义社会后，社会生产发展很快，社会分工日益精细，国际市场逐渐形成，那时除了政府需要了解如人口、土地、军事等国情、国力的统计数据外，各类业主为经营管理和争夺市场，也需要掌握各行各业的统计信息和市场变化的情况，从而使统计逐渐扩展到各个不同的领域，并且出现了专业的统计机构和研究组织。统计逐步成为社会分工中的一个独立的科学领域。

（二）统计学学派

统计学的产生至今已有三百多年的历史，主要有以下几种学派。

1. 政治算术学派

这是 17 世纪 60 年代在英国兴起的学派。其代表人物是英国人威廉·配第，他在 1671

年写了其代表作《政治算术》一书，主张用数字、重量和尺度来论述人口、土地、资本等的真实情况，反对受主观因素左右思维的影响。他还提出了用图表概括数字资料的理论和方法。这种理论和方法对统计学的形成和发展有着深远的影响。在某种程度上可以说他是统计学的创始人。虽然后来人们公认《政治算术》是统计学的起源，但在当时配第却因为没有使用"统计"这个名词而没有得到人们的认可。

2. 记述学派

从18世纪起，德国开始重视并广泛开展了对国家形势的研究，形成以文字记述国家显著事项的记述学派。其代表人物是德国人海尔曼·康令，继承者主要有阿亨华尔和斯廖采尔等，他们在大学中开设了一门新课程，最初叫《国势学》，因在外文中"国势"与"统计"词义相通，后正式命名为统计学。他搜集大量实际资料，分门别类，记述有关国情国力的系统知识，包括土地、政治、军事、财政、货币、科学、艺术和宗教等，这个学派始终没有把数量对比分析作为这门科学的基本特征。由于该派主张文字记述，而较少使用数字计量，故称为记述学派。

以上两派共同特点：均以社会经济作为研究对象，均以社会经济的实际调查资料作为立论的基础，均认为自己这门科学是具体阐明国情国力的社会科学。

其不同点：在于是否把数量方面的研究作为这一门科学的基本特征。

正是由于这样的共性和个性，使得两个学派共同发展和相互争论达200年之久，直到19世纪后半叶，由于欧洲各国工商业的发展，相应的统计工作也迅速发展，许多国家都建立了统计机构，成立统计学会，并开始出版统计杂志，这时人们在提到统计这一概念的时候，总是和数量研究联系在一起，从此人们才公认《政治算术》为统计学，而统计学具有数量特征这个观点才被牢牢地固定下来。

3. 数理统计学派

该派产生于19世纪中叶，当时概率论已相当发达，比利时的物理学家和统计学家凯特勒把记述学派和政治算术学派的统计学与数学分支的概率论相结合，主张用研究自然科学的方法研究社会现象，把概率论的理论和方法引入统计学中，使统计学进入到一个新阶段。他用大数定律论证了错综复杂、变化无常的社会现象其偶然中存在着必然的规律；把正态分布应用于统计学中，提出了误差理论，较好地解决了统计数据处理和计算的问题，开辟了统计学的新领域。他认为统计学是既研究社会现象又研究自然现象的一门独立的方法论科学，为后来数理统计学的形成和发展奠定了基础。

4. 社会经济统计学派

这个学派是20世纪四五十年代在前苏联兴起的学派，其主要代表人物有斯特鲁米林、僚佐夫等。该学派以辨证唯物主义和历史唯物主义及马克思主义政治经济学为理论基础，对大量社会现象从数量方面进行研究。这个学派在实践中，曾经为社会主义国家高度的计划经济服务，在统计分组和指数理论方面有较高的造诣。

5. 社会统计学派

这个学派是19世纪后期在德国兴起的，主要代表人物有克尼斯、每尔、恩格尔等，他们认为统计学是一门独立的社会科学，是用数值解说大量社会现象的总体，由于社会现象纷繁复杂，必须对其进行大量观察，分析研究其内在联系，才能揭示社会现象的规律性，这样既融合了政治算术派与记述学派的观点，又强调了社会调查，研究社会现象，为德国社会统计学派的发展指明了方向。

（三）中国的统计学

解放前在我国，有社会统计学派和数理统计学派两派。新中国成立以后，大量引进社会经济统计学，同时还照搬了前苏联的一套统计组织体制，为我国实行高度集中的计划经济发挥了重要的作用，取得了较大的成绩。但在我国，统计学仍存在着缺乏活力、发展缓慢的弱点。1978年党的十一届三中全会以来，随着我国计划经济向社会主义市场经济转轨，统计学术领域出现了生动活泼的崭新局面，进入了全面改革的新时期。随着改革开放的进行，《统计法》的实施，统计作为社会信息主体，有着光辉的发展前景。

（四）统计学的发展趋势

1. 统计理论和方法不断完善

随着统计应用范围的扩大和要求的提高，对自然界和社会各种纷繁复杂现象的数量表现和数量关系，都要求有比较完备的理论和方法去进行研究，从而使统计学得到不断充实和完善。

2. 计算机及其软件的应用加速了统计的计算

当今世界计算机及其软件广泛应用于统计研究和统计分析工作中，从而大大地减少了统计工作中的人工操作，提高了工作效率。

第二节 统计的对象和方法

一、统计的对象

统计的对象是指统计研究所要认识的客体。只有明确了研究对象，才可能根据它的性质特点指出相应的研究方法，达到认识对象总体规律性的目的。关于统计的对象目前说法不一，但关于社会经济统计的研究对象则是一致的。

社会经济统计的研究对象是社会经济现象的数量方面，并通过对社会经济现象中各种数量关系的研究，来认识社会经济现象的发展变化规律。统计学和统计工作是理论与实践的关系，它们所要认识的研究对象是一致的。

社会经济现象包括：人口和劳动力资源，社会财富和自然资源，社会生产和建设，商品的交换和流通，国民收入分配和国家财政收入，金融、信贷、保险事业，城乡人民物质、文化、政治生活，科学技术进步与发展等。这些都是国民经济和社会发展的总体情况，在现代化建设中，如果不能准确、及时、全面、系统地掌握这些数字，就无法制定正确的方针和政策。所以经济越发展，统计越需要加强。

研究社会经济现象数量方面，就是用科学的方法去搜集、整理、分析社会经济发展的实际数据，并通过统计指标和指标体系，表明所研究现象的规模、水平、速度、比例和效益等，具体反映社会经济现象在一定时间、地点、条件下的作用。例如，根据1999年国民经济和社会发展统计公报，全社会建筑业完成增加值5450亿元，比上年增长4.6%。全国四级及四级以上建筑业企业实现利润121亿元。增长3.4%；税金总额322亿元，增长6.7%；施工房屋面积14.1亿平方米，比上年增加3877万平方米；竣工房屋面积6.7亿平方米，增加1501万平方米。建筑业亏损企业个数9221个，比上年减少391个。这些具体数字说明建筑业生产经营的情况。这些数字都需要一定的统计方法和工作过程才能实现。

二、统计的特点

（一）数量性

任何事物都是数量和质量的统一，数量是事物存在的重要方面，质量也表现为一定的数量，即统计着眼于数量研究，从数量方面观察事物，研究事物的表现及其本质。统计是从事物的整体出发，运用大量观察法研究事物总体的数量方面和数量关系，研究总体的总量、构成、比例关系、发展速度等指标，来反映客观事物在一定时间、地点、条件下的数量具体表现，以认识现象的发展趋势。例如，根据国家统计局公布显示，1999年上半年全国建筑业企业完成按现价计算的建筑业总产值3869.1亿元，比上年同期增加440.1亿元，增长12.8%；完成竣工产值1470.2亿元，比上年同期增加231.5亿元，增长18.7%。1999年上半年，建筑业企业正在施工的单位工程34.96万个，比上年同期增加6196个，增长1.8%，其中新开工的单位工程15.14万个，比上年同期增长1759个，增长1.2%。这些数据反映了当前建筑业的发展环境相对较好、建筑生产全面增长的局面。

（二）总体性

统计是以社会经济现象总体的数量特征而非个体数量表现为研究对象的。把大量的个体数量资料经过汇总、综合，才能表现出总体数量特征。例如要研究河北省建筑企业职工工资收入水平，目的不在于了解个别职工的工资收入情况，而是要通过对职工的个别收入汇总出工资总水平，然后计算出平均工资水平，反映全省建筑企业职工工资水平的数量特征。

（三）变异性

统计总体的数量是不断变化的，内部具体数量也存在种种差异，这种变化、差异称为变异性。例如我国建筑业总产值在历年不同，各省在同一年建筑业总产值也不同，统称为变异。

（四）广泛性

统计是研究客观事物的数量方面，涉及范围广泛。它包括自然现象和社会现象的各个方面。

三、统计的研究方法

统计在调查、整理、分析各个阶段，使用各种专门的研究方法。

（一）大量观察法

这一方法主要用于统计调查阶段。是指统计研究社会经济现象和过程，要从总体上加以考虑，就总体中的全部或足够多数单位进行调查观察并加以综合研究。由于客观事物是错综复杂的，受到各种因素的交叉影响，且具有大量性和变异性，只有通过大量观察分析，才能排除总体中个别偶然因素的影响，使之相互抵消，显示客观事物的发展规律。统计调查中的许多方法，如普查、统计报表、抽样调查等，都是观察研究对象的大量单位，来了解社会经济现象的。

（二）统计分组法

这一方法主要用于统计整理阶段。是指根据统计研究的目的和任务，在对被研究现象作出正确的理论分析的基础上，将大量调查所取得的原始资料，按一定的标志区分为不同类型或性质的组，将所有的资料分门别类，把总体中性质相同的单位归并为一组，使组与组之间具有一定的差别，而在同一组内的各单位又有相对的同质性以区别不同的性质和特点。例如将工人按工种分类，对国民经济按部门分类等。

（三）综合指标分析法

这一方法主要用于统计分析阶段。是指运用各种统计指标来反映和研究社会经济现象总体的一般特征和数量关系的研究方法。对大量的原始数据经过整理汇总，计算出各种综合指标，可以显示出现象在具体时间、地点条件下的总量规模、相对水平、集中趋势等。它概括地描述了总体各单位数量分布的综合数量特征和变动趋势。

第三节　统计学中几个重要的基本概念

为便于以后各章的学习，在这一节叙述几个重要的基本概念。

一、统计总体和总体单位

（一）统计总体

1．统计总体的概念

统计总体是指客观存在的、在相同性质基础上结合起来的许多个别事物的整体，简称总体。例如，我们要研究全国国有建筑企业发展情况，就以全国国有建筑企业作为一个总体。因为每个国有建筑企业都是客观存在的，而且具有共同的性质，即它们都是国有企业，都是建筑生产经营单位，向社会提供建筑产品。有了这个总体，我们就可以研究全国国有建筑企业的各种数量特征，例如从业人数、资金规模、技术力量、设备状况、经济效益等。

2．统计总体的特征

一个统计总体需要同时具备三个特征。

（1）大量性

总体必须由许多个别单位结合组成。仅仅由具体单位或为数极少的单位组合不足以构成总体，因为构成总体的具体单位的数量表现是多种多样的，只对少数单位进行观察，其结果难以反映总体的内在特征，只有对众多的具体单位数量进行综合时才能反映出来。

大量性的多少，取决于两点，一是和统计研究精确度有关，精确度越高，就需要尽可能增加具体单位，反之可少一些；一是和具体单位之间差别程度有关，如果每一具体单位之间有显著性差别，就需要尽可能增加具体单位，以减少偏差。

（2）同质性

是指总体中每一具体单位必须在某一方面具有相同的性质，这是组成总体的根本条件。例如在某市建筑企业这一总体中，每一企业都必须具有"建筑业"这一共同性质，凡不具备"建筑业"这一性质的企业都不能进入这一总体中。

（3）变异性

是指总体中的每一个具体单位除了一、二方面具有同质性外，在更多的方面表现不同，或是质的差别，或是量的变化。在某市建筑企业这一总体中，每一个建筑企业在建筑业总产值、职工人数、工程质量优良品率、利润总额等方面都有差异，这种差异是普遍存在的，所以才对大量的具体单位进行调查和统计。如果总体中每一个具体单位在所有方面表现共同性，就无需对每一个具体单位进行统计了。因此说变异性构成了统计研究的主要内容。

(二) 总体单位

就是构成总体的每一个具体单位。上例中某市每一个建筑企业就是总体单位。它是各项统计资料的承担者,要了解总体的数量特征,就必须从总体单位一个个登记开始。

随着研究目的的不同,总体单位可以是人、物,也可以是企业、机构、地域,甚至可以是状况、长度、时间等。例如要研究全市的建筑业总产值,那么全市的建筑企业是总体,每一个建筑企业是总体单位;如果要研究某建筑企业机械设备的新旧程度,那么该建筑企业的机械设备是总体,每一台机械设备是总体单位。

(三) 总体和总体单位的关系

总体和总体单位之间体现了全体和个体、整体和局部的关系。总体和总体单位也是相对的,随着统计研究目的的不同而变化。同一事物在不同情况下可以是总体,也可以是总体单位。例如研究某一典型建筑企业内部问题时,该建筑企业就构成了总体,总体单位是该企业下属各施工队。而在某市建筑企业这个总体下,该典型建筑企业只能是总体单位。

二、标志和标志表现

(一) 标志

1. 标志的概念

就是表明总体单位属性和特征的名称。每一个总体单位从不同的角度考虑,都有许多特征。例如企业中每一个职工作为总体单位考察时,有性别、民族、文化程度、年龄、工资等特征,这些都是职工的标志;企业作为总体单位,具有所有制类型、所属行业、管理系统、职工人数、工资总额、产值、成本、利润等特征。

总体单位与标志的关系是十分明确的,总体单位是标志的直接承担者,标志是依附于总体单位的。

2. 标志的种类

标志按其性质不同,可以分为品质标志和数量标志两种。

品质标志是表明总体单位质量属性方面特征的名称,它可以用文字表示,例如工人的性别、设备的种类、企业的经济类型等;数量标志是表明总体单位数量方面特征的名称,它只能用数值表示,如职工的年龄、工龄、工资;企业的总产值、利润;工人的劳动生产率、工时利用率等。

(二) 标志表现

它是标志在各总体单位的具体表现。任何一个统计工作者首先要掌握总体的各个总体单位在特定的时间、地点条件下实际发生的情况,因此标志表现便是统计最关心的问题。总体单位是标志的承担者,而标志表现是标志的实际体现者。

标志表现有品质标志表现和数量标志表现两种。前者可以用文字表示,也可以用数值表示;后者只能用数值表示。工人的"性别"是品质标志,其标志表现为男、女,但也可以约定用 0、1 表示;"民族"也是品质标志,标志表现为汉、满、回、藏……;"工资"是数量标志,标志表现为 800 元、850 元、1000 元、1200 元……;"年龄"是数量标志,标志表现为 22 岁、26 岁、32 岁、40 岁……。

三、变异和变量

(一) 变异

就是指统计当中标志的具体表现是各不相同的,是存在差别的,这种差别称为变异。变异可表现为现象质的差别,如"性别"标志表现为男、女;"部门"标志表现为工业、农业、建筑业、交通运输业……;也可表现为量的差别,如"竣工产值"标志表现为3000万元、4000万元、5000万元……。

(二) 变量和变量值

1. 变量和变量值的概念

可变的数量标志就是变量,变量的数值就是变量值,也即可变数量标志的数值,也称标志值,如建筑企业的"机械设备台数"就是一个可变的数量标志,也就是变量,其标志表现为78台、92台、105台、130台……这些数值就是变量值;"施工工程个数"是变量,标志表现为12个、16个、25个……这些数值是变量值。

2. 变量的种类

变量按其数值形式不同可分为连续型变量和离散型变量两种。连续型变量可以对变量值作无限分割,表现为无穷小数,如人的"身高"、企业的"产值"、"上交税金"等;离散型变量一般取整数值,如职工人数、企业个数、机械设备台数等。

四、统计指标和统计指标体系

(一) 统计指标

1. 统计指标的概念

统计指标是说明总体特征的数量概念和具体数值。在统计中,我们常把那些能表示为数字的概念称为数量化概念,如劳动生产率、从业人数、总产值等这一类概念。其实数量标志就属于数量化概念,当数量化概念用来说明总体特征时,就称作统计指标。

2. 统计指标的构成

统计指标由数量化概念和具体数值两部分组成。前者表明经济现象的科学涵义,包括指标名称和计算方法二要素,如建筑业总产值、施工面积、职工人数等,后者是数量化概念在一定时间、地点条件下的具体数量表现,包括具体时间、地点和数字三要素,如石家庄市1999年建筑业总产值952407.9万元。在统计理论研究中统计指标可以仅指数量化概念(即指标名称),也可以既有数量化概念又有具体数值。

3. 统计指标特点

第一,数量性。统计指标是说明客观事物数量特征的,不存在不能用数字表示的统计指标。

第二,综合性。统计指标是用来反映总体特征的,是对总体单位某一特征进行调查、登记并加以汇总整理而得到的数据,构成总体全部单位的综合结果,而不是说明个别总体单位的数量特征。

第三,具体性。统计指标是说明总体某一特征在一定时间、地点条件下的数量表现。

4. 统计指标的种类

(1) 按反映总体的数量特点不同分为数量指标和质量指标

数量指标是说明总体规模大小、数量多少的指标,如职工总数、企业总数、国内生产总值、工资总额等。由于它反映的是现象的总量,也称为总量指标,它是用绝对数来表示的;质量指标是表明现象总体质量的指标,反映现象的相对水平或工作质量,例如平均工资、工人出勤率、设备利用率、单位产品原材料消耗等,它是用相对数或平均数来表示的，它是总量指标的派生指标。

(2) 按其数值表现形式不同分为总量指标、相对指标和平均指标

总量指标的数值是绝对数形式，一般把数量指标与总量指标等同看待；相对指标的数值是相对数形式；平均指标的数值是平均数形式。一般把相对指标和平均指标看作质量指标，通常把这三种指标称作综合指标。

(3) 按其计量单位不同可分为实物指标、价值指标和劳动指标

实物指标是以实物单位计量的指标，所谓实物单位是根据事物的实物形态及性能特点，由国家统一规定的计量单位，如施工面积、机械台数、耗电量等使用平方米、台、千瓦时等表示；价值指标是以货币单位计量的统计指标，如增加值、总产值、工资总额等使用元、万元等作为计量单位；劳动指标是以劳动计量单位表示的统计指标，如工人出勤数、工人非全日缺勤数等用工日、工时作为计量单位。

5. 统计指标与标志的区别与联系

两者的区别表现为：第一，指标是说明总体特征的，而标志则是说明总体单位特征的；第二，标志有用文字表示的品质标志与用数值表示的数量标志两种，而指标都是用数值表示的，没有不能用数值表示的统计指标。

两者的联系是：第一，有许多统计指标的数值是从总体单位的数量标志值汇总而来的，如某市建筑企业职工总数是由其所属的各建筑企业职工人数汇总而来，某市建筑企业总产值是从所属各建筑企业汇总而来的；第二，指标和数量标志之间存在着一定的转换关系。随着统计研究目的的不同，原来的统计总体若变成了总体单位，则其相应的统计指标也变成了数量标志，反之也是如此，如研究某市所属各建筑集团公司的生产经营情况，由公司所属的各建筑企业汇总而来的建筑业增加值是总体单位的数量标志，全市各集团公司建筑业增加值就是统计指标；反之，若以研究某集团公司建筑生产经营情况为目的，则该公司所属各企业汇总而来的建筑业增加值是统计指标。

(二) 统计指标体系

客观现象是错综复杂的，单个统计指标只能反映总体某一方面的特征，为了全面地说明现象的发展过程和它的各个方面，就需要一套相互联系的统计指标。若干个相互联系的统计指标组成一个整体就称为统计指标体系，例如一个建筑企业是人力、物资供应、生产、销售、资金、效益等相互联系的整体，用一系列统计指标反映和研究建筑企业的全面情况，这就组成了建筑企业统计指标体系。

统计指标体系能全面地反映现象之间的联系和发展过程，而且会随着各种客观现象的变化而变化，但指标体系一经制定，应力求保持相对稳定，以便积累历史资料。

第四节 统计的组织与管理

一、统计的职能

开展统计工作，取得丰富的统计资料，能帮助人们认识社会、提供经济决策依据，从而达到对社会经济管理这一目的。由此我们不难看出统计工作具有统计服务、统计监督两种职能。

(一) 统计服务职能

是指统计部门把掌握的有关统计资料，经过科学分析和整理提供给决策部门，为决策部门提供咨询建议与对策方案。

（二）统计监督职能

是指运用统计手段，及时、准确地从总体上反映社会经济情况，并对其实行全面、系统的检查、监督和预警，使社会经济按照客观规律稳定、协调地发展。

二、统计的组织

根据《统计法》，统计的组织必须贯彻集中统一的原则，在全国范围内建立集中统一的统计系统，执行统一的方针政策和统计调查计划，贯彻统一的统计制度和统计标准，使用统一的统计报表和数字管理制度，以及协调统计、会计、业务核算制度和核算标准及分工等。

三、统计的管理

按照《统计法》，我国集中统一的统计系统，实行统一领导、分级负责的管理体制。国务院设立国家统计局，负责组织领导和协调全国统计工作，各级人民政府、各部门企业事业组织，根据统计任务的需要，设置统计机构、统计人员。

第五节 统计工作过程

统计工作是对客观事物进行调查研究以认识其本质和规律的一种工作，随着客观事物的发展变化，统计认识活动也要不断进行，这一工作是由浅入深、循序渐进的过程，就一次统计工作过程来讲可分为统计设计、统计调查、统计整理、统计分析四阶段。

一、统计设计

（一）统计设计的概念

统计设计是统计工作的第一个工作阶段，是根据统计研究对象的性质和研究目的，对统计工作各个方面的通盘考虑和安排。统计设计的结果表现为各种设计方案，如统计指标体系、分类目录、统计报表制度、调查方案、整理方案等。

各个方面指的是统计研究对象的各个组成部分，如建筑企业统计包括人力、物资供应、资金、生产、经济效益等方面，以及建筑企业生产经营的外部条件。

从理论上讲，统计设计是统计工作的第一阶段，但在实际中，有时并不表现为统计工作的开始，而是表现为统计设计的改进。统计设计这个概念，既包括从无到有的开始设计，也包括对已有设计方案的改进。它们的设计内容和原则是相同的。

（二）统计设计对整个统计工作的作用

1. 从认识上讲，它是对统计总体的定性认识，是下一步统计工作的必要前提，它能使统计活动的各个方面协调一致，避免统计标准不统一。

2. 从工作上，可以分清主次，有针对性地采取相应的统计方法，既能圆满完成统计工作，又能省时、省力、省财。

（三）统计设计的内容

统计设计的内容按设计种类的不同而有所不同，但一般内容是相似的，主要内容如下。

1. 统计指标和指标体系的设计

这是统计设计的主要内容，也是首先要解决的问题。研究任何统计对象，都要确定了解哪些方面的数量状况，即用什么统计指标来反映它。例如反映一个建筑企业的生产经营活动，就有许多方面，如果扩大一些，则还有职工政治思想状况、健康状况等方面。这就需要根据建筑企业的性质、特点和管理的要求去设计一套统计指标，例如房屋建筑面积、机械设备台数、实物工程量、建筑业总产值、增加值、职工人数、劳动生产率、利润总额等。

2．统计分类和统计分组的设计

它也是统计设计的重要内容。分类和分组指的是统计总体本身的分类和分组。例如，职工按文化程度分组、企业按经济类型分类、工人按工种分类等。统计分类是一件很重要也很复杂的工作，这就需要统计人员具有丰厚的理论素养和丰富的实际经验作基础。

3．搜集统计资料方法的设计

搜集统计资料的方法是多种多样的。搜集所有总体单位的原始资料，然后加以整理和计算；搜集部分总体单位的统计资料，再推算总体数值等。具体使用哪种方法要根据统计对象的特点、性质以及统计研究的任务和对资料要求的精度来确定。

4．统计力量的组织和安排设计

是指专业统计机构的组织和统计力量的安排工作，各项工作如何分工，各安排多少人，各有什么职责等，只有这样才能保证统计工作顺利进行。

二、统计调查

(一) 统计调查的概念

统计调查就是按照统计研究的预期目的和要求，采用科学的方法，有组织、有计划地向调查对象搜集各种原始资料的过程。

所谓原始资料是指向调查单位搜集的尚待汇总整理，需要由个体过渡到总体的统计资料。另外，在统计调查中也必然会涉及到对次级资料的搜集，而且在一定场合，对次级资料的搜集，其意义不下于对原始资料的取得。所谓次级资料是指已经经过加工，由个体过渡到总体，能够在一定程度上说明总体现象的统计资料。但是，归根到底，一切次级资料都是从原始资料过渡而来。所以，统计调查的任务，就是要根据统计指标体系，通过一项一项的具体调查，取得反映总体现象的原始资料。

(二) 统计调查的意义

统计调查是认识客观事物的起点，人们要认识客观现象，就得深入实际调查，取得真实的原始资料，经过加工整理后，使之准确反映事物的各种特征，从而达到认识社会的目的。统计调查是统计整理和统计分析的基础，是保证统计工作质量的基本环节。因此，统计调查的资料必须准确、全面、及时，不能有丝毫疏忽。

(三) 统计调查的种类和方法

在组织统计调查时，必然涉及到采用什么方式去调查，由于社会经济现象的错综复杂性和统计研究任务的多样性，就应根据不同情况，采取不同的调查方法。

1．统计调查按组织形式不同可分为统计报表制度和专门调查

(1) 统计报表制度

它是采用统计报表的形式，以原始记录为依据，采用经常性的定期调查，按照一定格式、时间和顺序自上而下统一布置，再由企业、事业单位自下而上层层汇总上报的统计报

告制度。国家利用它定期地取得全社会的国民经济与社会发展情况的基本统计资料，是国家取得调查资料的主要方法之一。执行统计报表制度，是各地区、各部门、各基层单位必须向国家履行的一种义务。

统计报表制度的内容包括以下几方面：

1）表式

它是国家统计部门根据研究的任务与目的而专门设计的统计报表表格，用于搜集统计资料，它是统计报表制度的主体，表格中包括总标题、主词、宾词、补充资料等。每张表列有表名、表号、审批单位、制表机关、文号、填报单位、单位负责人、统计负责人、填表人、报出人、报出日期等。

2）填表说明

它是对统计报表的统计范围、指标等作出的规定。它包括：填报范围，即统计报表的实施范围，它明确规定每种统计报表的报告单位和填报单位，各级统计部门与主管部门的综合范围等；指标解释，即对列入表式的统计指标的口径、计算方法、计算中应注意的问题，以及其他有关问题的具体说明；分类目录，即有关统计报表主栏中应进行填报的有关项目的分类，它是填报单位进行填报的重要依据等。

统计报表的种类。

按报表的内容和实施范围分为：

1）国家统计报表，是由国家统计局根据党的方针、政策和国家宏观管理需要统一制发的，用来搜集工业、农业、商业、基建、劳动工资、财经金融等国民经济的基本统计资料；

2）部门统计报表，是各业务部门为专业管理的需要而制定的统计报表，在本系统内实施，用来搜集本部门的有关业务技术资料；

3）地方统计报表，是为满足本地方的需要而制订的报表。

按报送时间长短分为：

1）年报，包括的指标项目较多、内容比较全面，是一年经济活动的总结，为编制年度计划和长期计划提供依据；

2）月报和季报，其指标项目比较少，主要用来检查月度和季度计划执行情况，反映各个时期的生产业务情况和动态，作为各级领导经常了解情况和安排生产的依据；

3）日报和旬报，其内容只限于少数几个指标，主要用来反映和检查中心工作和生产进度情况，以便于领导了解情况，保证计划更好地完成。

按填报单位不同分为：

1）基层统计报表，是由基层企、事业单位填报的报表，是国家统计报表的基础；

2）综合统计报表，是由主管部门或统计机关根据基层报表逐级汇总填报的报表，反映一个部门、地区、国家的经济、社会基本情况。

按报送方式不同分为：

1）邮寄报表；

2）电讯报表。

统计报表的资料来源，主要是基层的原始记录、统计台账及基层的内部报表。因此，建立健全基层的原始记录、台账以及基层企业内部报表，是保证统计报表资料质量的基础。

(2) 专门调查

是指为一定目的对某种社会情况或某项问题而专门组织的调查。根据其组织形式不同，分为以下四种：

1) 普查

指专门组织的一次性的全面调查，用来搜集属于一定时点上或一定时期内的社会现象总量。它适用于搜集某些不能够或不适宜定期全面统计报表搜集的统计资料，以摸清国情、国力。例如，我国第一次农业普查，就是摸清在1997年1月1日零时上、1996年1月1日至12月31日这一时期全国农业发展状况；为了摸清我国人口总数，2000年11月1日零时进行了第五次全国人口普查等。

普查可以摸清一个国家的国情、国力，为国家制定长远规划与政策提供可靠依据，但是普查的工作量大，耗资也多，一般不宜经常举行。

2) 重点调查

是在调查对象中选择一部分重点单位进行的一种非全面调查。这些重点单位虽然数目不多，但它们的标志总量在总体总量中却占据了绝大部分。因此，当调查任务只要求掌握事物的基本情况与基本的发展趋势，而不要求全面的准确资料，而且在总体中确实存在着重点单位时，宜采用重点调查。但是，重点单位虽然对总体来说最有代表性，但又不可能完整地反映现象总量，也不具备推断总体总量的条件。

重点调查的组织形式有两种。一种是专门组织的一次性调查；另一种是利用定期统计报表经常地对一些重点单位调查。

3) 典型调查

即根据调查的目的和要求，在对被调查总体进行全面分析的基础上，有意识地从中选择具有代表性的典型单位进行深入细致的调查借以认识事物的本质及其规律，是一种非全面调查。所谓代表性的单位，是指那些最集中、最充分地体现总体某一方面共性的单位。

典型调查的特点：调查单位是根据调查的目的，在对现象总体进行全面分析的基础上，有意识地选择出来的。显然，典型调查单位的确定与其他非全面调查相比较，更多取决于调查者主观的判断与决策，这就要求被选择的各个典型应该在总体所要研究的特征中最具有代表性，即这些单位的标志值最能反映总体各个单位的一般水平。

典型调查的种类：一种是对个别典型单位进行的调查研究，被称为解剖麻雀式的典型调查；另一种是对总体按主要标志划分类型后，然后再在类型组中选择典型单位进行调查，这种形式是划类选典式的典型调查。在实际中，运用这两种方法来推算估计总体数量特征。

4) 抽样调查

是按照随机原则从总体中抽取一部分单位组成样本，对样本进行调查研究，并以样本指标估计或推算总体指标数字特征的一种非全面调查。这种方法同其他调查相比，既能节省人力、物力、财力，又能取得比较正确的全面统计资料，具有许多优点，因此它在市场经济条件下，使用非常广泛。

2. 按统计调查对象的范围分为全面调查和非全面调查

(1) 全面调查

是对被调查中的所有单位全部进行调查。如要了解某市建筑业总产值，就需要对全市所有建筑企业的建筑业总产值进行统计调查，就属于全面调查。普查、全面统计报表都是全面调查。

(2) 非全面调查

是对调查对象中的一部分单位进行调查。例如为了了解职工家庭生活情况，并不需要对所有的职工家庭一一进行调查，而只需要选出其中一部分家庭进行调查，这样的调查就叫做非全面调查，重点调查、抽样调查、典型调查以及非全面统计调查均属于非全面调查。

3. 按调查登记时间是否连续可以分为经常性调查和一次性调查

(1) 经常性调查

一般是指对时期现象进行调查，即随着调查对象在时间上的变化，进行连续不断的调查登记，以取得其在一段时期内全部发展过程的资料。如施工产值、实物工程量、利润额、原材料消耗等，这些指标是随着时间的推移而不断变化，时间越长，指标值也越大，因此必须连续不断地登记，进行经常性的调查，才能取得完整、系统的资料。

(2) 一次性调查

一般是指对时点现象进行调查，即对被研究现象每间隔一段时间才进行一次调查登记。如建筑企业在册的职工人数、机械设备数量等，这些指标在一定时期内变化不大，而且都是时点指标，将两个时点指标加起来没有意义，因此不进行经常性调查，而是采用一次性调查。

根据研究任务的不同，一次性调查又可分为定期的和不定期的两种。定期调查是每隔一段时期以后进行一次调查，如每月月初登记职工人数。不定期的调查是时间间隔不完全相等，而且间隔很久才调查一次，如我国人口普查，分别在1952年、1963年、1982年、1990年、2000年进行。

4. 按搜集统计资料的方法可以分为直接观察法、报告法、采访法和通讯法

(1) 直接观察法

是由调查人员亲自到现场对调查对象进行观察和计量以取得资料的一种调查方法。例如月末或季末盘点库存物资时，调查人员亲自参加盘点、记数取得资料。这种方法使取得的资料比较准确，但需要花费较多的人力、物力、时间，所以在有些情况下，不采取直接观察法。

(2) 报告法

是基层单位根据上级要求，以原始记录与核算资料为基础，搜集各种资料，逐级上报给有关部门。如报送统计报表等。

(3) 采访法

这是由调查人员向被调查者提问，根据被调查者的答复以取得资料的一种调查方法。它分为个别问问法、开调查会法、自填法等。

(4) 通讯法

它是通过邮寄或其他电讯方法来搜集资料的方法。网上查询是更现代的搜集资料的方法。

下面给出各种统计调查方法对照表如表1-1所示。

各种统计调查对照表　　　　　　表 1-1

	调查范围	调查时间	组织形式	搜集资料方法
统计报表	全面或非全面	经　常	报表制度	报　告
普查	全　面	一　次	专门调查	采访或报告
抽样调查	非全面	经常或一次	专门调查	直接观察或报告
重点调查	非全面	经常或一次	报表或专门	报　告
典型调查	非全面	一　次	专门调查	采访、开会

（四）统计调查方案的设计

统计调查是一项复杂的工作，涉及面广，需动用很多人员参加才能完成。因此在调查之前或调查过程中制定一个调查方案，对保证调查任务的顺利完成具有重要意义。调查方案的内容有：

1. 确定调查的任务与目的

设计调查方案的首要工作是要明确调查的任务与目的，要搜集哪些资料，要解决哪些问题，达到什么要求。如果任务目的不明确，就无法确定向谁调查，调查什么及用什么样的方式调查等。

2. 确定调查对象、调查单位与报告单位

调查对象指被调查的客观现象总体，它由调查个体组成；调查单位指总体单位。确定调查单位就是确定搜集资料的载体。例如调查目的是为了掌握全国建筑企业机械设备的情况，这时全国所有的机械设备是调查对象，而每台机械设备则是调查单位。只有正确地、科学地确定调查对象，才能划清统计研究总体的范围；只有明确了调查单位，才能知道向谁调查。报告单位是指负责报告调查内容的单位。例如前面关于机械设备的调查，其报告单位就是拥有机械设备的每个建筑企业。

3. 确定调查项目与调查表

调查项目是指对调查单位需要调查的内容，即总体要采用哪些指标来反映。调查项目通常以调查表的形式来表示的。

调查表有两种形式，一种是单一表，即每个单位填写一张表或一套表；另一种是一览表，即把许多调查单位填写在一张表上，在调查内容不多的情况下，采用一览表可节省人力、物力与时间。

调查表的构成：表头，用来说明调查表的名称、隶属关系、填报单位名称等；表身，它是调查表的主体，包括调查所要说明的客观现象的内容、栏号、计量单位等；表脚，它是报告单位填报人签名、盖章处和报表报出日等。

4. 确定调查时间

调查时间是指调查资料所属的时间。调查方案中，如果调查对象是时点现象，要明确规定资料所属的统一时点，如果调查对象是时期现象，要明确规定现象的起止时间。如我国第一次农业普查，时点标准为 1997 年 1 月 1 日，时期标准是 1996 年 1 月 1 日至 12 月 31 日。

在调查方案中，还要明确调查工作的期限，以保证调查工作在统一的时间内完成。如第一次农业普查规定从 1997 年 1 月 1 日起一个月的时间调查完毕。

5. 调查工作的组织实施

严密细致地进行组织工作，是统计调查顺利进行的保证。其组织工作应包括以下内容：调查工作的组织领导机构和调查人员的组织；调查前的准备工作；经费来源；公布调查成果的时间等。

三、统计整理

（一）统计资料整理的概念

是根据统计研究的任务与要求，对调查得来的各种原始资料，进行科学的分类和汇总，或对已经加工的综合资料进行再加工，从而得出反映总体特征的综合资料，为统计分析作准备的工作过程。

统计调查所取得的原始资料是分散的、零碎的、不系统的，只能反映被调查单位的具体情况，不能说明事物的全貌、总体情况，因此，只有对这些资料进行加工整理才能认识事物的总体及内部联系。例如对某市建筑企业情况的全面调查资料，只能说明每个企业的情况，如经济类型、资金、设备情况、职工人数、工程结算收入、利润等。必须通过对所有这些资料进行整理、汇总、分组等加工整理后，才能得出全市建筑企业的综合情况。

统计资料整理是统计调查的继续，也是统计分析的前提，在整个统计工作过程中具有重要作用。

（二）统计资料整理的内容及步骤

1．统计资料的审核

在统计调查时，由于各种原因可能使统计资料产生差错。因此为了保证统计资料的质量，在统计整理前，必须对统计资料进行全面的审核，以保证资料的准确性。

统计资料的审核主要围绕准确性、及时性、全面性、系统性四方面进行。审核资料的准确性，就是检查所有总体单位的资料是否符合客观实际情况，有无差错；审核资料的及时性，就是检查所有报告单位的资料是否都按规定的时间上报；审核资料的全面性，就是检查所有报告单位的资料是否齐全，调查项目是否齐全；审核资料的系统性，就是检查有关指标是否反映事物的内在联系，有无互相矛盾的现象，统计资料在时间上是否前后联系。

审核数字资料的正确性，有如下方法。

（1）计算审核

它是检查调查表或报表中各项数字在计算方法和计算结果上有无差错。如小计数相加应等于合计数，其中小计数不能大于合计数。有些数字间有平衡关系应检查是否平衡。计量单位、计价标准是否符合规定等。

（2）逻辑审核

它是从理论上或常识上检查调查资料是否符合逻辑。如库存物资不能出现负值；平均单价不能过大过小；客观条件变化不大而本期数字与上期、去年同期相差悬殊等不符合逻辑的现象。

2．统计分组

（1）统计分组的概念

统计分组是根据统计研究的任务和对象的特点，按照某种分组标志将统计总体分为若干组成部分。

（2）统计分组的作用

1) 可以将复杂的社会经济现象，划分为性质不同的各种类型

在复杂的社会经济现象中，往往通过统计分组将总体划分为性质不同的类型，如将建筑企业按经济成分不同划分为公有经济、非公有经济两大类别，国有经济、集体经济、私有经济、港澳台经济、外商经济五种类型等，以便分析各类建筑企业在建筑经济中的地位和作用。

2) 可以分析总体中各个组成部分的结构情况

总体是由大量总体单位组成，在将其划分为不同类型的基础上，计算出各种类型在总体中所占的比重，用以反映总体的内部结构和发展变化。如1998年、1999年国内生产总值按三次产业分组资料如表1-2所示。

1998年、1999年国内生产总值按三次产业分组资料　　　表1-2

	1998年		1999年	
	增加值（亿元）	比重（%）	增加值（亿元）	比重（%）
第一产业	14299	18.0	14212	17.3
第二产业	39150	49.2	40806	49.7
第三产业	26104	32.8	27036	33.0
合　计	79553	100.0	82054	100.0

3) 可以揭示现象之间的依存关系

事物之间总是相互联系、互相依存的，一个现象的变化常会引起另一现象的变化。统计要研究这种依存关系，就必须运用统计分组的方法。

例如劳动生产率的提高可以使成本降低；施肥量多少、耕作深度影响农作物产量等。一般按相关现象中的影响因素进行分组，然后分别计算出每组被影响因素的综合指标。某瓦工队劳动定额完成程度与工龄的相互关系如表1-3所示。

某瓦工队劳动定额完成程度与工龄的相互关系　　　表1-3

按工龄长短分组（年）	工人人数（人）	各组定额平均完成程度（%）	按工龄长短分组（年）	工人人数（人）	各组定额平均完成程度（%）
5年以下	15	80	20~25	35	120
5~10	17	85	25~30	20	105
10~15	20	90	30年以上	10	102
15~20	26	110			

表中可以看出工龄较长的工人，技术熟练程度较高，完成定额程度随着工龄增长而增加；但是当工龄相当长，工人的年龄也相对较大时，由于身体等原因其劳动效率有所下降。

(3) 统计分组的关键和种类

1) 统计分组的关键

统计分组的关键问题是正确地选择分组标志与划分各组界限。选择分组标志是统计分组的核心问题，划分各组界限就是在分组标志的变异范围内划定各相邻组间的性质界限和数量界限。

2) 统计分组的种类

根据分组标志特征的不同，统计总体既可按品质标志分组，也可按数量标志分组。

按品质标志分组，就是选择反映事物属性差异的品质标志为分组标志，并在品质标志的变异范围内划定各组界限，将总体划分为若干个性质不同的组成部分。例如，将企业职工按性别分为男、女两组；企业按经济类型划分为国有经济、集体经济、私营经济、联营经济、股份制经济、中外合资经营企业、中外合作经营企业、外资企业、港澳台与大陆合资企业、港澳台与大陆合作企业、港澳台独资企业、其他经济等组。

按数量标志分组，就是选择反映事物数量差异的数量标志为分组标志，并在数量标志的变异范围内划定各组界限，将总体划分为性质不同的若干组成部分。例如企业工人按年龄分组，可分为25岁以下、25至35岁、35至45岁、45岁以上等组。

按采用的分组标志多少不同，分为简单分组和复合分组

简单分组，就是将一个总体按一个标志分组。例如将全国的建筑企业按投资额多少分组。

复合分组，就是对同一个总体选择两个或两个以上标志重叠起来进行分组，这种分组在实际中应用也比较广泛，例如将企业职工先按岗位分为工人、学徒、工程技术人员、管理人员、服务人员、其他人员等，其次是按性别再分为男、女两组。即

工人
男
女
学徒
男
女
技术人员
男
女
……
合计

通过以上复合分组可分析建筑企业职工各个岗位人员构成、性别构成情况。

(4) 分配数列

1) 分配数列的概念

将总体按某一标志进行分组，并按一定顺序排列并列出每个组的总体单位数，这种数列就是分配数列。用表格表示时，就得到分配数列表。分布在各个组的总体单位数叫次数，又称频数。各组次数与总频数之比，叫作频率，有时也把频率列入分配数列中。

2) 分配数列的种类

分配数列根据分组标志的特征不同，可分为品质数列与变量数列两种。

品质数列，就是按品质标志分组形成的分配数列。品质标志主要由两个基本要素构成，即各组的名称和各组的次数。例如某学校建筑经济管理专业的学生按性别分组，可编制品质数列如表1-4所示。

变量数列，就是按数量标志分组所形成的变量分配数列。变量数列也是由两个基本要素构成，即各组的变量值和各组的次数。某单位按职工技术等级分组表如表1-5所示。

(5) 变量数列的种类

某学校学生品质数列 表1-4

性别	学生人数（人）	比重（%）
男	120	37.5
女	200	62.5
合计	320	100.0
各组名称	次数	频率

某单位按技术等级分组表 表1-5

按技术等级分组（级）	工人数（人）	频率（%）
2	7	6.5
3	25	23.4
4	40	37.4
5	25	23.4
6	10	9.3
合计	107	100.0
各组变量值	次数	频率

1) 单项式变量数列，就是一个变量值一组所编制的变量数列。这种数列一般在变量值不多，且变量值的变动范围不大，变量呈离散型条件下采用。例如某市建筑企业机械设备情况如表1-6所示。

2) 组距式变量数列，就是用变量值变动的一定范围代表一个组而编制的变量数列。它适用于变量值较多，变量值变动的范围也比较大，编制单项式变量数列会使分组过多，总体单位过于分散，不便于分析问题，这时应当编制组距式变量数列。它包括等组距变量数列和不等组距变量数列两种。例如某建筑企业工人日完成土方工程量统计资料如表1-7所示。

某市建筑企业机械设备情况表 表1-6

机械设备（台）	企业数（个）	频率（%）
30	5	10.6
40	10	21.3
45	14	29.8
50	10	21.3
60	8	17.0
合计	47	100.0

某建筑企业工人日完成土方工程量统计 表1-7

日完成土方工程量（m³）	工人数（人）	频率（%）
2.0以下	4	10
2.0~2.2	20	50
2.2~2.4	10	25
2.4以上	6	15
合计	40	100

等组距

再如某建筑企业工人工资统计资料如表1-8所示。

某建筑企业工人工资统计 表1-8

工资（元）	工人数（人）	频率（%）
700~800	21	14
800~900	39	26
900~950	60	40
950~1100	30	20
合计	150	100

不等组距

为编制组距式变量数列，以表1-7、表1-8的资料为例学习几个有关组距式变量数列的概念。

组限，就是分组的数量界限，包括上限和下限。

上限，就是每一组最大的标志值，如"2.0~2.2"组的2.2。

下限，就是每一组最小的标志值，如"2.0~2.2"组的2.0。

全距（R），就是某一分组标志的最大变量值与最小变量值之差。用公式表示为：R = 最大变量值 − 最小变量值。根据工资统计资料 $R = 1100 - 700 = 400$

组距，就是各组上限与下限之差，即组距 = 上限 − 下限 = 2.2 − 2.0 = 0.2

组中值，就是上限与下限之间的中点值，在闭口组中，其公式为

组中值 =（上限 + 下限）/2 =（2.0 + 2.2）/2 = 2.1

闭口组，就是这一组中上限、下限都有的组。

开口组，就是这一组中只有上限，或只有下限的组。由于编制变量数列时，为了避免

空白组,或避免那些变量值特大和特小的单位不致无组可归,常使用"××以上、××以下"这样不确定组限的组,如"2.0以下"、"2.4以上"。

开口组的组中值的计算公式为

最小开口组的组中值 = 上限 - 相邻组的组距/2 = 2.0 - 0.2/2 = 1.9

最大开口组的组中值 = 下限 + 相邻组的组距/2 = 2.4 + 0.2/2 = 2.5

组限的划分方法,在技术上有不同的要求。对于连续型变量,相邻组的组限必须重叠。根据上述资料"2.0~2.2"、"2.2~2.4"两相邻组中都有变量值2.4,按照"上限不在内"的原则,2.2应属于"2.2~2.4"一组;如果是离散型变量,相邻两组的组限一般可以间断,但又必须相互衔接,可用明确的表示方法表示,例如按企业机械设备台数多少分组,可表示为

21~25 台

26~30 台

31~35 台

……

3. 统计汇总

汇总是统计分组后的一个重要步骤,一项统计工作把所有单位分组后,更大的任务是要计算总体各组的单位总量和标志总量,这项工作就是统计资料的汇总。汇总技术主要有手工汇总和电子计算机汇总。手工汇总常用的方法有划记法、过录法、折叠法、卡片法;运用电子计算机汇总大致有如下步骤:编程序、编码、数据录入、数据编辑、计算与制表。

4. 统计表

(1) 统计表的概念和特点

将统计工作过程中获得的统计资料,经过整理,按一定的项目和顺序填在一定的表格内予以表述,这种表格叫作统计表。广义的统计表包括统计工作各个阶段中所用的一切表格。这里着重说明统计整理结果所用的统计表。

统计表能有条理地排列统计资料,使人们阅读时一目了然;容易检查数字的完整性和正确性,便于阅读;与文字叙述比简明易懂,节省篇幅;便于积累统计资料。

(2) 统计表的结构

从形式上看,统计表由总标题、横行标题、纵栏标题和指标数值等要素构成,如我国1999年建筑业生产情况,见表1-9。

我国1999年建筑业生产情况(总标题) 表1-9

地 区	建筑业总产值(亿元)	竣工产值(亿元)	单位工程施工个数(个)	工程质量优良品率(%)
北 京	681.4	470.6	24132	20.6
天 津	180.5	119.0	10210	27.6
河 北	408.3	271.3	26109	39.7
山 西	216.4	149.3	15972	44.5
…	…	…	…	…
新 疆	146.9	97.5	12209	20.8
全国总计	10423.4	7250.6	607195	31.9

总标题，是统计表的名称，简明扼要地说明统计表的内容，置于统计表的上方。

横行标题（又称横标目），通常称之为统计表的主词，在统计表中通常用来表示总体各组或各单位的名称，说明统计研究的对象，一般写在表的左部。

纵栏标题（又称纵标目），通常称之为统计表的宾词，是纵栏的名称，用来说明统计指标的名称，置于表的右上端。

指标数值，列在各横行标题与纵栏标题的交叉处，以表明横行标题所呈现的指标数值是多少。它与指标数值总称宾词。

主词和宾词的位置不是固定不变的，是可以互换的。

(3) 统计表的种类

1) 按统计表的作用分为：

调查表，是在统计调查中用于登记、搜集原始资料的表格。

汇总表或整理表，是在统计汇总或整理过程中使用的表格和用于表现统计汇总或整理结果的表格。

分析表，是在统计分析中用于对整理所得的资料进行定量分析的表格。这种表格往往与整理表结合在一起，成为整理表的延续。

2) 按其主词是否分组及如何分组可以分为：

简单表，指总体未经任何分组，仅罗列各单位名称或按时间顺序排列的表格。如表1-10、表1-11所示。

2000年某建筑公司所属各分公司生产情况　　表1-10

所属单位	职工人数（人）	建筑业总产值（万元）	劳动生产率（元/人）
第一分公司			
第二分公司			
第三分公司			
合　计			

某建筑公司建筑业总产值　　表1-11

年　份	建筑业总产值（万元）
1998	
1999	
2000	

简单分组表，指总体仅按一个标志进行分组，即用简单分组形成的表格如表1-12所示。

某建筑公司工人人数及工资总额　　表1-12

按工种分组	人数（人）	工资总额（元）
瓦工		
木工		
油漆工		
…		
合　计		

某建筑公司工人人数及工资总额　　表1-13

按工种、性别分组	人数（人）	工资总额（元）
瓦工		
男		
女		
木工		
男		
女		
油漆工		
男		
女		
…		
合　计		

复合分组表，指总体按两个以上标志进行层叠分组，即用复合分组的表格如表1-13所示。

(4) 统计表的设计

设计统计表要坚持科学、实用、简练、美观的原则。

1）标题。统计表的各种标题一定能概括表中的内容，以及所属的时间和地点。

2）统计表的式样。统计表通常应设计成长宽比例适中的长方形表格，表上、下两端的端线应当以粗线绘制，表中其他线条一般应以细线绘制。统计表左、右两端习惯上均不划线，采用开口式。

3）排列顺序。表内各主词之间、各宾词之间应按时间先后、数量的多少、空间位置等顺序合理编排。一般按从小到大、从过去到现在、从低到高的顺序排列。

各横行如需合计时，一般应将"合计"列在最后一行，并在"合计"之上划一细线。各纵栏如需合计时，一般应将"合计"列在最前一栏。

4）各栏编号。统计表的纵栏较多时，通常进行编号。习惯上在主词和计量单位等栏，用甲、乙、丙……的次序编栏；宾词指标各栏，用1、2、3、……的次序编栏。

5）计量单位。表中如果用同一种计量单位，可以把它列在表右上端；如果计量单位不统一，横行可以单设计量单位栏，纵栏的计量单位，要与纵标题写在一起。

6）数字填写。数字应填写整齐，数位对准；如遇有相同数字应全部填写，不能写"同左"、"同右"等字样代替；没有数字的空格内用"—"表示；某项资料免填时，用符号"×"表示；缺少资料时，用"……"表示。

7）对于那些需要特殊说明的统计资料，应在表的下方加注说明。制表完毕经审核后，单位负责人、统计负责人、填表人应签名盖章。最后填写报出日期。

5．统计图

（1）统计图的概念

就是利用几何图形、具体形象图等来表现社会经济现象数量关系的图形，它是表现统计资料的一种形式。它表明统计指标之间的数量对比关系，反映社会现象的规模、水平、结构和发展趋势。

用统计图表现统计资料具有通俗易懂、具体、生动、形象的特点，所以它很受欢迎。

（2）统计图的作用

可以表明现象之间的对比关系；表明现象内部的结构；反映现象之间的依存关系；表现总体单位的分布状况；反映计划的完成情况。

（3）统计图的绘制原则

统计图是表现统计资料的重要手段，绘制统计图的目的和任务一定要明确；统计图是实际事物的具体反映，应做到准确无误地表现统计资料；图形的式样、线条、色彩等应精心设计，以提高图示效果；图示要有标题，做到形式与内容的和谐统一，对各项内容必要时附上注解和说明。

（4）统计图绘制的步骤

第一，确定绘制目的。明确绘图是用于宣传教育、计划管理，还是用于分析研究。绘图的目的不同，图形的形式也会有所不同；

第二，选择绘图资料。根据绘图目的选择合适的统计资料；

第三，确定图案形式；

第四，绘制草图；

第五，精心绘制统计图；

第六，审核统计图。

(5) 统计图的种类

1) 条形图

条形图是用宽度相等的条形，用其长度或高度来表现统计指标数值大小的一种统计图。用来对比的统计指标数值可以是绝对数、相对数或平均数；既可以用于不同单位、地区之间的对比，也可以用于实际与计划之间的对比。

条形图按排列形式的不同有纵排和横排两种。前者叫纵条形图或柱形图，绘制的时候，用横轴作基线表示统计指标名称，用纵轴作尺度线表示各个指标数值；后者叫横条形图或带形图，绘制的时候，用纵轴作基线表示统计指标名称，用横轴作尺度线表示各个指标数值。

条形图按其表现的指标的差别，可分为简单条形图、复合条形图和分段条形图。

条形图的绘制方法是：先绘一直角坐标，以横（纵）轴作为基线，在纵（横）轴上按照适当比例划出尺度，尺度要从零开始，全部尺寸以等距表示，然后以横（纵）轴作为基线，把各个指标数值按照比例尺度绘制出各条形，条形图按数值大小、时间先后等顺序排列，条形图间隔必须相等，一般不超过条形的宽度，对不同性质的条形，以不同的条纹或颜色区分；在合适的地方作出必要说明，如标题、单位、图例、资料来源等。

简单条形图，是用几条高低或长短不同的条形来比较同一种统计指标的条形图。

【例1-1】 按1995～1997年我国建筑业从业人数（表1-14）说明简单柱形图的绘制。

【解】 见图1-1所示。

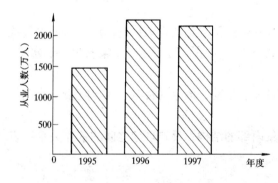

图1-1 1995～1997年我国建筑业从业人数图

1995～1997年我国建筑业
从业人数　　　表1-14

年　份	1995	1996	1997
建筑业从业人数（万人）	1498	2122	2103

复合条形图，它是由两条或两条以上的条形组成一组，以体现现象之间相互联系的一种统计图。

【例1-2】 某企业1999～2001年建筑业总产值的资料如表1-15所示。

【解】 根据该建筑企业1999～2001年总产值完成情况绘制图1-2。

分段条形图，是以条形的全长代表总体的全部，条形内部分段代表总体的各个组成部分，分段的长短表示各组成部分在总体中所占的比重。

某企业建筑业总产
值统计表　　　表1-15

年　份	建筑业总产值（万元）	
	计　划	实　际
1999	5000	5500
2000	5600	5800
2001	6000	6500

【例1-3】 以某建筑企业三年来职工文化程度资料绘制分段条形图资料见表1-16。

【解】 见图1-3所示。

某建筑企业1998～2000年职工文化程度构成图如图1-3所示。

2) 平面图

它是以几何图形面积的大小来表示统计资料的一种图形。它主要用于比较统计指标，说明统计总体的结构及变化。常用的平面图有圆形图、方形图、三角形图等。下面仅以圆形图为例说明其绘制方法。

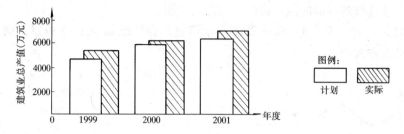

图 1-2 某建筑企业 1999~2001 年总产值完成情况图

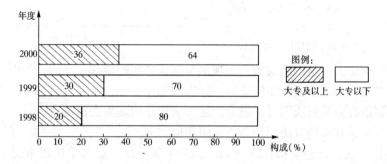

图 1-3 某企业 1998~2000 年职工文化程度构成图（分段条形图）

某建筑企业 1998~2000 年职工文化程度资料　单位:%　表 1-16

按文化程度分组	1998 年	1999 年	2000 年
大专及大专以上	20	30	36
大专以下	80	70	64

圆形图是以圆内扇形面积的大小或以圆形面积的大小来表明某一现象统计数值的一种图形。通常有单圆形图和多圆形图两种。

圆形图的绘图步骤是，先选择圆心、确定半径；然后根据各部分所占比重求出各构成部分所占圆心角的度数；最后把圆形划分为若干扇形。

【例 1-4】 以表 1-16 某建筑企业 1998~2000 年文化程度资料为例绘制多圆形图。

【解】 见图 1-4 所示。

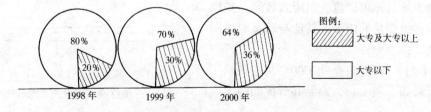

图 1-4 某企业 1998~2000 年职工文化程度构成图（圆形图）

3）曲线图

它是以曲线的升降起伏来表示现象变动情况和发展趋势的一种统计图形。在实际工作中，它是一种用途广泛的图形。除了用于反映现象发展变化外，还用于反映现象之间的依存关系、总体单位的分配和计划执行情况。它包括以下几种：

动态曲线图，是一种反映现象发展变化的图形。它的绘制方法大致为：先绘制一个直角坐标，一般以横轴表示时间，以纵轴表示发展水平；然后在横轴上定出适当的尺度点，并以此引出直线，构成坐标格；最后根据各时期的指标数值，在坐标格的相应位置上确定各图示点，并连接各点成曲线，即绘出动态曲线图。

【例1-5】 某建筑企业1996～2000年末钢材库存情况如表1-17所示，据此绘制钢材历年库存动态曲线

【解】 见图1-5所示。

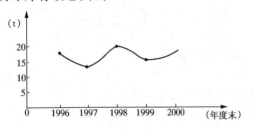

某建筑企业钢材库存资料表　　　表1-17

年　份	1996	1997	1998	1999	2000
钢材库存量（t）	18	14	20	16	18

图1-5 某建筑企业钢材库存动态图

依存关系动态图，是以曲线来表示现象与现象之间的依存关系的一种图形。它的主要作用在于表现某一标志的变化如何受另一标志的变化影响，研究现象与现象之间的相互依存关系。绘制依存关系曲线图时，通常把起影响作用的现象在横轴上表示，对被影响的现象在纵轴上表示，其绘制方法同动态曲线图相似。

【例1-6】 某建筑企业构件厂1996～2000年某产品产量与单位成本情况如下表1-18所示，据此绘制该产品与单位成本依存关系图。

某建筑企业某产品产量与单位成本资料表　　　表1-18

时　间（年）	1996	1997	1998	1999	2000
产量（万件）	3	3.5	4	4.5	4.8
单位成本（元/件）	60	58	57	56	54

【解】 见图1-6所示。

分配曲线图是总体单位分配情况的图形，它的作用是以一条光滑的曲线表示总体单位的分配规律。在绘制时，通常是以横轴表示变量，纵轴表示总体单位数。组距式数列，则以组中值为各组变量的代表，其他与动态曲线图基本相同。

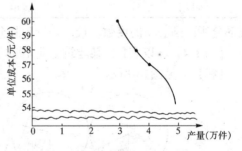

图1-6 某建筑企业某产品产量与单位成本依存关系图

【例1-7】 某建筑企业2000年从业人员工资统计资料如下表1-19，绘制其分配曲线图。

某建筑企业2000年从业人员工资统计　　　表1-19

工　资（元）	从业人员数（人）	工　资（元）	从业人员数（人）
800以下	150	1200～1400	260
800～1000	240	1400以上	100
1000～1200	300	合　计	1050

【解】 见图1-7所示。

计划执行情况曲线图，是利用直角坐标，横轴划分时期，纵轴确定全期累积尺度，从

而借助累积曲线来反映计划执行情况的图形。它是动态曲线图在检查计划执行情况时的一种应用。绘制方法基本上与动态曲线图相似。图中横轴表示时间，纵轴表示某指标累积数，左边标绝对数，右边标相对数，完成的累计成的曲线按累计数绘制，计划线因各期平均分配表现为直线形式。

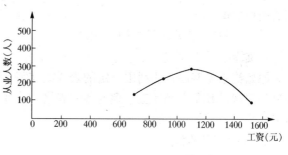

图 1-7　某建筑企业 2000 年从业人员工资分布图

【例 1-8】　某国有建筑企业在1999年计划每月完成施工产值800万元，实际执行情况如表1-20所示，据此绘制计划执行情况曲线图。

1999 年某国有建筑企业施工产值统计表　　　　表 1-20

月　份	1	2	3	4	5	6	7	8	9	10	11	12
施工产值（万元）	880	650	810	820	820	830	790	780	820	900	880	880

【解】　见图1-8所示。

图 1-8　1999 年某国有建筑企业施工产值计划完成曲线图

4）象形图

它是以各种实物的具体形象来表示统计指标数值的图形，它能给人一种更具体、更生动的印象，因而更大众化。象形图的绘制方法是，先将要表示的资料画成条形图或平面图，再在图上划出具体形象。

象形图有平面象形图、单位象形图等。

平面象形图，是以实物面积的大小来表示统计指标数量大小的一种图形。为了使面积大小与指标数值一致，常以各种几何图形，如正方形、长方形、圆形等的面积为基础加以形象化绘制而成。

单位象形图，是以实物的个数多少来表示统计指标数值的一种图形。

5）统计地图

它是以地图为背景，利用各种不同的几何图形和不同线纹或色彩，表明和比较事物在各地区的分布状况的一种图形。它是一般地图与统计图形的结合，能反映现象的地理位置以及与其他自然条件的关系。其绘图方法是，先画一张简明地图作背景，然后根据统计资料在地图上的位置绘出点、圆和线纹等相应的统计图形。

常用的统计地图有单圆统计地图和多点统计地图。单圆统计地图，是以圆点的大小来表示指标数值大小及其在地区分布状况的一种图形，绘制时在各地区画一个圆，圆面积的大小由该地区的指标数值决定；多点统计地图，是以圆点的多少来表示事物数量在各地区的分布状况的一种图形，特点是：所有圆点的大小相同，注意在图例中注明一个圆点所代表的指标数值。

（三）建筑业企业统计的原始记录

1. 原始记录的概念

原始记录是基层企业利用一定的表式或文字，对建筑业生产经营活动所做的直接登记和最初记载。凡是未经加工整理的各种表格、卡片、账、册、单等第一手资料，都称为原始记录。

2. 原始记录的特点

（1）记录内容广泛

凡是有关建筑企业的生产、经营等各方面的情况，都应记录。

（2）记录时间连续性

把生产、经营管理中发生的各种情况按期、按时、按事及时地、不间断地登记。

（3）记录事项具体性

原始记录所登记的都是生产、经营中发生的具体事。要求按发生具体事实准确地加以登记。

3. 原始记录的作用

（1）原始记录是进行大量观察、取得统计资料和编制统计表的基础。通过原始记录可以反映建筑企业各施工队及附属辅助生产单位的生产、经营在各时期或各时点的具体情况，为统计调查提供基本数据。

（2）原始记录是建筑企业进行经济核算的前提。

（3）原始记录是建筑企业有计划地组织生产，实行科学管理的重要手段。建筑企业在生产过程中，需及时掌握工程进度情况，制订和检查生产计划都离不开原始记录。

4. 原始记录的种类和内容

（1）反映生产管理方面的原始记录

1）建筑产品生产过程的原始记录，包括施工任务单、开工报告、停工报告、工程质量事故、完成实物工程量等。

2）从业人数、劳动时间利用记录，包括职工到职通知单、职工工资变动单、职工出勤记录等。

3）机械设备变动、使用和维修的记录，包括机械设备台数、运转时间、利用情况、维修和完好程度记录，如机械设备调拨单、运转记录、大中修记录等。

4）原材料、燃料消耗的记录，用以反映原材料、燃料的耗用、损耗情况，包括限额领料单、材料库存单等。

（2）反映经营管理方面的原始记录

主要指企业财务和物资管理方面的原始记录，用以反映建筑企业进货、销售、库存及财务收支情况，包括材料、工具、修理配件验收入库单，销售材料通知单，现金收支凭证，差旅费报销单等。

（3）反映工程技术管理方面的记录

这是根据国家质量检验和工程验收规范，按分部分项工程所建立起来的各种记录，并借以评定工程质量等级，纳入工程验收的技术档案。

5. 原始记录收集与整理的形式

基层企业原始记录的搜集与整理，有两种形式。一种是由综合统计部门集中整理，采用这种方式就是将原始凭证、单据按传递程序交综合统计部门，它适用于规模小、业务简单的单位；另一种是建立统计网，即企业内各自整理有关本部门的原始记录，整理后以内部报表的形式报送综合统计部门，它适用于规模较大、业务复杂的单位。

（四）建筑企业的统计台账

建筑企业的统计台账，是根据企业经营管理和填报报表及各种核算的需要，用一定表格的形式将原始记录资料按时间顺序进行登记，所形成的定期进行总结的账册。

1. 统计台账的概念

统计台账是按照各种统计报表和各种统计核算工作的要求，用一定的表格形式，将分散、零星的原始记录资料按照时间顺序集中登记在一个账册上，这个账册在统计上叫做统计台账。

2. 统计台账的作用

统计台账是统计资料整理和登记的不可缺少的工具，其作用表现为

（1）统计台账能使建筑企业的统计资料系统化、条理化。有利于编制统计报表、积累历史资料、开展分析研究工作。

（2）统计台账能清楚地反映工程项目的施工进度，有利于发现施工规律，以便调整施工计划。因为统计台账能把原始记录反映的具体实际情况，通过整理、汇总，得出反映总体特征的统计指标，以便进一步发现问题，解决问题。

（3）统计台账有利于检查建筑企业各类计划指标的完成情况。

3. 统计台账的种类和内容

统计台账根据包括的内容不同可分为综合性统计台账和专业性统计台账；根据积累资料时期的不同可分为现行统计报表台账和历史资料统计台账。

（1）综合性统计台账

它是由各种主要经济、技术指标组成的，能够反映一个建筑企业生产经营活动全貌的账册，它适用于工程公司、工程指挥机构及工区一级使用。其中包括：主要经济技术指标完成情况台账，如房屋开工、竣工面积、建筑业产值、工程质量、劳动生产率、工程成本等。还有按单位工程建立的进度台账。

（2）专业性统计台账

是指建筑企业内各专业职能机构为了满足本专业核算的需要而设立的台账。包括职工人数调进调出、平均人数、平均工资、出勤率、工时利用率、材料消耗等。

（3）现行统计报表台账

是指为满足现行统计报表的需要而设置的统计台账。

（4）历史资料统计台账

是指为积累历史资料而专门设置的统计台账。一般在每年年报资料的基础上加工整理出比较全面的资料。其内容包括企业的历史概况、施工生产情况、机械设备情况等。

四、统计分析

（一）统计分析的概念和意义

对搜集到的大量资料进行科学整理和汇总后，就进入了统计分析阶段，它是统计工作中非常重要的阶段，是提供统计研究成果的阶段。统计分析，就是根据统计研究的目的，

综合运用各种分析方法和统计指标，对已取得的统计资料和具体情况进行综合而深入的分析研究，揭示事物的内在联系及其规律性。

通过统计调查和整理取得了反映客观现象基本情况的基本资料，对于评价成绩、制定政策、编制计划和指导工作有一定的意义，但还不能反映现象的本质，无法全面、深刻地反映其内在联系，因此必须进行统计分析，及时发现新问题、新情况，充分发挥统计的作用。

（二）建筑业统计分析的主要任务

我们认识事物的目的是为了把事情做得更好，所以统计分析的任务主要有：

1．为各级党政领导的决策提供依据；

2．检查、总结和分析计划执行情况，对生产经营活动作出综合评价；

3．及时分析研究建筑业企业生产经营活动过程中的成就和薄弱环节，揭露矛盾、找出差距，提出解决问题的措施；

4．综合分析各指标的动态、相互依存平衡关系，研究建筑企业生产经营活动过程中的规律，不断提高企业管理水平和经济效益。

（三）统计分析的特点

1．统计分析是以统计资料为主要依据的定量分析，即从数量入手，从数量变化中发现并提出问题，然后予以分析；

2．采取统计特有的分析方法，如大量观察法、对比分析法、统计分组法、动态分析法、因素分析法等；

3．统计分析带有综合性，它的对象不是个别的事物和个别的现象，而是分析对象的总体综合特征；

4．统计分析的范围有广泛性，它既可以分析宏观经济现象，又可以分析微观经济问题；

5．统计分析具有灵活性。它既可以进行专题分析，如质量、生产、材料、设备等，也可把各专题研究对象联系起来，进行综合分析。

（四）建筑统计分析的步骤

1.明确分析目的，确定分析题目，编制分析提纲

确定统计分析的目的又表现为确定统计分析的题目，一般可从以下几方面考虑：根据党政领导的指示抓住领导关心的问题，抓改革和生产经营活动中出现的新情况、新问题、新经验的题目；抓具有现实意义和与中心工作、全局性工作有密切联系的题目；抓各方面有不同看法的存在重大问题的题目；抓配合中心工作、重要会议需提供材料的题目。据此拟定分析提纲，一般包括：分析研究的对象、内容；确定所需资料的来源；分析的重点内容；利用哪些统计指标；采用什么分析方法；整个分析过程的实际步骤和分工。做到有的放矢，防止盲目性。

2.搜集资料、整理资料，对统计资料进行审核鉴别和再加工，并编制统计分析表

根据统计分析的要求，采用多种分析方法搜集资料，资料是多方面的，包括：日常积累的历史资料和专门搜集的新资料，本单位的以及与分析问题相关的外单位的资料，同行业、国内外的先进水平的资料等。同时要对用来分析的统计资料进行审核，鉴别资料的准确度，最后编制统计分析表。

3.对统计资料进行比较分析

在统计资料进行鉴别的基础上，做深入细致的对照比较，探明问题的症结，从事物的内在联系中寻求现象发展的规律性及现象之间的相互联系与差别，使统计分析达到由量到质的目的。

4．做出结论、提出建议，并形成统计分析报告

统计分析的结论是统计分析结果的概括说明，必须正确、完整，具有充分的依据，所提的建议必须切实可行。统计分析的结论、建议用书面形式来表现，就形成了统计分析报告。它是统计分析的最后程序，一般包括下面几方面的内容：基本情况概述；分析发现的问题及主要成绩；问题产生的原因；提出改进意见。写分析报告时，必须紧扣主题，从分析现象总体的基本数量入手，结合有关情况和事实，进行科学归纳、总结，做到有材料、有事例、有观点、有建议，中心突出，简明扼要；层次清晰，观点和材料统一。

（五）统计分析常用方法

统计分析的类型和方法一般可分为综合分析、专题分析和计划执行情况分析等几种类型。

从统计技术的角度分，常用的方法有对比法、分组法、因素分析法、动态分析法、综合指标法等，都是统计分析的基本方法，但统计分析主要是利用对比分析法来分析和说明问题的。

练 习 题

一、填空题

1．统计通常有三种涵义，即_____、_____、_____，其中_____是统计工作的成果，_____是统计工作的理论指导，_____的实践经验必然丰富和发展统计学。

2．统计学的产生已有_____年的历史。

3．统计的特点有_____、_____、_____和_____。

4．社会经济统计的研究对象是社会经济现象的_____方面。

5．统计的研究方法在统计工作各项环节有_____、_____和_____三种。

6．统计总体必须同时具备_____、_____和_____三个特征。

7．标志按其性质不同可以分为_____和_____两种。_____是表明总体单位属性的特征，可以用_____表示；_____是表示总体单位数量特征，只能用_____表示。

8．变量按其数值形式不同可分为_____和_____两种。

9．统计指标是由_____和_____两部分组成。

10．一个统计指标应具备_____、_____和_____三方面特点。

11．统计指标按其数值表现形式不同可分为_____、_____和_____三种。通常把这三种指标称作_____。

12．统计的职能包括_____、_____和_____。

13．统计工作过程可分为_____、_____、_____和_____四阶段。

14．统计调查按组织形式不同可分为_____、_____两种。其中_____包括_____、_____、_____、_____四种。

15．统计分组的关键是_____。_____是统计分组的核心问题。将一个总体按一

个标志分组称为_____；对同一个总体选择两个或两个以上标志重叠起来进行分组，叫做_____。

16. 在分配数列中，分布在各组的总体单位数叫_____，又称_____；各组次数与总体单位之比叫做_____，又称_____。

17. 变量数列的基本构成要素是：_____和_____。

18. 统计表从形式上看由_____、_____、_____和_____等要素构成。

19. 统计图具有_____、_____、_____、_____的特点。它主要有_____、_____、_____、_____和_____五种。

20. 统计分析是统计工作的_____阶段。

二、单项选择题

1. 社会经济统计的研究对象是（   ）。
   A. 自然现象和社会现象的数量方面　　B. 社会经济个别现象的数量方面
   C. 社会经济现象总体的数量方面　　　D. 社会经济现象总体质量方面

2. 要了解某建筑企业职工的文化水平情况，则总体单位是（   ）。
   A. 该企业的全部职工　　　　　　　　B. 该企业的每一个职工
   C. 该企业的每一个职工的文化程度　　D. 该企业全部职工平均文化程度

3. 下列标志中，属于数量标志的有（   ）。
   A. 职工的性别　　B. 职工的年龄　　C. 职工的岗位　　D. 职工的文化程度

4. 某工人月工资1200元，则"工资"是（   ）。
   A. 数量标志　　B. 品质标志　　C. 数量指标　　D. 质量指标

5. 要了解某市国有施工企业设备情况，则统计总体是（   ）。
   A. 该市国有全部施工企业　　　　　　B. 该市国有每一施工企业
   C. 该市国有施工企业的每一台设备　　D. 该市国有施工企业的全部设备

6. 变量是指（   ）。
   A. 标志值　　B. 品质标志　　C. 标志和指标　　D. 可变的数量标志

7. 某单位有1000名职工，把他们的工资额加起来除以1000，则这是（   ）。
   A. 对1000个标志求平均数　　　　　　B. 对1000个变量求平均数
   C. 对1000个变量值求平均数　　　　　D. 对1000个指标求平均数

8. 统计调查可以搜集的资料是（   ）。
   A. 全体资料　　　　　　　　　　　　B. 原始资料和次级资料
   C. 只能是原始资料　　　　　　　　　D. 不能是次级资料

9. 抽样调查与典型调查都是非全面调查，二者的根本区别在于（   ）。
   A. 灵活程度不同　　　　　　　　　　B. 组织方式不同
   C. 作用不同　　　　　　　　　　　　D. 选取调查单位的方式不同

10. 在统计分组中，凡是遇到某总体单位的标志值刚好等于相邻两组上下限数值时，一般是（   ）。
    A. 将此值归入上限所在组　　　　　　B. 将此值归入下限所在组
    C. 将此值归入上、下限所在组均可　　D. 另立一组

11. 变量数列中，各组频率之和应（   ）。

A. 小于1　　　　B. 等于1　　　　C. 大于1　　　　D. 不等于1

12. 某连续变量数列，其末组为500以上，又知其相邻组组中值为480，则末组的组中值为（　　）。
A. 520　　　　B. 510　　　　C. 500　　　　D. 490

13. 在国有施工企业设备普查中，每一国有施工企业是（　　）。
A. 调查对象　　B. 调查单位　　C. 填报单位　　D. 调查项目

14. 主词只按一个标志分组的统计表叫（　　）。
A. 简单表　　　B. 一览表　　　C. 简单分组表　　D. 复合分组表

15. 下列属于时点指标的是（　　）。
A. 建筑业总产值　B. 土方工程量　C. 从业人数　　D. 利润总额

三、简答题

1. 试述统计指标与标志的联系与区别。
2. 试述统计调查的种类。
3. 试述统计分析的步骤。
4. 举例说明什么是总体、总体单位、标志、变量、变量值、统计指标和统计指标体系。
5. 试述统计图绘制的原则和步骤。

四、应用题

1. 某施工队50名工人工资从低到高排列如下：

800　810　840　880　890　910　920　930　940
950　960　970　980　990　100　1010　1020　1020
1020　1030　1040　1040　1040　1050　1050　1050　1060
1070　1080　1090　1100　1110　1130　1140　1140　1150
1160　1160　1170　1180　1200　1210　1250　1270　1290

根据上述资料编制等组距变量数列，计算全距、组中值，并将变量数列中的数字填入设计的统计表内。

2. 假定某施工队工人提供性别、姓名、工种和月工资收入等方面的资料，试设计下列统计表样。
(1) 主词按一个品质标志分组，设计简单分组表；
(2) 主词按两个品质标志分组，设计复合分组表。

3. 某市建筑企业1996～2000年施工工程产值如下：

年　份	1996	1997	1998	1999	2000
竣工工程产值（万元）	3000	4000	4800	4500	5300

依上述资料绘制单一条形图。

4. 调查某企业职工收支及生活情况。
试设计调查表进行问卷调查，包括月收入及收入来源、家庭成员、年龄状况、月支出及支出去向，并汇总整理出相应统计指标：月平均家庭总收入、月人均收入、月平均家庭总支出、月人均支出。

第二章 综合指标

内容提要：本章主要讲述总量指标的概念、作用和种类；相对指标的概念、表现形式、作用及几种相对指标的特点和计算方法；平均指标的概念、作用以及几种平均指标的特点和计算方法。

通过统计调查取得了大量的原始资料，对这些资料经过汇总和整理，就得到了反映统计总体特征的统计指标，一般称之为综合指标。根据统计指标反映的总体数量特征不同，分为总量指标、相对指标和平均指标。

第一节 总量指标

一、总量指标的概念

总量指标是用来说明在一定时间、地点和条件下，某种社会现象总规模和总水平的统计指标。它是用绝对数形式表示的，因此也称之为绝对指标。例如一个国家的国内生产总值，一个建筑企业的总产值、职工人数、利润总额等都称为总量指标。

总量指标是最基本的综合指标，其数值的大小受总体范围的制约，总体范围大，指标数值大；总体范围小，指标数值小。

二、总量指标的作用

（一）总量指标是认识事物的起点

主要是因为客观事物的基本情况大多表现为总量，例如，某市全年完成建筑业增加值60亿元；年末建筑企业个数达到272家；全年施工面积1056万 m^2；当年竣工面积713万 m^2 等，反映了该市建筑业的状况。

（二）总量指标是经济管理的依据之一

要把一个企业生产经营搞好，必须时刻做到对企业人力、物力、财力等各方面有具体了解，这就要求掌握各个时期产品产值、产量、从业人员数、生产人员总量、机械设备磨损、材料损耗等，它们都表现为总量指标。

（三）总量指标是计算相对指标和平均指标的基础

相对指标和平均指标一般是由两个总量指标对比计算出来的派生指标。总量指标计算得是否科学、合理，会直接影响相对指标和平均指标的准确性。

三、总量指标的种类

（一）按其反映的内容不同可以分为总体单位总量指标和总体标志总量指标

总体单位总量指标是用来反映总体中单位数的总量指标。总体标志总量指标是用来反映总体中单位标志值总和的总量指标。例如，研究某市建筑企业从业人员工资情况，根据资料知道从业人数为151480人、工资总额为15000万元，前者为总体单位总量指标，后者为总体标志总量指标。

（二）总量指标按其反映的时间状况不同分为时点指标和时期指标

时点指标是反映总体在某一时刻上状况的总量指标，如职工人数、机械设备台数、材料库存量等。

时期指标是反映总体在一段时期内发展过程的总量指标，如总产值、销售额、工资总额、利润总额等。

时期指标与时点指标的区别：第一，时期指标的数值可以连续计数，例如一年的总产值是一年中每天产值的累计；时点指标的数值只能间断计数，它的每个数据都表示总体发展到一定时点上所处的水平，例如年末机械台数，是指年初的机械经过一年的增减变化至年末（12月31日24时）的实有机械台数。第二，时期指标数值大小与包含的时期长短有直接关系，时期越长，指标数值越大。例如一个季度的产值一定大于一个月的产值；时点指标的数值大小与其时间间隔长短无直接关系。例如年末的职工人数与年初的职工人数比，也可能多，也可能少。第三，不同时期的时期指标数值具有可加性，相加后表示更长时期社会经济现象发展的总量。例如将一年12个月的利润额相加就得到全年实现的总利润额；不同时点的时点指标数值不具有相加性，相加无意义。例如某企业一月末有200名职工，二月末有210名职工，三月末有205名职工；各月职工人数相加后不说明任何问题。

四、总量指标的计量单位

（一）实物单位

它是根据事物的属性和特点而采用的计量单位，包括：

1．自然单位

自然单位是按照被研究现象的自然状况来度量数量的一种计量单位。如职工人数按人计算，机械设备按台计算。

2．度量衡单位

度量衡单位是指按照度量衡制度规定的单位来度量客观事物数量的一种计量单位。如钢筋以吨为单位、施工面积以平方米为单位、管道以米为单位。

3．双重单位

双重单位是指用两种计量单位以除式的形式一起来度量客观事物数量的单位。如打桩工程以根/t、公路工程是以 m^2/km 作为单位。

4．复合单位

复合单位是指用两种计量单位以乘积的形式一起来度量客观事物数量的单位。如发电量是以千瓦·时为单位、货物周转量以 $t·km$ 为单位。

（二）货币单位

是指用货币单位来度量产品和劳务的总数量一种计量单位。例如国内生产总值、企业总产值、工资总额、利润总额等，都是以货币计量的。它能将不同的种类、不同用途的物资数量加总，具有广泛的综合性和概括能力。

（三）劳动单位

劳动单位是用劳动时间来表示的计量单位，如工日、工时等。1个工人工作1个小时称为1个工时，8个工时为1个工日。

五、统计总量指标时应注意的问题

（一）对总量指标包含的涵义、范围应做严格的确定有一些总量指标，如城镇人口数、建筑企业数，看似简单，实际上首先要明确"城镇人口"和"建筑企业"的涵义，才能统计出准确的"城镇人口数"和"建筑企业个数"。

（二）统计实物总量指标时，要注意现象的同类性

只有同类现象才能加总计算。例如，土方工程和抹灰工程因不是一类工程，所以其数量必须分别统计。

（三）要有统一的计量单位

计量单位如果不统一，就容易造成统计上的差错和混乱。所以，应按照全国统一规定的指标目录中的单位计量。例如铁路铺轨，其长度单位规定是公里，如果有的企业按"米"作单位，那么汇总结果就没有意义。

第二节 相 对 指 标

一、相对指标的概念

相对指标又称统计相对数，它是由两个有相互联系的指标数值进行对比，来反映数量之间相互联系程度的指标。例如，将实际完成的指标数值与计划指标数值对比，反映计划完成程度；将不同时间的同类指标对比反映现象的发展速度等。

二、相对指标的数值表现形式

（一）无名数

无名数是一种抽象化的数值，多以系数、倍数、成数、百分数或千分数表示。

1. 系数和倍数

系数和倍数是将对比的基数定为1而计算出来的相对数。两个数字对比，分子数值和分母数值差别不大时常用系数。例如，瓦工平均日工资60元，抹灰工平均日工资50元，则工资工种系数为1.2（60÷50）；两个数字对比，分子数值与分母数值差别很大时常用倍数。例如，甲企业年总产值12000万元，乙企业年总产值4000万元，甲企业的产值是乙企业产值的3倍（12000万元÷4000万元）。

2. 成数

成数是将对比的基数定为10而计算出来的相对数。例如，1992年我国黄、红麻产量比1991年增产二成多，即增长2/10强。

3. 百分数

百分数是将对比的基数定为100而计算出来的相对数，用符号"%"表示，它是相对指标中最常用的一种表现形式。统计中还把两个以百分数表示的指标进行对比，差距相当于1%称为一个百分点。比如，某企业计划全员劳动生产率比去年同期提高10%，实际提高12%，这说明实际全员劳动生产率比计划任务规定多了2个百分点。

4. 千分数

千分数是当对比的分子数值比分母数值小很多的情况下，将对比的基数定为1000而计算出来的相对数，用符号"‰"表示。例如，伤亡事故频率、返工损失率，就是用千分数来表示的。

（二）有名数

有名数主要用于强度相对指标的数值表示，它把计算强度相对指标的分子和分母指标数值的计量单位同时使用。例如，建筑业每万元产值耗电量用度/万元表示。

三、相对指标的作用

（一）相对指标将现象绝对数的差别抽象化，使原来不能对比的总量指标可以进行对比。例如，考察不同类型企业生产经营情况，由于投资规模、生产条件、产品产量等不同，一般不能用产值指标直接对比说明企业的生产经营状况，但如果计算计划完成程度相对指标和产值利润率指标，就可以进行比较分析。

（二）相对指标可以综合说明现象之间的数量关系，反映现象之间的比例、结构、速度、强度等关系，能说明总量指标不能充分反映的问题。例如，1998年我国建筑业增加值比上年增长12.0%，利润总额增长2.9%，投标承包工程占全年施工工程个数的35.1%。这比用总量指标反映我国建筑业发展状况简明、深刻得多。

（三）用相对指标说明某种现象容易记忆，便于保密。

四、相对指标的种类

（一）计划完成程度相对指标

计划完成程度相对指标是现象在某一时期的实际完成数与同期的计划数进行对比，反映计划完成程度的相对数，用百分数表示。其基本公式为

$$计划完成程度相对数 = \frac{实际完成数}{计划数} \times 100\%$$

超额（+）或未完成（-）绝对数额 = 实际完成数 - 计划数

计划数是计算计划完成程度的基数，计划数可以是总量指标、相对指标、平均指标等形式，所以计划完成程度相对指标有以下几种不同的计算方法。

1. 计划数是总量指标

检查计划完成情况一般分为短期计划和长期计划完成（一般分五年）的检查两种，下面重点介绍短期计划完成情况。

短期计划完成情况的检查有两种方法。

第一种是逐期检查法，其特点是，实际完成数和计划数属于同一时期，而且时期长度相等。公式与上述基本公式相同。

例如，某国有建筑企业2002年3月计划实现施工产值800万元，实际完成880万元。则

$$计划完成程度 = \frac{880}{800} \times 100\% = 110\%$$

超额完成产值 = 880 - 800 = 80（万元）

第二种是进度检查法，其特点是，计划期中某一段实际累计数与全期计划数对比，用以说明计划执行的进度如何。它不是在计划期末计算，而是在计划执行的过程中就计算。计算公式为

$$计划完成程度（\%） = \frac{计划期内截止到某一时期的累计完成数}{计划期计划数} \times 100\%$$

【例 2-1】 某施工队2000年全年施工产值计划完成8000万元，1~9月份实际完成情况如表2-1所示，试说明其计划完成程度。

某施工队 2000 年施工产值资料　　　　表 2-1

月　　份	1月	2月	3月	4月	5月	6月	7月	8月	9月	合　计
施工产值（万元）	600	500	700	710	720	720	690	690	740	6070

【解】　计划完成程度 $= \dfrac{6070}{8000} \times 100\% = 75.9\%$

通过计算看出，该施工队时间已过 3/4，计划完成也过 3/4，超过计划 0.9%。这样可以进一步分析情况，制订措施保证冬季施工产值计划顺利完成。

2．计划数是相对指标

在计划工作中，有时用提高或降低百分比来规定计划任务。如劳动生产率计划提高百分之几，成本水平规定降低百分之几。计算提高或降低率计划完成程度相对指标应采用如下公式

计划完成程度相对指标 $= \dfrac{1 \pm 实际提高（或降低）百分数}{1 \pm 计划提高（或降低）百分数} \times 100\%$

例如，某建筑公司劳动生产率计划规定 2001 年比 2000 年提高 5%，实际提高 8%，则

计划完成程度相对指标 $= \dfrac{1+8\%}{1+5\%} \times 100\% = 102.9\%$

如果计划规定的任务是降低率，计算结果应越小越好。如某种构件单位成本计划规定 2001 年比 2000 年下降 5%，实际下降 7%，则

计划完成程度相对指标 $= \dfrac{1-7\%}{1-5\%} \times 100\% = 97.9\%$

计算结果表明，实际单位成本比计划规定的单位成本降低了 2.1%。

在实际工作中，也有采用实际提高（或降低）率与计划提高（或降低）相减的方法。相减的结果说明实际比计划多提高（或多降低）的百分数，用百分点表示。如上例劳动生产率完成计划情况可用 8% - 5% = 3% 表示，说明实际比计划多提高 3 个百分点；单位成本计划完成情况用 7% - 5% = 2% 表示，说明实际比计划多降低 2 个百分点。

3．计划数为平均指标，其计算公式如下：

计划完成情况相对指标（%） $= \dfrac{实际完成的平均指标}{计划规定的平均指标} \times 100\%$

例如，某建筑企业所属构件厂，计划要求月劳动生产率达到 50000 元/人，某产品的计划单位成本为 200 元，而实际月劳动生产率达到 60000 元/人，该产品单位成本为 180 元。

月劳动生产率计划完成相对指标 $= \dfrac{60000}{50000} \times 100\% = 120\%$

某产品单位成本计划完成相对指标 $= \dfrac{180}{200} \times 100\% = 90\%$

计算结果表明，该构件厂月劳动生产率实际比计划提高 20%，而某产品单位成本实际比计划降低 10%，其计划执行情况良好。

（二）结构相对指标

结构相对指标是将总体按某一标志分组，然后将各组指标数值与总体指标数值对比求得的结果。一般用百分数表示，其计算公式如下：

$$结构相对指标（\%）=\frac{各组总量指标数值}{总体总量指标数值}\times 100\%$$

例如，某市1999年建筑业完成利润情况如下表2-2所示。

某市1999年建筑业完成利润情况表　　　　表2-2

国民经济类型	利润额（万元）	比 重（%）	国民经济类型	利润额（万元）	比 重（%）
国有经济	14931	70.5	其他经济	1185	5.6
集体经济	5060	23.9	合　　计	21176	100.0

通过计算说明，该市建筑业利润总额中国有经济占有绝对优势，达70.5%，是建筑业经济的主流；集体经济完成利润占总利润额的23.9%，在建筑业经济中起着重要作用。

结构相对指标的意义表现为，它经常用来分析总体现象的内部构成状况，说明事物的性质和特征；把不同时间的结构相对指标进行对比分析，可以说明现象的变化过程和规律。

计算结构相对指标应注意以下几点：以科学的统计分组为前提，只有将总体区分为不同性质的各个部分，才能计算结构相对指标，反映总体的构成；多组比重之和等于1，一般以百分数表现；分子、分母可按总体单位数或标志值计算。

（三）比例相对指标

比例相对指标是同一总体内不同组成部分的指标数值对比的结果，它可以表明总体内部的比例关系。其计算公式为

$$比例相对指标=\frac{总体中某一部分指标数值}{总体中另一部分指标数值}$$

比例相对指标的数值常用百分比或几比几的形式来表现。如计算企业生产人员和非生产人员的比例，假设生产人员有6700人，非生产人员1785人，就可用生产人员相当于非生产人员的375.4%（6700÷1785=375.4%）表示，也可用3.75:1（6700:1785）来表示。

（四）比较相对指标

比较相对指标是指同一时期（或时点）同类现象在不同地区、部门、单位之比，用来反映同类事物在不同总体之间的差异程度，一般用系数或百分数表示，计算公式如下：

$$比较相对指标=\frac{甲地区（国家或单位）某一现象的数值}{乙地区（国家或单位）同一现象的数值}$$

例如，甲企业月劳动生产率4000元/人，乙企业月劳动生产率是3200元/人，甲企业与乙企业对比，则

$$比较相对指标=\frac{4000}{3200}\times 100\%=125\%$$

或 1.25:1

乙企业与甲企业对比，则

$$比较相对指标=\frac{3200}{4000}\times 100\%=80\%$$

或 0.8:1

计算比较相对指标应注意以下几点：分子、分母可以是绝对数、相对数或者平均数；分子、分母可以互换；分子、分母要求在指标类型、时间、计算方法、计量单位上要有可

比性。上述计算公式也适用于先进与落后的比较，也可用于标准水平与平均水平等的对比。

（五）动态相对指标

动态相对指标是同类事物在不同时间状态下的对比关系，以表明社会现象由于时间变动而引起变化的程度。它一般用百分数来表示。通常把用来作为比较标准的时期称为基期，而把和基期对比的时期称为报告期。其计算公式为

$$动态相对指标 = \frac{报告期某一现象水平}{基期同一现象水平} \times 100\%$$

例如，1998年全社会建筑业完成增加值5609亿元，1997年完成5008亿元，则

$$动态相对指标 = \frac{5609}{5008} \times 100\% = 112\%$$

说明1998年完成的建筑业增加值是1997年的112%，增长12%，增加601亿元。

关于动态相对指标，在第三章做专门讨论。

（六）强度相对指标

强度相对指标是两个性质不同但有一定联系的总量指标相互对比，用来说明现象的强度、密度和普遍程度的相对指标。在现实中，强度相对指标应用相当广泛，如人均产值、每百元产值占用固定资产、每平方公里建筑业从业人员人数等。它一般用有名数表示。其计算公式为

$$强度相对指标 = \frac{某一现象的数值}{另一有关现象的数值}$$

例如，人均国内生产总值（元/人）＝国内生产总值/人口数

每平方公里建筑业从业人数（人/km^2）＝建筑业从业人数/土地面积

强度相对指标的分子、分母可以互换，有正、逆指标之分，正指标是指比值的大小与反映现象的强度、密度等成正比；逆指标则相反。

$$每百元固定资产可完成的施工产值（元/百元） = \frac{报告期完成的施工产值}{报告期固定资产平均价值} \text{（正指标）}$$

这一指标反映每百元固定资产可完成的施工产值。指标数值越大，其固定资产的利用效果越好。

$$每百元施工产值占用固定资产价值（元/百元） = \frac{报告期固定资产平均价值}{报告期完成的施工产值} \text{（逆指标）}$$

这一指标反映百元产值占用了多少固定资产。指标数值越小，其固定资产利用效果越好。

五、运用相对指标应注意的问题

（一）分子、分母指标必须具有可比性

所谓可比性，就是拿来对比的两个指标是否符合所研究任务的要求，比得是否合理；对比的结果能否说明我们所要说明的问题。

首先，计算方法要一致。如比较两个企业劳动生产率水平，如果一个企业是根据施工产值计的全员劳动生产率，另一个企业是根据施工产值计算了建筑安装工人劳动生产率，那么这两个企业劳动生产率就不可比。也就是对比的两个指标所包括的经济内容必须一致才可比。

其次，统计范围要一致。例如，2000年某企业兼并了另外一家企业，企业的规模被

人为扩大了，产量、产值等统计资料反映了不同的统计范围，因而不可比。解决这一问题的办法是，以报告期为准，调整基期资料，使之与2000年资料的统计范围一致。

再次，计量单位要一致。比如，某企业计划2000年末自有机械设备总功率达到5000kW，实际达到7000马力，因计算单位不一致，不可以比较。

最后，不同空间比较时，资料所属时期或时点也应可比。

(二) 相对指标与总量指标结合起来运用

相对指标把现象的绝对水平抽象化了，掩盖了现象绝对量上的差异。因此，在计算相对指标的同时，还要结合绝对指标来分析，如表2-3所示：

甲、乙两企业施工产值统计表　　　　　　　　　　　表2-3

企　业	施工产值（万元）		增长速度（%）	增减绝对量（万元）
	1990年	2000年		
甲	3660	4026	10	366
乙	9680	10260	6	580

上表若仅有相对数，甲企业施工产值增长速度为10%，比乙企业的6%快得多，但把相对指标和绝对指标结合起来分析，尽管甲企业施工产值增长速度快于乙企业，而乙企业增长的绝对数是580万元，甲企业仅366万元。可见，大的相对数后面可能隐藏着小的绝对数，小的相对数后面也可能隐藏着大的绝对数。只有将两者结合起来，才能避免片面性，得出合理的结论。

(三) 各种相对指标要结合运用

每种相对指标只能反映现象数量关系的某一方面，把各种相对指标联系起来看问题，就能比较全面地分析被研究对象的特征及其发展变化规律。例如，对一个建筑企业生产情况进行评估，不但要考察其实物工程量、施工产值、利润总额等的计划完成情况，还要将它们与以前年度、同行业、国内外先进水平进行对比，研究其生产发展情况，才能对企业进行深入分析，作出切合实际的评价。

第三节　平　均　指　标

一、平均指标的概念

平均指标是统计中最常用的一种综合指标。它说明同质总体内某一标志值在一定时间、地点、条件下所达到的一般水平，是总体内各单位标志值的代表值。

平均指标可以是同一时间的同类社会经济现象的一般水平，称之为静态平均数；也可以是不同时间的同类社会经济现象的一般水平，称之为动态平均数。本节只讨论静态平均数，动态平均数在第三章进行讨论。

二、平均指标的特点

(一) 平均指标必须在同一总体内计算

如某企业职工平均工资，只能根据该企业范围内的职工人数和相应的工资总额进行计算，凡不属于此范围的职工和工资额都不能包括在内。

(二) 平均指标是一个代表值，代表现象的一般水平

它将总体标志总量在总体各单位之间数值差异抽象化了。例如一个企业职工工资高低

不同，而平均工资就是将不同工资差异抽象化了，说明现象的一般水平。

（三）平均指标是指现象在一定条件下的一般水平

客观现象是随着时间、地点条件的变化而变化，所以反映现象一般水平的平均指标并不是固定不变的。

三、平均指标的作用

（一）能简明扼要地说明总体数量特征

一个平均指标把一系列变量值差异抽象化了，用一个水平数值说明现象数量的一般特征，有高度的概括性。例如，用某市建筑业从业人员平均工资920元来反映建筑业从业人员的收入情况，能给人以鲜明深刻的印象。

（二）便于对比分析

对于不同空间、不同时间的总量水平很难直接加以对比，例如，要比较1998年两个城市建筑业从业人员的收入情况，由于两市从业人员总数不同，工资总额无法比较，需借助平均工资进行对比，见表2-4。

甲、乙两市1998年建筑业从业人员收入对比表　　　　　　　表2-4

	从业人员（人）	月工资总额（万元）	月平均工资（元）
甲　市	151480	13936.2	920
乙　市	118619	12455.0	1050

从表2-4看出，虽然乙市从业人员月工资总额比甲市少，但从业人员也比甲市少，则乙市月平均工资高于甲市，说明乙市建筑业从业人员收入水平较高。

又如，要比较甲市"九五"期间建筑业从业人员收入变化情况，可观察平均工资在一段时期内的发展变化情况，如表2-5所示。

甲市"九五"期间建筑业从业人员收入变化表　　　　　　　表2-5

年　　度	1996	1997	1998	1999	2000
月平均工资（元）	780	840	920	1010	1080

从上表可看出，甲市建筑业从业人员平均工资是逐年上升的。如果用"九五"期间各年的工资总额比较就不确切，因为工资总额受从业人员人数的影响。

（三）平均指标常被作为评价事物和制订定额的数量标准或参考

对工人劳动效率的评定，通常以他们的平均劳动效率水平为依据，在企业管理中，劳动生产和消耗等各种定额往往是以实际的平均水平为基础，结合当地条件来制订。

（四）它反映总体分布的集中趋势

总体分布一般由变量数列反映，就多数现象来看，接近平均指标的变量值居多，远离平均的指标的变量值居少，整个变量数列表现出以平均数为中心的波动。

四、平均指标的种类和计算方法

（一）算术平均数

算术平均数是统计中最常用的一种平均指标。它是将总体各单位的标志值相加，求得标志总量后除以总体单位数而得到的。其计算公式为

$$算术平均数 = \frac{总体标志总量}{总体单位总数}$$

【例 2-2】 某企业2000年5月职工平均人数是850人,其工资总额为892500元,求该企业职工的月平均工资。

【解】 平均工资 $= \dfrac{892500}{850} = 1050$ 元

利用上述基本公式计算平均指标时,要注意公式的子项与母项在总体范围上的可比性,即二者必须是属于同一总体并且母项是子项的承担者;还需注意计量单位为有名数,即以标志总量的单位作为它的计量单位。

算术平均数由于单位的资料不同和计算上的复杂程度不同,又可分为简单算术平均数和加权算术平均数。

1. 简单算术平均数

简单算术平均数是依据未分组的原始数据,将总体各单位标志值简单相加求和,除以总体单位数求得。这种计算算术平均数的方法叫做简单算术平均法。其计算公式为

$$\overline{x} = \frac{x_1 + x_2 + x_3 + \cdots\cdots + x_n}{n} = \frac{\Sigma x}{n}$$

式中 $\overline{x}$ ——平均数;

x ——标志值;

n ——总体单位数;

Σ ——总和符号。

【例 2-3】 某瓦工队有10名工人,每天砌筑工程量(m^3)分别为:1.5、1.6、1.7、1.8、1.9、2.0、2.1、2.2、2.3、2.9,求平均每人日完成工程量。

【解】

$$\overline{x} = \frac{\Sigma x}{n} = \frac{1.5 + 1.6 + 1.7 + 1.8 + 1.9 + 2.0 + 2.1 + 2.2 + 2.3 + 2.9}{10}$$

$$= \frac{20}{10} = 2.0 m^3$$

2. 加权算术平均数

计算算术平均数,如果原始数据经过分组,编成了变量数列,就采用加权算术平均的方法,即用各组标志值乘以相应的各组单位数求出各组标志总量,进一步加总得到总体标志总量,再除以总体单位总数,所得结果为加权算术平均数。其计算公式为

$$\overline{x} = \frac{x_1 f_1 + x_2 f_2 + \cdots\cdots + x_n f_n}{f_1 + f_2 + \cdots\cdots + f_n} = \frac{\Sigma xf}{\Sigma f}$$

式中 f ——各组次数或各组单位数;

Σf ——总体单位数;

Σxf ——总体标志总量数。

【例 2-4】 某建筑工地上有10台起重机在工作,其中两台的起重重量为20t,三台为16t,四台为10t,一台为8t。根据资料计算每台起重机平均起重重量。

【解】 由于每个标志值出现的次数都不一样,就不能用简单算术平均数计算,而应按加权算术平均数计算。列表2-6如下。

平均每台起重机的起重重量为

表2-6

起重重量（t）	起重机台数（台）	起重总量（t）	起重重量（t）	起重机台数（台）	起重总量（t）
x	f	xf	x	f	xf
20	2	40	10	4	40
16	3	48	8	1	8
			合计	10	136

$$\bar{x} = \frac{\Sigma xf}{\Sigma f} = \frac{136}{10} = 13.6 \text{ t}$$

从上式可见，加权算术平均数的大小不仅取决于总体单位标志值（x），同时也取决于各标志值的次数（f）。次数多的标志值对平均数的影响要大些，次数少的标志值对平均数的影响小些。标志值次数的多少对平均数的影响有权衡轻重的作用，所以又称为权数。

权数也可以用各组单位数占总体单位数的比重表示，其计算结果是一样的，因此便有了另一种加权算术平均数的形式，就是用标志值乘以相应的频率。其公式如下：

$$\bar{x} = x_1 \cdot \frac{f_1}{\Sigma f} + x_2 \cdot \frac{f_2}{\Sigma f} + \cdots + x_n \cdot \frac{f_n}{\Sigma f} = \frac{\Sigma x \cdot f}{\Sigma f}$$

【例2-5】 根据表2-6资料用频率形式计算加权平均数。

【解】 见表2-7所示。

表2-7

起重重量（t）	起重机台数构成（%）	$x \cdot (f/\Sigma f)$	起重重量（t）	起重机台数构成（%）	$x \cdot (f/\Sigma f)$
x	$f/\Sigma f$		x	$f/\Sigma f$	
20	20	4	8	10	0.8
16	30	4.8	合计	100.0	13.6
10	40	4			

$$\bar{x} = \Sigma x \cdot \frac{f}{\Sigma f} = 13.6 \text{t}$$

计算结果和前面计算的加权算术平均数完全相同。

上例是根据单项式变量数列计算加权算术平均数的，如果已知资料为组距式变量数列，可以用组中值代替各组标志值计算平均数。

【例2-6】 设某建筑企业职工按工资水平分组的组距式变量数列资料如表2-8所示，试计算职工平均工资。

表2-8

月工资（元）	组中值（元）	职工人数（人）	工资总额（元）	月工资（元）	组中值（元）	职工人数（人）	工资总额（元）
	x	f	xf		x	f	xf
700～800	750	90	67500	1100～1200	1150	200	230000
800～900	850	250	212500	1200～1300	1250	80	100000
900～1000	950	300	285000	合计	—	1200	1189000
1000～1100	1050	280	294000				

【解】 平均工资为

42

$$\overline{x} = \frac{\Sigma xf}{\Sigma f} = \frac{1189000}{1200} = 1074 \text{ 元}$$

利用组中值计算算术平均数是假定各组内的标志值是均匀分配的，计算结果与实际相比会有差别，只是一个近似值。

3. 算术平均数与强度相对数的区别

（1）算术平均数是平均指标。它是同一总体内各单位某一标志值的平均水平，分子、分母是同一总体的总量指标；而强度相对指标是相对指标，它是有联系的两个总量指标之比。

（2）算术平均数是以标志总量作为分子，总体单位总数作为分母来计算的。分母中每一个总体单位都有对应的标志值；而强度相对数根据研究目的的不同，分子、分母可以互换，可用其中的任意一个总量指标作为分子（或分母），计算出的指标有正、逆指标之分。

（二）调和平均数

调和平均数是标志值倒数的算术平均数的倒数，又称倒数平均数。在社会经济领域，调和平均数常作为算术平均数的变形使用。调和平均数有简单调和平均数和加权调和平均数两种。

1. 简单调和平均数

简单调和平均数是对各标志值的倒数求简单算术平均数，再取这一平均数的倒数。其计算公式如下：

$$M_H = \frac{1}{\left(\frac{1}{x_1} + \frac{1}{x_2} + \cdots\cdots + \frac{1}{x_n}\right)\frac{1}{n}} = \frac{n}{\frac{1}{x_1} + \frac{1}{x_2} + \cdots\cdots + \frac{1}{x_n}}$$

$$= \frac{n}{\Sigma \frac{1}{x}}$$

式中　M_H——调和平均数；

　　　x——标志值；

　　　n——变量值项数；

　　　Σ——求和符号。

【例 2-7】　某材料采购员 4 月 1 日、20 日、30 日各购某材料 1 元，但其价格分别为：每公斤 0.2 元；0.18 元；0.16 元。求平均每公斤价格。

【解】

$$M_H = \frac{3}{\frac{1}{0.2} + \frac{1}{0.18} + \frac{1}{0.16}} = 0.18 \text{ 元}$$

2. 加权调和平均数

简单调和平均数是在各标志值对平均数起同等作用的条件下（各标志总量相等）应用的。如果各标志值对于平均数的作用是不同的，这时就应以各组标志值的标志总量为权数计算加权调和平均数了。加权调和平均数适用于只掌握变量数列各组标志值和标志总量，而当缺少各组单位总数时，计算平均指标可采用调和平均数的方法。计算公式为

$$M_H = \frac{m_1 + m_2 + \cdots\cdots + m_n}{\frac{m_1}{x_1} + \frac{m_2}{x_2} + \cdots\cdots + \frac{m_n}{x_n}} = \frac{\Sigma m}{\Sigma \frac{m}{x}}$$

式中　M_H——调和平均数；

m——各组标志总量；

x——各组标志值；

Σm——总体标志总量；

$\dfrac{m}{x}$——各组单位数；

$\Sigma \dfrac{m}{x}$——总体单位数。

上式中，权数 m 与算术平均数公式中的分子相等，即 $m = xf$，计算结果 $M_H = \bar{x}$，从实际意义上看也符合算术平均数的基本公式，因而可以将其看作算术平均数的变形，其公式可以相互推算，即

$$\bar{x} = \frac{\Sigma m}{\Sigma \dfrac{m}{x}} = \frac{\Sigma xf}{\Sigma \dfrac{xf}{x}} = \frac{\Sigma xf}{\Sigma f}$$

上式表示：加权算术平均数以各组单位数（f）为权数；加权调和平均数以各组标志总量（m）为权数，但计算内容和结果都是相同的。作为加权算术平均数变形的加权调和平均数，一般适用于没有直接提供各组单位数的场合。

在调和平均数公式中，若各组的标志总量相等，即 $m_1 = m_2 = \cdots\cdots m_n = A$ 时，则

$$\frac{\Sigma m}{\Sigma \dfrac{m}{x}} = \frac{nA}{A \Sigma \dfrac{1}{x}} = \frac{n}{\Sigma \dfrac{1}{x}}$$

所以说当加权调和平均数各组标志总量相等时，就变成简单调和平均数。

【例 2-8】 某企业附属构件厂，50 个工人的工资及工资计算资料如下，见表 2-9 所示。

表 2-9

技术等级	月工资（元） x	工资总额（元） m	工人数（人） m/x	技术等级	月工资（元） x	工资总额（元） m	工人数（人） m/x
1	800	4000	5	4	950	9500	10
2	850	12750	15	5	1000	2000	2
3	900	16200	18	合 计	—	44450	50

【解】

$$M_H = \frac{\Sigma m}{\Sigma \dfrac{m}{x}} = \frac{44450}{50} = 889 \text{ 元}$$

这里，相应的各组单位数——工人数没有直接给出，只给了工人月工资及各组工资总额，只能根据已知资料计算出工人数，按调和平均数的方法计算。

3．标志值是相对数（或平均数）的平均数的算法

算术平均数和调和平均数平均的对象都是在标志值为绝对数这一条件下，若标志值为相对数（或平均数）时，其平均的方法应从相对数（或平均数）的特点研究着手。

首先，相对数（或平均数）不宜直接求和，因此不能把相对数（或平均数）直接相加求平均；其次，每一个相对数（或平均数）都是由两个有联系的绝对数对比而成，因此一系列的相对数（或平均数）虽不能加总，但是由其所对比的一系列分子的绝对数和分母的

绝对数可以加总。因此，我们可以得出标志值是相对数（或平均数）时，其平均数的基本公式表述如下：

写出符合相对数（或平均数）含义的分子、分母指标，其相对数（或平均数）的平均数由原分子、分母指标的合计数求得。

下面举例说明两种平均指标的计算。

(1) 由相对数计算平均数

【例2-9】 某建筑公司所属四个施工队，4月份计划完成程度（%）及实际产值资料如表2-10所示，求产值计划平均完成程度。

某建筑公司4月份产值完成表　　　　　　表2-10

施工队名	计划完成程度 x（%）	计划产值 f（万元）	实际产值 xf（万元）	施工队名	计划完成程度（%）	计划产值 f（万元）	实际产值 xf（万元）
1	90	100	90	4	120	400	480
2	100	200	200	合计	—	1000	1100
3	110	300	330				

【解】 根据上述资料计算计划平均完成程度的基本公式应是

$$\text{产值计划平均完成程度（\%）} = \frac{\text{实际产值总数}}{\text{计划产值总数}} \times 100\%$$

从表中可以看出，我们缺少分子指标实际产值总数，因而应该以计划产值总数为权数，采用加权算术平均数的形式来计算计划平均完成程度。

$$\bar{x} = \frac{\Sigma xf}{\Sigma f} = \frac{1100}{1000} \times 100\% = 110\%$$

如果只掌握各施工队产值计划完成程度 x 和实际产值 m 资料，而无计划产值资料，那么我们所缺少的是指标分母的资料，就应该以实际产值为权数，采用加权调和平均数的形式来计算产值计划平均完成程度。见表2-11。

某建筑公司4月份产值完成量　　　　　　表2-11

施工队名	计划完成程度 x（%）	实际产值 m（万元）	计划产值 m/x（万元）	施工队名	计划完成程度 x（%）	实际产值 m（万元）	计划产值 m/x（万元）
1	90	90	100	4	120	480	400
2	100	200	200	合计	—	1100	1000
3	110	330	300				

产值计划平均完成程度（%）为

$$M_H = \frac{\Sigma m}{\Sigma \frac{m}{x}} = \frac{1100}{1000} \times 100\% = 110\%$$

两种方法计算的结果完全一致。

(2) 由平均数计算平均数

【例2-10】 某抹灰队4月份各班的劳动生产率和实际用工资料如表2-12所示。

根据上述资料计算抹灰工人平均每工日劳动生产率。

【解】 同样，应该以计算劳动生产率的公式为依据。

表 2-12

班 组	平均劳动生产率 (m²/工日)	实际用工 (工日)	抹灰总量 (m²)	班 组	平均劳动生产率 (m²/工日)	实际用工 (工日)	抹灰总量 (m²)
	x	f	xf		x	f	xf
1	40	100	4000	4	45	300	13500
2	42	200	8400	合 计	—	900	40300
3	48	300	14400				

$$劳动生产率 = \frac{抹灰总量}{实际用工数}$$

上表中只有分母指标即实际用工数，缺少分子指标即抹灰总量资料。所以应该以实际用工数为权数，采用加权算术平均数的形式计算该抹灰队平均劳动生产率。

$$\overline{x} = \frac{\Sigma xf}{\Sigma f} = \frac{40300}{900} = 44.8 \text{m}^2/\text{工日}$$

如果只掌握各组抹灰总量，而各组实际用工数，就应该以各组抹灰总量为权数，采用加权调和平均数的形式计算抹灰队平均劳动生产率。

实际资料和计算见表 2-13。

表 2-13

班 组	平均劳动生产率 (m²/工日)	抹灰总量 (m²)	实际用工 (工日)	班 组	平均劳动生产率 (m²/工日)	抹灰总量 (m²)	实际用工 (工日)
	x	m	m/x		x	m	m/x
1	40	4000	100	4	45	13500	300
2	42	8400	200	合 计	—	40300	900
3	48	14400	300				

$$抹灰队平均劳动生产率 = \frac{\Sigma m}{\Sigma \frac{m}{x}} = \frac{40300}{900} = 44.8 \text{m}^2/\text{工日}$$

两种计算结果也完全一致。

(三) 几何平均数

几何平均数是几个变量值连乘积的几次方根。它主要适用于：首先那些变量值必须是相对数，其次是这些变量值连乘积有实际意义，而且数列中不能有一项为零或负数，否则不能计算几何平均数。在社会经济现象中，凡是变量值的连乘积等于总比率或总速度的现象可用几何平均数计算平均比率和平均速度两个内容。因此它的应用范围是比较窄的。

几何平均数可以分为简单几何平均数和加权几何平均数两种。

1. 简单几何平均数

简单几何平均数就是几个变量连乘积的几次方根，其计算公式为

$$M_g = \sqrt[n]{x_1 x_2 \cdots\cdots x_n} = \sqrt[n]{\Pi x}$$

式中　x——变量值；
　　　n——项数；
　　　Π——连乘符号；
　　　M_g——几何平均数。

【例 2-11】 某企业生产某一产品,有毛坯车间、粗加工车间、精加工车间、装配车间四个流水连续作业的车间。本月份第一车间产品合格率为90%,第二车间产品合格率为95%,第三车间产品合格率为96%,第四车间产品合格率为85%,求平均车间产品合格率。

【解】 对于这个问题不能采用算术平均数或调和平均数。因为各车间产品合格率总和并不等于全厂总合格率。第二车间的合格率是在第一车间制品全部合格的基础上计算的,第三车间的合格率又是在第一、第二车间制品全部合格的基础上计算的,等等。各车间合格率的连乘积等于全厂产品的总合格率,所以要采用几何平均数计算平均车间合格率。即

$$M_g = \sqrt[4]{90\% \times 95\% \times 96\% \times 85\%} = 91.4\%$$

在变量值比较多的情况下,计算几何平均数需要开多次方,为了计算方便,通常利用对数,对几何平均数的公式,两边取对数,则

$$\lg M_g = \frac{1}{n}(\lg x_1 + \lg x_2 + \cdots + \lg x_n) = \frac{\Sigma \lg x}{n}$$

由此可见,几何平均数的对数,就是各个变量值的对数的算术平均数。求出了几何平均数的对数后,再由对数找出真数,即为几何平均数。

$$\lg M_g = \frac{\lg 90 + \lg 95 + \lg 96 + \lg 85}{4} = \frac{1.9542 + 1.9777 + 1.9823 + 1.9294}{4} = \frac{7.8436}{4}$$
$$= 1.9609$$

$$M_g = 91.4\%$$

若已知这四个连续工序的废品率,求平均废品率,一定要把废品率推算为合格率,求出平均合格率后方能知道平均废品率是多少,不能直接计算平均废品率。

2. 加权几何平均数

当计算几何平均数的每个变量值的次数不相同时应用加权几何平均数,其计算公式为

$$M_g = \sqrt[\Sigma f]{\prod x^f}$$

式中 Σf——次数总和;

f——每个变量值的次数。

对公式两边取对数,则

$$\lg M_g = \frac{f_1 \lg x_1 + f_2 \lg x_2 + \cdots + f_n \lg x_n}{f_1 + f_2 + \cdots + f_n} = \frac{\Sigma f \lg x}{\Sigma f}$$

【例 2-12】 某银行某项贷款的年利率是按复利计算的,30年的利率分配是:有6年为8%,有4年为3%,有6年为4%,有10年为10%,有4年为12%,求平均年利率。

【解】 计算平均年利率必须先将各年利率加100%换算成各年本利率,然后按加权几何平均数计算平均年本利率,再减100%得出平均年利率。列计算表2-14如下:

[例 2-12] 计算表　　　　　　　　　　　　　　　　　　表 2-14

本利率 x(%)	年 数 f	本利率对数 $\lg x$	年数对数 $f\lg x$	本利率 x(%)	年 数 f	本利率对数 $\lg x$	年数对数 $f\lg x$
108	6	2.0334	12.2005	110	10	2.0414	20.4139
103	4	2.0128	8.0513	112	4	2.0492	8.1969
104	6	2.0170	12.1022	合 计	30	—	60.9648

$$\lg M_g = \frac{60.9648}{30} = 2.0322$$

$$M_g = 107.7\%$$

这就是说,30年的平均本利率为107.7%,年平均利率为7.7%。

关于几何平均数在平均速度方面的应用将在第四章讲述。

(四)众数

众数是被研究总体中出现次数最多的标志值。统计中,有时利用它来说明总体现象的一般水平。例如,为了掌握市场上某种商品的价格水平,有时难以全面登记该商品的成交量和成交额,则只用市场上最普遍的成交价格即可。假定市场上红砖的成交价格大多为0.10元/块,则0.10元就是众数,即可用来代表红砖的价格水平。又如某瓦工队50个工人中技术等级为4级的有32人,人数最多,则4级为众数。用它来表示该瓦工队工人技术等级的一般水平。

众数只有在总体单位数多、有明显的集中趋势、标志值中极差(全距)很大情况下,其计算才具有合理的代表性和现实意义;相反,当总体单位数少,或者虽然总体单位多,但无明显集中趋势时,就不存在众数。

根据变量数列的种类不同,确定众数可采用不同的方法。

1. 单项式变量数列求众数

根据单项变量数列求众数是比较容易的,只需找出次数最多的标志值就是众数。假如某瓦工队砌墙的资料如表2-15:

某瓦工队砌墙资料表 表2-15

| 每日平均砌墙量(m³) | 工人数(人) | 每日平均砌墙量(m³) | 工人数(人) |
x	f	x	f
1.4	15	2.0	25
1.6	30	2.2	10
1.8	50	合 计	130

表2-15中每日砌墙1.8m³的次数最多(共有50人集中在这一组),即众数$M_o = 1.8 \text{m}^3$。众数可以说明大多数工人在生产上所达到的水平,可以作为编制生产计划和指导工作的参考依据。

2. 组距数列确定众数

组距数列确定众数稍微复杂一些,首先根据出现次数确定众数所在的组,即众数组,然后利用公式计算众数的近似值。

【例2-13】 对某建工集团公司职工收入进行抽样调查。其资料整理后如表2-16所示。

[例2-13]资料表 表2-16

月收入分组(元)	职工人数(人)	比重(%)	月收入分组(元)	职工人数(人)	比重(%)
800以下	40	8	1400~1600	70	14
800~1000	90	18	1600~1800	50	10
1000~1200	110	22	1800以上	35	7
1200~1400	105	21	合 计	500	100

【解】 由表中可看出，次数最多的职工人数是110，占全部抽查人数的22%。因此，这一组的月收入（1000～1200元），就是众数组。那么众数的具体数值如何确定呢？这要依众数组相邻两组的次数多少而定。如果众数组相邻两组的次数相等，则众数组的组中值就是众数；如果众数组下一组（即比它小的相邻组）的次数较多，上一组的次数较少，则众数在众数组内靠近它的下限；如果众数组上一组的次数较多，下一组的次数较少，则众数在众数组内靠近它的上限。在众数组内计算众数时，有下限公式与上限公式之分。同时，次数可以用绝对数表示，亦可以用相对数（比重）表示。现分别说明如下：

（1）下限公式

$$M_o = L + \frac{\Delta_1}{\Delta_1 + \Delta_2} \times d$$

式中　M_o——众数；

　　　L——众数组的下限；

　　　Δ_1——众数组次数与下一组次数之差；

　　　Δ_2——众数组次数与上一组次数之差；

　　　d——众数组的组距。

根据表中资料

$L = 1000$

$\Delta_1 = 110 - 90 = 20$　　或 $\Delta_1 = 22\% - 18\% = 4\%$

$\Delta_2 = 110 - 105 = 5$　　或 $\Delta_2 = 22\% - 21\% = 1\%$

$d = 1200 - 1000 = 200$

将上列资料代入公式

$$M_o = 1000 + \frac{20}{20 + 5} \times 200 = 1160 \text{ 元}$$

$$\text{或 } M_o = 1000 + \frac{4}{4 + 1} \times 200 = 1160 \text{ 元}$$

（2）上限公式

$$M_o = U - \frac{\Delta_2}{\Delta_1 + \Delta_2} \times d$$

式中　U 为众数组的上限。

根据表中资料：$U = 1200$

将有关资料代入公式

$$M_o = 1200 - \frac{5}{20 + 5} \times 200 = 1160 \text{ 元}$$

$$\text{或 } M_o = 1200 - \frac{1}{4 + 1} \times 200 = 1160 \text{ 元}$$

上述两公式，众数无论用绝对数还是相对数计算结果相同，表明该建工集团公司职工月收入众数为1160元。

（五）中位数

将总体各单位的标志值按照大小顺序排列，处于中间位置的标志值就是中位数。由于位置居中，中位数将数列分为相等的两部分，一部分的标志值小于中位数，另一部分的标志值大于中位数,因而,有时利用它来代表现象的一般水平。例如,职工年龄中位数,可表示职工总体年龄的一般水平;建筑企业资产总额中位数,可表示建筑企业资产总额的一般水平。

中位数和众数一样属于位置平均数,它的大小取决于其在数列中的位置,因此,不受极端值的影响。在总体标志值差异很大的情况下,中位数比算术平均数更具有代表性。

中位数的计算方法,要视掌握的资料而定。一般分为两种情况:一是资料未经分组;二是资料已经分组。由于这两种情况不同,确定中位数的方法也不同。

1. 由未分组资料确定中位数

根据未分组资料确定中位数时,首先将标志值按大小顺序排列,如果总体单位数为奇数,则处于 $(n+1)/2$ (n 代表总体单位数) 位置的标志值是中位数;如果总体单位数为偶数,那么中位数就是位次为 $n/2$ 和 $n/2+1$ 两个标志值的平均数。

例如,某抹灰队有甲乙两组工人分别为 9 人和 10 人,每人完成的工程量(m^2)如下:

甲组:10、12、12、13、14、15、17、17、18。

乙组:10、11、11、12、13、14、15、18、19、19。

甲组由于工人数为奇数,则中位数位置为 $(9+1)/2=5$,即第五位工人的日抹灰量 $14m^2$ 为中位数。

乙组由于工人数为偶数为 5 ($10/2=5$) 与 6 ($10/2+1=6$) 之间,即第五位和第六位工人日抹灰量的算术平均数 $13.5m^2$ [$(13+14)=13.5$] 为中位数。

2. 由分组资料确定中位数

(1) 根据单项式变量数列确定中位数

在单项式变量数列中求中位数,也是按上面所讲的方法来确定中位数的位置。如果总体单位数为奇数,则 $(\Sigma f+1)/2$ 的位置为中位数的位置;如果总体单位数为偶数,那么中位数位置为 $\Sigma f/2$ 和 $\Sigma f/2+1$ 的中间,再根据位次用较小累计次数或较大累计次数的方法将累计次数刚超过中位数位次的组定为中位数值,该组的标志值为中位数。

例如,某瓦工队工人年龄分布情况如表 2-17。

某瓦工队工人年龄分布情况　　　　　　　表 2-17

按工人年龄分组	工人人数(人)	工人人数累计		按工人年龄分组	工人人数(人)	工人人数累计	
		较小累计次数	较大累计次数			较小累计次数	较大累计次数
20	1	1	140	33	24	98	66
22	4	5	139	34	20	118	42
25	8	13	135	35	16	134	22
28	15	28	127	37	6	140	6
30	16	44	112	合　计	140	—	—
32	30	74	96				

由于总体单位数为偶数,即 $\Sigma f=140$,则利用公式可知:中位数位置在 70 ($140/2=70$) 和 71 ($140/2+1=71$) 之间。无论根据较小累计还是较大累计次数,中位数组都在第 6 组,该组对应的标志值 32 岁 [$(32+32)/2=32$] 为中位数。

(2) 根据组距式数列求中位数

根据组距数列确定中位数与单项式分组资料相似，不同的是根据中位数位次及累计法确定中位数组后，无法得到中位数的准确值，还要用公式计算中位数的近似值。

由组距数列求中位数可分两步。

第一步，根据公式求中位数所在位置和所在组

$$中位数位置 = \frac{\Sigma f}{2}$$

第二步，再根据比例推算出中位数近似值，其计算公式为

$$M_e = L + \frac{\frac{\Sigma f}{2} - S_{m-1}}{f_m} \times d \quad （下限公式）$$

$$M_e = U - \frac{\frac{\Sigma f}{2} - S_{m+1}}{f_m} \times d \quad （上限公式）$$

式中 M_e——中位数；

L——中位数组下限；

U——中位数组上限；

Σf——次数总和；

S_{m-1}——中位数所在组以下累计次数；

S_{m+1}——中位数所在组以上累计次数；

f_m——中位数所在组次数；

d——组距。

这里需要说明，根据组距数列确定中位数位次时，其公式为 $\Sigma f/2$，这是因为绝大多数组距数列的标志值的变化是连续不断的，$\Sigma f/2$ 与 $\Sigma f/2 + 1$ 对应的标志值没有截然界限。用 $\Sigma f/2$ 完全可以代表中位数的位置。

【例 2-14】 以表 2-16 的 1999 年某建工集团公司职工收入抽样调查资料为例编制表 2-18。

1999 年某建工集团公司职工收入抽样调查表　　　　表 2-18

月收入分组（元）	职工人数（人）	职工人数累计		职工人数比重（%）	百分比累计（%）	
		较小累计	较大累计		较小累计	较大累计
800 以下	40	40	500	8	8	100
800~1000	90	130	460	18	26	92
1000~1200	110	240	370	22	48	74
1200~1400	105	345	260	21	69	52
1400~1600	70	415	155	14	83	31
1600~1800	50	465	85	10	93	17
1800 以上	35	500	35	7	100	7
合　计	500	—	—	100	—	—

【解】 根据上表中的资料，得知中位数位次 $= \Sigma f/2 = 500/2 = 250$，或 $100/2 = 50\%$，即中位数的位置在该数列的第 250 位，从表中可看出中位数在 1200~1400 元这一组内。由于

$f_m = 105$ 或 21%

$S_{m-1} = 240$ 或 48%

S_{m+1} = 155 或 31%

L = 1200

U = 1400

d = 200

将上列资料代入公式计算中位数。

按下限公式计算:

$$M_e = 1200 + \frac{250-240}{105} \times 200 = 1219 \text{ 元}$$

或

$$M_e = 1200 + \frac{50-48}{21} \times 200 = 1219 \text{ 元}$$

按上限公式计算:

$$M_e = 1400 - \frac{250-155}{105} \times 200 = 1219 \text{ 元}$$

或

$$M_e = 1400 - \frac{50-31}{21} \times 200 = 1219 \text{ 元}$$

四种方法计算结果相同,都是1219元,这表明1999年某建工集团公司职工收入抽样调查500名职工中,其中位数是1219元。

五、应用平均指标应遵守的原则

(一)平均数只能在同质总体中计算

所谓同质总体就是指被研究总体的各个单位在某一标志上具有相同的性质。在计算平均数时,不要把存在本质差异的现象混在一起。否则,非但不能说明事物的性质及其规律性,反而会歪曲事实真相,成为虚构平均数。例如,研究学生的学习情况,计算平均成绩,一般不必按性别区分,但若研究平均身高,则一定要考虑性别的差异分别计算;研究居民的生活水平,计算其平均收入和平均生活支出,应把城镇居民和农村居民分开研究,因为城镇居民和农村居民在收入来源和消费构成方面具有不同的特点,混为一谈,将影响对居民生活水平的本质认识。

(二)用组平均数补充说明总平均数

总平均数虽然是以同质为基础计算出来的,但并不是说在各单位之间再没有任何性质上的差异了。事实上,在总体单位之间还存在着其他一些性质上的重要差别,而这对总平均数往往是有重要影响的。因此,在许多情况下,我们必须注意各单位在性质上的重要差别对总平均数的影响作用,按反映重要差别的标志把总体单位分组,计算组平均数以补充说明总平均数。

例如,某瓦工队2000年工人生产情况如表2-19所示。

某瓦工队2000年工人生产情况表　　　　表2-19

类别	甲 组				乙 组			
	工人人数(人)	比重(%)	砌墙总量(m^3)	月劳动生产率(m^3/人)	工人人数(人)	比重(%)	砌墙总量(m^3)	月劳动生产率(m^3/人)
熟练工人	15	75	360	24	15	50	390	26
学徒	5	25	75	15	15	50	240	16
合计	20	100	435	21.8	30	100	630	21

从表中总平均数看，甲组劳动生产率为 21.8m³/人，乙组劳动生产率为 21m³/人，甲队高于乙队。能否断定甲组劳动生产率比乙组高呢？从组平均数来看，熟练工人劳动生产率和学徒工人劳动生产率甲组均低于乙组。这种总平均数和组平均数不一致的现象原因在于甲、乙两组工人构成有所不同，甲组劳动生产率高的熟练工人在整组工人中所占的比重为 75%，高于乙组 50%，而学徒工人比重正好相反，我们知道，平均数是受次数分配状况影响的，它必然趋向于次数出现多的那个组，这就造成甲组总劳动生产率高于乙组总劳动生产率，而实际上，结论相反。

（三）用分配数列补充说明平均数

我们知道，平均数把总体各单位的差异给抽象化了，掩盖了总体各单位的差异及其分配状况。因此，应用平均数来说明社会现象的特征，要具体分析总体单位的分配状况，这就需要用分配数列来补充说明平均数。

例如，某市所属建筑企业产值计划完成资料如表 2-20 所示：

某市所属建筑企业产值计划完成资料表　　　　　表 2-20

按产值计划完成程度分组（%）	企业数（个）	按产值计划完成程度分组（%）	企业数（个）
80 以下	2	110～120	30
80～90	8	120 以上	10
90～100	10	合　计	100
100～110	40		

这个分配数列的总平均计划完成程度 105%。单看平均数，我们只有一个一般的概念，该市所属建筑企业超额完成计划。如果结合分配数列，用分配数列补充说明总平均数，我们就会有一个比较具体的概念，即还有 20 个企业没有完成计划，有 80 个企业超额完成了计划，这样反映的情况就更具体了。

（四）注意一般和个别相结合，把平均数和典型事例结合起来

平均数说明总体某一数量标志的一般水平，它体现了总体的共性，但同时却掩盖了具体事物的个性。因此为了全面客观地反映总体，还常常需要用个别事物的表现做补充说明，特别是要研究先进与落后的典型、最高水平和最低水平，以补充平均数的不足。

练　习　题

一、填空题

1. 总量指标是用_____形式表示的。
2. 总量指标按其反映的内容不同可以分为_____和_____。
3. 总量指标按其反映的时间状况不同分为_____和_____。
4. 总量指标的计量单位有三种，它们是_____、_____和_____。
5. 相对指标是以_____形式表示的。
6. 相对指标的数值表现形式有无名数和有名数两种。其中无名数多以_____、_____、_____、_____或_____形式表示。
7. 根据研究目的和比较标准不同，相对指标可分为：_____、_____、_____、_____、_____、_____等六种。
8. 结构相对数是在_____的基础上计算出来的，各组比重之和等于_____。

9. 同一总体内不同组成部分的指标数值对比的结果称为_____。
10. 同一时期内同类现象的不同总体某种指标数值在不同空间对比的比值叫做_____。
11. 表明同类现象在不同时间上的变动程度的相对指标叫做_____。
12. 强度相对指标是两个_____，但有一定_____的总量指标相互对比，用来说明现象的_____、密度和_____的相对指标。
13. 某种产品单位成本计划降低4%，实际降低了5%，则成本计划完成程度为_____除以_____等于_____。
14. 相对指标应与_____结合起来运用。
15. 加权算术平均数的权数有_____和_____两种形式。
16. 在平均数的计算中，如果现象总体各单位的具体资料未经任何分组应采取_____的形式，如果资料已经分组，则应采取_____的形式。
17. 在用组距数列计算算术平均数时，要先计算出_____作为变量值。
18. 由于标志值出现的次数对_____的大小有权衡轻重的作用，故次数又称为_____。
19. 由平均数或相对数计算平均数时，如果权数资料为基本公式的母项数值，应采用_____形式；如果权数资料为子项资料，应采用_____形式。
20. 在5、7、8、10、11、13等六个变量中，其众数是_____，中位数是_____。

二、单项选择题

1. 总量指标按其反映的内容不同，可分为(   )。
   A. 总体单位总量指标和总体标志总量指标　　B. 时点指标和时期指标
   C. 实物指标、价值指标和劳动指标　　　　　D. 时点指标和总体总量指标
2. 某种材料的年末库存额是(   )。
   A. 时期指标和实物指标　　　　B. 时点指标
   C. 时期指标和价值指标　　　　D. 时点指标和价值指标
3. 总量指标(   )。
   A. 随着总体范围扩大而增大　　B. 随着总体范围扩大而缩小
   C. 随着总体范围缩小而增大　　D. 与总体范围大小无关
4. 机械设备台数、建筑业增加值、材料消耗量、职工人数指标中，属于时点指标的有(   )。
   A.1个　　　　B.2个　　　　C.3个　　　　D.4个
5. 甲市建筑业增加值是乙市建筑业增加值的8%，该指标为(   )。
   A. 结构相对指标　B. 比例相对指标　C. 比较相对指标　D. 动态相对指标
6. 结构相对指标的分子和分母(   )。
   A. 只能是总体单位数　　　　　B. 只能是总体标志值
   C. 可以是总体单位数，也可以是总体标志值
7. 将某市房屋施工面积与全市人口数比较，属于(   )。
   A. 算术平均数　B. 强度相对数　C. 比较相对数　D. 动态相对数
8. 某建筑公司利润总额计划规定比去年增长5%，实际比去年增长7%，产值计划完

成程度为( )。
  A.2%   B.101.9%   C.140%   D.98.1%

9. 某构件厂生产的空心楼板单位成本的计划完成程度为95%，则该厂( )。
  A. 未完成计划   B. 超额完成计划   C. 完成了计划   D. 无法判断

10. 算术平均数的基本形式是( )。
  A. 同一总体不同部分对比
  B. 总体的部分数值与总体数值对比
  C. 总体标志值之和与总体单位数之比
  D. 不同总体两个有联系的指标数值对比

11. 假如总体各单位的某一标志值都扩大到原来的10倍，那么平均数( )
  A. 扩大到原来的10倍   B. 扩大10倍
  C. 不变   D. 无法判断

12. 假如总体各单位某一标志值的数额都减少一半，那么平均数( )。
  A. 减少一半   B. 增加一倍   C. 不变   D. 无法判断

13. 某建筑公司下属两分公司，1999年甲分公司职工月平均工资为1000元，乙分公司职工月平均公司为1200元，2000年各分公司职工的工资水平不变，但乙分公司职工的人数增加20%，甲分公司人数不变，则该建筑公司职工月平均工资2000年比1999年( )。
  A. 提高   B. 不变   C. 降低   D. 无法判断

14. 如果我们所需研究的是整个建筑企业职工人数的状况，则总体单位总量是( )。
  A. 建筑企业的个数之和   B. 职工工资总额
  C. 建筑企业的职工人数之和   D. 建筑企业总产值之和

15. 下列属于结构相对指标的有( )。
  A. 施工工程一次交验合格率   B. 人均住房面积
  C. 国民经济三大产业的比例   D. 中国与日本的国民生产总值之比

16. 一数列，直接利用未分组资料计算算术平均数和先分组再计算算术平均数，两者的结果( )。
  A. 一致   B. 不一致
  C. 在某些情况下一致   D. 在多数情况下一致

17. 时期指标和时点指标最根本的区别在于各自反映的现象( )。
  A. 指标数值是否可以相加   B. 指标数值是如何取得的
  C. 时间状况不同   D. 指标数值是否与时间长短有关

18. 计算计划完成情况相对指标时，分子和分母的数值( )。
  A. 只能是绝对数   B. 只能是相对数
  C. 只能是平均数   D. 既可以是绝对数，也可以是相对数或平均数

19. 众数是由变量数列中( )。
  A. 标志值大小决定的   B. 极端数值决定的
  C. 标志值平均水平决定的   D. 标志值出现次数多少决定的

20. 数列 3、4、5、6、7、7、8、8、9、10、11 的中位数是（　　）
A.7.5　　　　B.7　　　　C.6　　　　D.8

三、简答题

1. 时期指标和时点指标的区别是什么？
2. 总量指标有几种计量单位？
3. 统计总量指标时应注意什么问题？
4. 运用相对指标时应注意的问题是什么？
5. 运用平均时应坚持什么原则？

四、应用题

1. 某建筑企业所属三个工程处，其总产值资料如下表。

单位：万元

工程处	2000年总产值			2001年总产值		
	计划	实际	完成计划（％）	计划	实际	完成计划（％）
1	650	705		700		110
2			108.5	760	720	
3	600			640		120
合计	2000	2200				

求：

（1）填满表内空格；

（2）说明各栏数字属于哪类指标；

（3）对比该公司两年总产值生产情况做简要分析。

2. 某企业 2000 年上半年库存材料采购计划执行情况如下：

材料	单位	全年采购计划	第一季度进货		第二季度进货	
			计划	实际	计划	实际
水泥	t	500	100	80	200	180
钢筋	t	1000	250	300	350	300
红砖	千块	4000	1000	1100	1200	1080

求：

（1）各季度进货计划完成程度；

（2）上半年进货计划完成程度；

（3）上半年累计计划进度执行情况。

3. 某建筑企业总产值 2000 年计划完成程度为 103％，比 1999 年增长 5％，试问总产值计划规定比 1999 年增加多少？

4. 某构件厂生产空心楼板，6 月份产品单位成本计划比 5 月份下降 5％，实际下降了 8％，问该种产品成本计划执行情况？

5. 我国 1997 年、1998 年三大产业增加值资料如下表所示。

单位：亿元

项目	1997年	比重（％）	1998年	比重（％）
第一产业	13674		14299	
第二产业	36770		39150	
第三产业	24328		26104	

(1) 分别计算 1997 年、1998 年第一、第二、第三产业增加值占国内生产总值的比重，并将结果填入上表内；

(2) 分别计算 1997 年、1998 年第一、第二、第三产业间的比例相对数；

(3) 计算 1998 年的增加值与 1997 年相比总变动程度是多少。

6．某企业 1996 年和 2000 年实现总产值及流动资金平均占用额等有关资料如下表所示。

	1996 年	2000 年
职工人数（人）	500	600
总产值（万元）	3800	5000
流动资金平均占用额（万元）	2000	2500

要求计算：

(1) 平均每百元流动资金实现产值；

(2) 平均每百元产值额需占用流动资金；

(3) 平均每人实现产值；

(4) 2000 年职工人数与 1996 年职工人数相比有何变动？

(5) 它们各属什么指标？

7．某施工队 1998 年职工工资资料如下：

按月工资分组（元/人）	职工人数（人）	按月工资分组（元/人）	职工人数（人）
600 元以下	4	900～1000	18
600～700	14	1000 元以上	6
700～800	18	合　计	100
800～900	40		

要求计算：

(1) 该施工队职工平均工资；

(2) 月工资的众数和中位数。

8．某人在银行存一笔期限为 10 年的存款，年利率按复利计算，前四年年利率为 7%，后六年年利率为 3%，求该笔存款年平均利率。

9．设甲、乙两构件厂，某月生产某种构件的单位成本及产量比重资料如下：

	甲　厂		乙　厂	
	单位成本（元）	产量比重（%）	单位成本（元）	产量比重（%）
第一批	200	10	250	35
第二批	220	20	220	25
第三批	150	70	200	40
合　计	—	100	—	100

试比较该月哪个企业的单位成本高，并说明理由。

10．某市 2000 年各建筑企业产值计划完成情况以及实际产值资料如下：

计划完成程度（%）	企业个数（个）	实际产值（万元）	计划完成程度（%）	企业个数（个）	实际产值（万元）
90 以下	6	12000	110～120	22	61600
90～100	20	44000	120 以上	8	16800
100～110	54	135000	合　计	110	269400

(1) 根据上述资料计算该地区各企业产值计划的平均完成程度。

(2) 如果上表中所给资料不是实际产值而是计划产值，试计算产值计划平均完成程度。

第三章 时 间 数 列

内容提要：本章主要讲述时间数列的概念、种类；根据时间数列计算的发展水平指标和发展速度指标；最后讲述现象变动的趋势分析。

第一节 时间数列的概念和种类

一、时间数列的概念

上一章讲述的综合指标是根据同一时间的资料，从静态上对总体的数量特征进行分析。同时，人们还需要对社会现象总体在不同时间的变化进行动态分析。于是就要编制时间数列。

时间数列就是将某一系列统计指标在不同时间上的数值，按其时间先后顺序排列而形成的一个数列，如表3-1所示。

某建筑企业1996～2000年统计资料　　　　表 3-1

序号	统计指标	计量单位	1996	1997	1998	1999	2000
1	年末从业人数	人	500	550	580	600	620
2	自行完成施工产值	万元	3000	3400	3800	4000	4200
3	竣工工程优良品率	%	42	48	56	68	70
4	计算劳动生产率的平均人数	人	520	540	560	590	630
5	劳动生产率	万元/人	5.8	6.3	6.8	6.8	6.7

从表中可以看出时间数列由两个要素构成。一个要素是现象所属的时间，如表3-1中1996年、1997年、1998年等；另一个要素是反映客观现象在各个时间上的统计指标数值，如表3-1中各年指标数值。

时间数列具有两个特点。一是反映现象的指标概念相对稳定；二是指标数值随着时间的变化而不断变化。

时间数列在统计和分析中有着重要作用。首先，它可以描绘社会经济现象变化的过程；其次，通过时间数列的研究可以说明社会经济现象发展的速度和趋势；第三，通过对时间数列的分析可以探索社会经济现象发展变化的规律；第四，可以对社会经济现象的发展进行预测，这是统计预测方法的一个重要内容；第五，利用不同的时间数列对比，既可以计算出派生指标，也可以发现它们之间的各种联系和依存关系。

二、时间数列的种类

时间数列按其排列的指标不同可分为绝对数时间数列、相对数时间数列和平均数时间数列三种。其中，绝对数时间数列是基本数列，其余两种是派生数列。

（一）绝对数时间数列

绝对数时间数列是由一系列同类总量指标按时间先后顺序排列而形成的时间数列。它反映了某种社会现象在各个时期所达到的绝对水平及其发展变化的情况。按其所反映的社会现象的性质不同，又可分为时期数列和时点数列两种。

1. 时期数列

时期数列是由一系列时期指标形成的绝对数时间数列，称为时期数列。它是反映某种社会现象在一段时期内发展过程的总量。如表 3-1 中第 2 项自行完成施工产值时间数列，它即是由绝对数排列而成的，这些指标又是时期指标，所以称为时期数列。

2. 时点数列

时点数列是由一系列时点指标组成的绝对数时间数列。数列中每个指标数值都是反映现象在某一时点上所达到的状态或水平。如表 3-1 中第 1 项年末从业人数时间数列，由于这些指标都是时点指标，所以称为时点数列。

3. 时期数列和时点数列的区别

（1）从所反映的现象的性质看，时期数列中的每个指标数值都是反映社会经济现象在一定时期内发展变化的总量；时点数列中的每个指标数值都是反映社会经济现象在某一时点上的状况或所达到的水平。

（2）从指标数值的特点看，时期数列中的指标数值可以相加，以表明现象在更长时期内发展变化的总量；时点数列中的指标数值不能直接相加，相加之后无任何实际意义。

（3）从指标数值与时间的关系看，时期数列中的各项指标数值的大小与时期的长短有直接关系，一般情况下，时间越长，指标数值越大，反之越小；时点数列中的各项指标数值的大小与时间的间隔长短无直接关系。

（4）从指标数值取得的方式看，时期数列中的各项指标数值是通过连续不断地登记加总取得的，可以连续计数；时点数列中的各项指标数值是通过定期登记一次取得的，只能间断计数。

（二）相对数时间数列

相对数时间数列是把一系列的同类相对指标按时间先后顺序排列而形成的时间数列。它可以反映两个相互联系的社会现象之间的发展变化情况。如表 3-1 中第 3 项竣工工程优良品率时间数列就是相对数时间数列。

由于统计相对指标有 6 种，所以相对数时间数列也有 6 种。现用表 3-2 资料举例说明。

相对数时间数列例表　　　　　　　　表 3-2

序号	指标分类	指标名称	计量单位	1996	1997	1998	1999	2000
1	计划完成	计划完成程度	%	98	90	100	110	115
2	结构	竣工工程优良品率	%	52	53	55	58	60
3	比例	职工性别比例（女性为100）	%	250	260	280	300	310
4	比较	甲企业总产值为乙企业的百分比	%	110	115	120	120	125
5	动态	总产值为上年的百分比	%	101	101	102	102	103
6	强度	流动资金利润率	%	3	4.2	6	6.8	7.7

在相对数时间数列中，由于各个指标对比的基数不同，它们不能相加。

（三）平均数时间数列

平均数时间数列是将一系列同类平均指标按时间先后顺序排列而形成的时间数列。它可以反映社会经济现象一般水平的发展趋势。如表3-1中第4、5项就是平均数时间数列。

由于平均指标有静态平均数和动态平均数两种，所以平均数时间数列也有两类。一类是由一般平均数组成的时间数列，如表3-1中第5项；另一类是由序时平均数组成的时间数列，如表3-1中第4项，是动态平均数。

平均数时间数列中各个指标数值不能相加，相加后无意义。

为了对社会经济现象发展过程进行全面分析，上述各种时间数列可结合起来运用。

三、编制时间数列的原则

编制时间数列的目的就是通过对数列中各个指标进行动态分析，来研究社会经济现象的发展变化过程及其规律性。因此保证数列中各个指标的可比性，是编制时间数列的基本原则。具体讲应注意以下几点：

（一）时间长短应该相等

在时期数列中，由于各个指标数值的大小与时期长短有直接的关系，因此，一般要求时期数列指标所属的时期相等，以利于对比。例如要编制产值时期数列，不能有的指标所属时期为月度，有的指标所属时期为季度，这样的时期数列，由于各指标间不可比而失去意义。

时期数列的指标如果在时间上不是连续的，它们之间就有一定的距离。这个距离称为"间隔"。时期数列的间隔也最好能够相等，这样便于分析。

对于时点数列，由于各个指标数值都表明一定时点的状态，所以不存在时期大小、长短相等的问题，只有间隔的问题。时点数列指标数值之间间隔最好相等，既便于动态对比分析，又便于进一步计算动态分析指标。

（二）总体范围要一致

时间数列中各指标数值应是反映同一总体内某一标志值的变化。只有使总体的空间范围前后一致，才能保证获取的资料具有可比性。例如，研究某地区建筑业生产发展情况，如果那个地区的行政区划有了变化，变化前后是不同的总体，则前后指标数值就不能直接对比，必须将资料进行适当的调整，以求总体范围的统一，然后再作动态分析。

（三）指标的经济内容应该相同

有时时间数列中的指标在名称上是一个，但经济内容不同或有了改变，这也是不可比的。例如，编制按总产值计算的劳动生产率时间数列，分母按全员计算还是按建筑安装工人计算，指标的经济内容应确定且前后一致。

（四）指标的计算方法、计量单位应该一致

在编制时间数列时，各指标数值必须采用同样的方法。例如，在产值指标中有的按现行价，有的按不变价格，这样编出的产值时间数列各指标无可比性，应全折算为不变价格。时间数列中还应采用统一的计量单位，例如，在产值指标中，有的以"元"作计量单位，有的用"万元"作计量单位，指标之间就缺少可比性，各指标应用一致的计量单位。

第二节 时间数列的发展水平指标

编制时间数列,必须进一步作动态分析。动态分析指标包括现象发展的水平指标和现象发展的速度指标。本节讲述发展的水平指标:发展水平、平均发展水平、增长量和平均增长量。下节介绍现象发展的速度指标。

一、发展水平

发展水平是时间数列中各不同时期的指标数值。它反映社会现象在各种不同时期所达到的水平。它是计算其他动态分析指标的基础。例如我国建筑业从业人数资料如表3-3所示。

我国建筑业近年从业人数资料表　　　表3-3

年 份	1990年末	1991年末	1992年末	1993年末	1994年末	1995年末	1996年末	1997年末
符 号	a_0	a_1	a_2	a_3	a_4	a_5	a_6	a_7
建筑业从业人数(万人)	1011	1058	1158	1344	1446	1498	2122	2102

上表中各年末人数的指标数值为各年度的发展水平。用符号 a 代表现象发展水平,时间数列可用符号表示为:a_0、a_1、a_2、……、a_{n-1}、a_n。

根据发展水平在时间数列中所处的位置不同可分为:处于时间数列第一项的指标数值的最初水平(a_0);处于时间数列中最后一项的指标数值的最末水平(a_n);处于两项中间的其余各项的中间水平(a_1、a_2、……、a_{n-1})。

在动态分析中,我们还将所研究的那个时期的发展水平叫做报告期水平;将用来对比的基础时期的发展水平叫基期水平。

在时间数列中,最初水平和最末水平是确定的;基期水平和报告期水平不是固定不变的,而是随着研究目的的不同而改变。在表3-3中,如果用1995年的指标与1990年指标比,那么1990年的发展水平就是基期水平,1995年的发展水平就是报告期水平;如果用1997年的指标与1995年的指标对比,则1995年的发展水平是基期水平,1997年的发展水平就是报告期水平。

发展水平一般是指总量指标,如建筑业增加值、年末从业人数等;也可以用平均指标来表示,如劳动生产率、单位产品成本等;或用相对指标来表示,如产值计划完成程度、生产人员占全部从业人员比重等。

二、平均发展水平

(一)平均发展水平的概念

平均发展水平又称序时平均数或动态平均数。它是将时间数列中各发展水平加以平均而得到的平均数,用来反映某一现象在一段时期内的一般水平。

(二)平均发展水平与一般平均数的关系

平均发展水平和一般平均数都是把现象的数量差异加以抽象化,概括地反映现象的一般水平,这是共同点。两者的区别表现为,平均发展水平所平均的是社会经济现象在不同时间上的数量差异,从动态上说明其在某一段时间内发展的一般水平,它是根据时间数列来计算的;一般平均数所平均的是总体各单位某一标志值之间的差异,从静态上说明总体某一数量标志的一般水平,它是根据变量数列计算的。

(三)平均发展水平的作用

1.利用它可以反映某种社会经济现象在一段时间内发展所达到的一般水平;

2.利用它可以消除现象在短时间波动的影响,便于在各段时间之间进行比较,来观察现象的发展趋势;

3.还可用于更广泛的对比,如对不同单位、不同地区或不同国家在某一段时间内,某一事物发展达到的一般水平进行比较。

(四)平均发展水平的计算方法

由于时间数列有绝对数时间数列、相对数时间数列和平均数时间数列三种,它们计算平均发展水平的方法也有所不同。

1.根据绝对数时间数列计算序时平均数

由于绝对数时间数列分为时期数列和时点数列,它们具有不同的特点,计算平均发展水平的方法也不同。

(1)由时期数列计算平均发展水平。因为时期数列中的各指标是反映事物在一段时期发展过程的结果,其数值可以相加。因此采用简单算术平均法,即以时期项数去除时期数列中各个指标数值之和。其计算公式为

$$\overline{a} = \frac{a_1 + a_2 + \cdots\cdots + a_n}{n} = \frac{\Sigma a}{n}$$

式中 $\overline{a}$——平均发展水平;

a——各期发展水平;

n——时期项数。

例如根据表3-1中第2项中自行完成施工产值的资料,计算1996~2000年间平均年发展水平时,根据公式计算如下:

$$年平均完成施工产值 = \frac{3000 + 3400 + 3800 + 4000 + 4200}{5}$$
$$= 3680 \text{ 万元}$$

(2)根据时点数列计算平均发展水平。时点数列都是某一时点的资料,在时点数列的两个时点之间一般都是有一定间隔的。因此,时点数列一般都是不连续数列。但是如果时点数列的资料是逐日记录而又逐日排列的。这时的时点数列就可以看成是连续的时点数列,否则为间断时点数列。

1)根据连续时点数列求平均发展水平有两种情况。

第一种情况,由间隔相等的连续时点数列计算平均发展水平。这种时点数列资料是逐日登记又逐日排列,用简单算术平均法计算,即以时点指标数值之和除以时点项数,其计算公式如下:

$$\overline{a} = \frac{\Sigma a}{n}$$

式中 n——日历日数。

【例3-1】 某施工队2000年4月1日~10日职工人数资料如表3-4所示:

某施工队 2000 年 4 月 1 日～10 日职工人数表　　　　表 3-4

4 月	1 日	2 日	3 日	4 日	5 日	6 日	7 日	8 日	9 日	10 日
职工人数（人）	120	121	124	118	116	119	122	125	127	128

根据上表职工人数资料，计算 4 月上旬平均职工人数。

【解】　　平均每日职工人数 $= \dfrac{\Sigma a}{n} = \dfrac{1220}{10} = 122$ 人

第二种情况，根据间隔不等的连续时点数列计算平均发展水平。这种时点数列的资料不是逐日变动，只在变动时加以登记，就要以每次资料持续不断的间隔长度为权数对各时点水平加权，应用加权算术平均法计算平均发展水平，其计算公式为

$$\bar{a} = \dfrac{\Sigma af}{\Sigma f}$$

式中　f——时点间隔长度。

【例 3-2】　某企业 4 月份的职工人数统计资料如表 3-5 所示。

某企业 4 月份职工人数统计表　　　　表 3-5

4 月	1 日～5 日	6 日～18 日	19 日～30 日
职工人数（人）	1000	1100	1150

根据上表资料，计算该企业 4 月份职工平均人数。

【解】　$\bar{a} = \dfrac{\Sigma af}{\Sigma f} = \dfrac{5 \times 1000 + 13 \times 1100 + 12 \times 1150}{30} = 1103$ 人

2）根据间断时点数列计算平均发展水平也有两种情况

第一种情况，根据间隔相等的间断时点数列计算平均发展水平，即时点数列中的发展水平为间断时点，但间隔相等的期末资料，则可用简单算术平均法分层计算平均发展水平。

在实际统计工作中，对时点指标，为了简化登记手续或登记其变动情况有困难，往往是每隔一定时间登记一次。在这种情况下，可假定所研究现象在两个相邻时点之间的变动是均匀的，先将相邻两个时点指标数值简单平均计算出该期的平均水平，再根据简单算术平均法，求出全时期的平均发展水平。其公式为：

$$\bar{a} = \dfrac{\dfrac{a_0 + a_1}{2} + \dfrac{a_1 + a_2}{2} + \cdots + \dfrac{a_{n-1} + a_n}{2}}{n}$$

或　$\bar{a} = \dfrac{\dfrac{a_0}{2} + a_1 + a_2 + \cdots + a_{n-1} + \dfrac{a_n}{2}}{n}$

【例 3-3】　某建筑企业职工人数资料如表 3-6 所示。

某建筑企业职工人数　　　　表 3-6

时　间	1 月 1 日	1 月 31 日	2 月 28 日	3 月 31 日
职工人数（人）	810	820	816	818

根据上表资料，计算该企业第一季度职工平均人数。

【解】　可先计算各月平均人数。

$$1 月份平均人数 = \frac{a_0 + a_1}{2} = \frac{810 + 820}{2} = 815 \text{ 人}$$

$$2 月份平均人数 = \frac{a_1 + a_2}{2} = \frac{820 + 816}{2} = 818 \text{ 人}$$

$$3 月份平均人数 = \frac{a_2 + a_3}{2} = \frac{816 + 818}{2} = 817 \text{ 人}$$

$$第一季度平均人数 \ \overline{a} = \frac{815 + 818 + 817}{3} = 817 \text{ 人}$$

或 $\overline{a} = \dfrac{\dfrac{810}{2} + 820 + 816 + \dfrac{818}{2}}{3} = 817$ 人

第二种情况，根据间隔不等的间断时点数列计算平均发展水平。如果掌握间隔不相等的期末资料，这时就要以各时点之间的间隔长度为权数，对各时点指标间的平均水平加权，应用加权算术平均法计算平均发展水平，其计算公式如下：

$$\overline{a} = \frac{\dfrac{a_0 + a_1}{2} f_1 + \dfrac{a_1 + a_2}{2} f_2 + \cdots + \dfrac{a_{n-1} + a_n}{2} f_n}{\Sigma f}$$

式中 f——时点间隔长度。

【例 3-4】 某施工队 2001 年库存水泥资料如表 3-7 所示。

某施工队 2001 年库存水泥资料表　　　　表 3-7

时　间	1月1日	5月31日	8月1日	12月31日
库存水泥（t）	120	110	136	140

根据表 3-7 资料计算该施工队 2001 年水泥月平均库存量。

【解】 $水泥月平均库存量 = \dfrac{\dfrac{120+110}{2} \times 5 + \dfrac{110+136}{2} \times 2 + \dfrac{136+140}{2} \times 5}{12}$

$= 125.9 \text{t}$

运用这种方法计算的平均发展水平带有一定的假定性，即假定被研究现象在相邻两个时点之间的变动是均匀的，所以计算结果只能是一个近似值。

2. 根据相对数时间数列计算平均发展水平

因为相对数时间数列是由两个有密切联系的绝对数时间数列相应项对比而形成的，而且相对数之间不能直接相加，所以根据相对数时间数列计算平均发展水平，其基本方法是：先计算构成相对数时间数列的分子和分母数列的平均发展水平，然后再将这两个平均发展水平对比求得。其计算公式为

$$\overline{c} = \frac{\overline{a}}{\overline{b}}$$

式中 $\overline{c}$——相对数时间数列发展水平；
$\overline{a}$——子项数列的平均发展水平；
$\overline{b}$——母项数列的平均发展水平。

由于相对数时间数列可以由两个时期数列对比形成，也可以由两个时点数列对比形成，还可能是由一个时期数列一个时点数列对比形成。相对数时间数列的特点不同，计算其平均发展水平的方法也不一样，下面分三种情况介绍。

(1) 由两个时期数列相应项对比形成的相对数时间数列计算平均发展水平。根据掌握资料不同分三种情况。

1) 形成相对数时间数列的分子、分母资料齐备,则用两个简单算术平均数求平均发展水平。其计算公式为

$$\bar{c} = \frac{\frac{\Sigma a}{n}}{\frac{\Sigma b}{n}} = \frac{\Sigma a}{\Sigma b}$$

2) 当只掌握相对数时间数列资料和分母资料,缺少分子资料时,其计算公式为

$$\bar{c} = \frac{\Sigma bc}{\Sigma b}$$

3) 当只掌握相对数时间数列资料和分子资料,缺少分母资料时,其计算公式为

$$\bar{c} = \frac{\Sigma a}{\Sigma \frac{a}{c}}$$

【例 3-5】 某建工集团公司 2000 年第一季度所属甲、乙、丙三个建筑企业生产情况如表 3-8 所示。

三个建筑企业生产情况表　　　　表 3-8

企业名称	指标名称	一月	二月	三月
甲	实际产值(a)	3100	2500	3500
	计划产值(b)	3000	2450	3360
乙	计划产值(b)	5000	3800	5600
	实际完成(c)%	102	103	105
丙	实际产值(a)	4500	4000	4600
	计划完成(c)%	108	92	103

根据表 3-8 总产值资料计算各企业第一季度月平均计划完成程度。

【解】 甲企业第一季度月平均计划完成程度

$$\bar{c} = \frac{\Sigma a}{\Sigma b} = \frac{3100 + 2500 + 3500}{3000 + 2450 + 3360} \times 100\% = 103.3\%$$

乙企业第一季度月平均计划完成程度

$$\bar{c} = \frac{\Sigma bc}{\Sigma b} = \frac{5000 \times 102\% + 3800 \times 103\% + 5600 \times 105\%}{5000 + 3800 + 5600} \times 100\%$$

$$= 103.4\%$$

丙企业第一季度月平均计划完成程度:

$$\bar{c} = \frac{\Sigma a}{\Sigma \frac{a}{c}} = \frac{4500 + 4000 + 4600}{\frac{4500}{108\%} + \frac{4000}{92\%} + \frac{4600}{103\%}} \times 100\% = 100.9\%$$

(2) 由两个时点数列相应项对比形成的相对数时间数列计算平均发展水平

由于时点数列可分为连续时点数列和间断时点数列,且它们又分间隔相等和间隔不相等两种,其计算公式也不同。其中最常用的是根据间隔相等的间断时点数列计算平均发展水平。

1）根据两个间隔相等的连续时点数列相应项对比形成的相对数时间数列可用简单算术平均法计算平均发展水平，其计算公式为

$$\bar{a} = \frac{\frac{\Sigma a}{n}}{\frac{\Sigma b}{n}} = \frac{\Sigma a}{\Sigma b}$$

计算方法与由两个时期数列对比形成的相对数时间数列求平均发展水平基本相同，举例从略。

2）根据两个间隔不等的连续时点数列相应项对比形成的相对数时间数列计算平均发展水平的基本公式为

$$\bar{c} = \frac{\bar{a}}{\bar{b}} = \frac{\frac{\Sigma af}{\Sigma f}}{\frac{\Sigma bf}{\Sigma f}} = \frac{\Sigma af}{\Sigma bf}$$

【例 3-6】 某建筑企业 2001 年 4 月从业人数变动资料如表 3-9 所示。

某企业 2001 年 4 月从业人数变动表　　　表 3-9

时　　间	1～5 日	6～20 日	21～30 日
生产人员数 a（人）	620	620	700
从业人员数 b（人）	840	854	860
生产人员比重 c（%）	73.8	72.6	81.4

根据上表资料，计算第二季度生产人员占全部从业人员平均比重。

【解】 $\bar{c} = \frac{\Sigma af}{\Sigma bf} = \frac{620 \times 5 + 620 \times 15 + 700 \times 10}{840 \times 5 + 854 \times 15 + 860 \times 10} \times 100\% = 75.8\%$

3）根据两个间隔相等的间断时点数列相应项对比所形成的相对数时间数列计算平均发展水平，其计算公式为

$$\bar{c} = \frac{\bar{a}}{\bar{b}} = \frac{\frac{a_0}{2} + a_1 + a_2 + \cdots + a_{n-1} + \frac{a_n}{2}}{\frac{b_0}{2} + b_1 + b_2 + \cdots + b_{n-1} + \frac{b_n}{2}}$$

【例 3-7】 某建筑企业 2001 年第三季度各月末从业人员人数资料如表 3-10 所示。

某企业 2001 年第三季度从业人员人数统计表　　　表 3-10

时　　间	6 月 30 日	7 月 31 日	8 月 31 日	9 月 30 日
生产人员数 a（人）	984	1033	1040	1105
从业人员数 b（人）	1200	1230	1250	1300
生产人员比重 c（%）	82	84	83.2	85

根据上表 3-10 资料，计算该企业第三季度生产人员占全体从业人员比重。

【解】 $\bar{c} = \frac{\frac{984}{2} + 1033 + 1040 + \frac{1105}{2}}{\frac{1200}{2} + 1230 + 1250 + \frac{1300}{2}} \times 100\% = \frac{3117.5}{3730} \times 100\% = 83.6\%$

4）根据两个间隔不等的间断时点数列相应项对比所形成的相对数时间数列计算平均

发展的水平，其计算公式为

$$\bar{c} = \frac{\bar{a}}{\bar{b}} = \frac{\dfrac{a_0+a_1}{2}f_1 + \dfrac{a_1+a_2}{2}f_2 + \cdots + \dfrac{a_{n-1}+a_n}{2}f_n}{\dfrac{b_0+b_1}{2}f_1 + \dfrac{b_1+b_2}{2}f_2 + \cdots + \dfrac{b_{n-1}+b_n}{2}f_n}$$

【例 3-8】 某建筑企业 2001 年第三季度从业人员变动资料如表 3-11 所示。

某企业 2001 年第三季度从业人员变动资料表　　　　表 3-11

	6月30日	8月31日	9月30日
生产人员数 a（人）	800	810	810
从业人员数 b（人）	1000	1025	1050
生产人员比重 c（%）	80	79	77.1

根据上表资料，计算该企业第三季度生产人员占从业人员的平均比重

【解】 生产人员平均比重 $= \dfrac{\dfrac{800+810}{2}\times 2 + \dfrac{810+810}{2}\times 1}{\dfrac{1000+1025}{2}\times 2 + \dfrac{1025+1050}{2}\times 1} \times 100\%$

$= \dfrac{2420}{3062.5} \times 100\% = 79\%$

（3）由时期数列和时点数列相应项对比形成的相对数时间数列计算平均发展水平

一般情况下，分子为时期数列，分母为间隔相等的间断时点数列，则应先根据时间数列的特点采用不同的公式计算子项数列的平均发展水平和母项数列的平均发展水平，再将两个平均发展水平对比求得相对数时间数列的平均发展水平。计算公式仍为

$$\bar{c} = \frac{\bar{a}}{\bar{b}}$$

【例 3-9】 某施工企业 2000 年第一季度库存水泥资料如表 3-12 所示。

某施工企业 2000 年第一季度库存水泥情况表　　　　表 3-12

2000 年	上年12月	1月	2月	3月
水泥消耗成本 a（万元）	—	21.6	18.1	26.8
月末库存额 b（万元）	2.16	3.6	5.04	7.2

根据上表计算水泥在第一季度月平均周转率。

【解】 水泥周转率 $= \dfrac{\text{耗用水泥成本}}{\text{平均水泥库存额}} \times 100\%$

由于上表的水泥能耗成本是时期数列，水泥库存额是时点数列，则第一季度平均水泥周转率为

$$\bar{a} = \frac{\Sigma a}{n} = \frac{21.6 + 18.1 + 26.8}{3} = \frac{66.5}{3} = 22.17 \text{ 万元}$$

$$\bar{b} = \frac{\dfrac{b_0}{2} + b_1 + \cdots\cdots + b_{n-1} + \dfrac{b_n}{2}}{n} = \frac{\dfrac{2.16}{2} + 3.6 + 5.04 + \dfrac{7.2}{2}}{3}$$

$$= \frac{13.32}{3} = 4.44 \text{ 万元}$$

$$\overline{c} = \frac{\overline{a}}{\overline{b}} = \frac{22.17}{4.44} \times 100\% = 499.3\%$$

3. 根据平均数时间数列计算平均发展水平

由于平均数时间数列可由一般平均数或序时平均数组成,它们的计算方法有一定区别。

(1) 根据一般平均数组成的平均数时间数列计算平均发展水平

平均数时间数列同相对数时间数列一样也是由两个绝对数时间数列相应项对比形成的,子项数列是标志总量数列,母项数列是总体单位总数数列,因此,计算其平均发展水平也应先分别计算子项数列和母项数列的序时平均数,再将这两个序时平均数进行对比,求得一般平均时间数列的平均发展水平。其计算公式为

$$\overline{c} = \frac{\overline{a}}{\overline{b}}$$

【例3-10】 某施工企业1999年下半年各月劳动生产率资料如下表3-13所示。

某施工企业1999年下半年各月劳动生产率　　　表3-13

时间	6月	7月	8月	9月	10月	11月	12月	平均
施工产值 a（万元）	—	469.8	467.2	480.5	489.7	501	510	487.9
月末职工人数 b（人）	800	810	814	820	830	842	850	823.5
全员劳动生产率 c（元/人）	—	5800	5850	5860	5900	5950	6000	5924.7

根据以上资料计算该企业1999年下半年月平均劳动生产率。

【解】 $\overline{c} = \dfrac{\overline{a}}{\overline{b}} = \dfrac{487.9}{823.5} \times 10000 = 5924.7$（元/人）

(2) 根据序时平均数形成的平均数时间数列计算平均发展水平,也可分两种情况。

1) 由时期相等的序时平均数所形成的平均数时间数列可用简单算术平均法,其计算公式为

$$\overline{a} = \frac{\Sigma a}{n}$$

【例3-11】 某施工企业2000年流动资金占用资料如表3-14所示。

某施工企业2000年流动资金占用情况表　　　表3-14

时间（月）	1	2	3	4	5	6	7	8	9	10	11	12	合计
流动资金平均占用额（万元）	180	190	210	210	220	230	210	200	230	250	260	260	2650

根据上表3-14资料,计算该企业2000年流动资金月平均占用额。

【解】 $\overline{a} = \dfrac{\Sigma a}{n} = \dfrac{2650}{12} = 220.8$ 万元

2) 根据时期不等的序时平均数所形成的平均数时间数列计算平均发展水平,则以时期长度为权数,用加权算术平均法计算。计算公式为

$$\overline{a} = \frac{\Sigma af}{\Sigma f}$$

三、增长量和平均增长量

(一) 增长量

1. 增长量的概念

增长量是说明数列中报告期水平与基期水平相比变动的绝对数量,反映报告期比基期增长的水平。计算公式为

增长量 = 报告期水平 - 基期水平

增长量可以是正值,也可以是负值,正值表示增加或增长,负值表示减少或降低。其具体的经济意义要根据指标的性质进行分析而定。例如产品产量、产值、劳动生产率等增长量为正值较好;单位成本、期间费用等是负值较好。

2. 增长量的计算种类

由于采用的基期不同,增长量又可分为逐期增长量和累计增长量两种。

（1）逐期增长量

逐期增长量就是报告期水平与前一期水平之差,说明本期比上期增长的绝对数量。用公式表示为

$$(a_1 - a_0)、(a_2 - a_1)、(a_3 - a_2)、\cdots\cdots、(a_n - a_{n-1})$$

（2）累计增长量

累计增长量就是报告期水平与某一固定时期水平（通常为最初水平）之差,说明本期比某一固定时期增长的绝对数量。用公式表示为

$$(a_1 - a_0)、(a_2 - a_0)、(a_3 - a_0)、\cdots\cdots、(a_n - a_0)$$

（3）逐期增长量与累计增长量的关系

同一时间数列的逐期增长量与累计增长量之间存在着一定的计算关系,即累计增长量等于相应各时期逐期增长量之和。用公式表示为

$$a_n - a_0 = (a_1 - a_0) + (a_2 - a_1) + \cdots\cdots + (a_n - a_{n-1})$$

【例 3-12】 某施工企业 1996～2000 年自行完成施工产值如表 3-15 所示。

某施工企业 1996～2000 年自行完成施工产值表　　　　表 3-15

年份		1995	1996	1997	1998	1999	2000
施工产值	符号	a_0	a_1	a_2	a_3	a_4	a_5
	数量（万元）	3000	3600	4000	4200	4500	4700
逐期增长量（$a_n - a_{n-1}$）		—	600	400	200	300	200
累计增长量（$a_n - a_0$）		—	600	1000	1200	1500	1700

【解】 从上表资料得　600 + 400 + 200 + 300 + 200 = 1700（万元）

（4）年距增长量

在实际统计分析工作中,为了消除季节变动的影响,经常使用年距增长量指标,即本期发展水平比上年同期发展水平的增长量。用公式表示为

年距增长量 = 本期发展水平 - 上年同期发展水平

例如,某市 2000 年初有建筑企业 260 个,1999 年初有 236 个,则

年距增长量 = 260 - 236 = 24（个）,说明该市建筑企业个数 2000 年初比 1999 年年初增加 24 个。

（二）平均增长量

平均增长量是逐期增长量的序时平均数,用来说明社会现象在一定时期内平均每期增

加或减少的数量。其计算公式为

$$平均增长量 = \frac{逐期增长量之和}{逐期增长量的项数} = \frac{累计增长量}{时间数列项数 - 1}$$

用符号表示为

$$平均增长量 = \frac{(a_1 - a_0) + (a_2 - a_1) + \cdots + (a_n - a_{n-1})}{n} = \frac{a_n - a_0}{n}$$

【例 3-13】 以表 3-15 资料为例,计算平均增长量。

【解】 $平均增长量 = \frac{600 + 400 + 200 + 300 + 200}{5} = 340$(万元)

或 $= \frac{1700}{5} = 340$ 万元

说明该施工企业"九五"期间施工产值平均每年增长 340 万元。

第三节 时间数列的速度指标

时间数列的速度指标主要有发展速度、增长速度、平均发展速度、平均增长速度和每增长 1% 的绝对值五种,其中发展速度是最基本的速度指标。它们都是在统计中广泛应用的动态分析指标。

一、发展速度和增长速度

(一)发展速度

1. 发展速度的概念

发展速度是报告期水平与基期水平之比,表明现象发展变化的程度动态相对指标。它反映报告期水平已发展到基期水平的若干倍或百分之几。其计算公式为

$$发展速度 = \frac{报告期水平}{基期水平}$$

当发展速度大于 1 时,说明现象发展呈上升趋势;当发展水平速度等于 1 时,说明现象没有变化;当发展速度小于 1 时,说明现象的发展呈下降趋势。

2. 发展速度的计算种类

由于采用的基期不同,发展速度可分为环比发展速度和定基发展速度两种。

(1) 环比发展速度

环比发展速度就是报告期水平与前一期水平之比,说明报告期水平相当于它前一期水平的若干倍或百分之几。如果计算的时间单位为一年,这个指标也叫做"年速度"。其公式如下:

$$环比发展速度 = \frac{报告期水平}{前一期水平}$$

或 $\frac{a_1}{a_0}, \frac{a_2}{a_1}, \cdots, \frac{a_{n-1}}{a_{n-2}}, \frac{a_n}{a_{n-1}}$

(2) 定基发展速度

定基发展速度就是报告期水平与某一固定基期水平(一般为最初水平)之比,说明报告期水平相当于固定基期水平的若干倍或百分之几。同时也表明这种现象在较长时期内总的发展速度。因此,有时称为"总速度"。其计算公式为

$$定基发展速度 = \frac{报告期水平}{某一固定基期水平}$$

$$或 \quad \frac{a_1}{a_0}、\frac{a_2}{a_0}、\cdots\cdots、\frac{a_n}{a_0}$$

(3) 环比发展速度与定基发展速度的关系

它们之间的数量关系表示为，同一时间数列的定基发展速度等于相应各环比发展速度的连乘积。即

$$\frac{a_n}{a_0} = \frac{a_1}{a_0} \times \frac{a_2}{a_1} \times \cdots\cdots \times \frac{a_n}{a_{n-1}}$$

【例3-14】 仍以表3-15提供的施工产值时间数列资料为例计算其发展速度指标，如下表3-16所示。

施工产值时间数列　　　　　　　　　　表3-16

年　份		1995	1996	1997	1998	1999	2000
施工产值（万元）	符号	a_0	a_1	a_2	a_3	a_4	a_5
	数量（万元）	3000	3600	4000	4200	4500	4700
环比发展速度（%）a_n/a_{n-1}		—	120.0	111.1	105.0	107.1	104.4
定基发展速度（%）a_n/a_0		100	120.0	133.3	140.0	150.0	156.7

【解】 用3-16资料计算得出

$$156.7\% = 120\% \times 111.1\% \times 105\% \times 107.1\% \times 104.4\%$$

(4) 年距发展速度

在实际统计分析工作中，为了消除季节变动的影响，常常计算年距发展速度，即本期发展水平与上年同期发展水平对比而达到的发展程度。一般在时间长度短于一年的月、季时期指标或时点指标之间计算，用公式表示为

$$年距发展速度 = \frac{报告期水平}{上年同期水平}$$

【例3-15】 某施工企业2001年第一季度实现利润总额48万元，2000年第一季度实现利润总额45万元，计算年距发展速度。

【解】 年距发展速度 $= \frac{48}{45} \times 100\% = 106.7\%$，说明该企业2001年第一季度利润总额是去年同期的106.7%。

(二) 增长速度

1. 增长速度的概念

增长速度是增长量与基期水平之比，用来说明报告期水平比基期水平增加了若干倍或百分之几。其计算公式为：

$$增长速度 = \frac{增长量}{基期水平} = \frac{报告期水平 - 基期水平}{基期水平} = 发展速度 - 1$$

当发展速度大于1时，增长量为正值，表示现象增长程度，如产值增长率；当发展速度小于1时，增长速度为负值，表示现象的降低程度，如成本降低率。

2. 增长速度的计算种类

增长速度与发展速度一样，由于采用的基期相同，可分为环比增长速度和定基增长速

度两种。

(1) 环比增长速度

它是逐期增长量与其前一期发展水平之比,用以表明现象逐期增长的程度。其计算公式为

$$环比增长速度 = \frac{逐期增长量}{前一期水平} = \frac{报告期水平 - 前一期水平}{前一期水平}$$

$$= 环比发展速度 - 1 = \frac{a_n - a_{n-1}}{a_{n-1}} = \frac{a_n}{a_{n-1}} - 1$$

(2) 定基发展速度

它是累计增长量与某一固定基期水平之比,用来表明现象在较长时间内总的增长程度。其计算公式为:

$$定基增长速度 = \frac{累计增长量}{某一固定基期水平}$$

$$= \frac{报告期水平 - 某一固定基期水平}{某一固定基期水平} = 定基发展速度 - 1$$

$$= \frac{a_n - a_0}{a_0} = \frac{a_n}{a_0} - 1$$

例如,以表 3-16 的计算结果为基础,继续完成增长速度的指标计算见表 3-17。

增长速度指标计算　　　　　　　　表 3-17

	年　份	1995	1996	1997	1998	1999	2000
施工产值	符号	a_0	a_1	a_2	a_3	a_4	a_5
	数量（万元）	3000	3600	4000	4200	4500	4700
环比增长速度（%）		—	20.0	11.1	5.0	7.14	4.4
定基增长速度（%）		—	20.0	33.3	40.0	56	56.7

需要注意,定基增长速度不等于相应各环比增长速度的连乘积,所以定基增长速度与环比增长速度之间没有直接的换算关系。

(3) 年距增长速度

在统计工作中,为了消除季节变动的影响,也常计算年距增长速度,用来说明现象年距增长量与上年同期发展水平对比所达到的增长速度。计算公式为

$$年距增长速度 = \frac{年距增长量}{去年同期发展水平} = 年距发展速度 - 1$$

例如,仍以前面讲的某施工企业完成利润总额资料为基础,计算年距增长速度为:年距增长速度 $= \frac{48-45}{45} \times 100\% = 106.7\% - 1 = 6.7\%$

速度指标一般用来分析绝对数时间数列和平均数时间数列。在相对数时间数列中,除了强度相对数外,其余的由静态相对数计算速度指标意义不大。

二、平均发展速度和平均增长速度

(一) 平均速度的概念和作用

平均发展速度和平均增长速度都是平均速度指标。平均发展速度是各时期环比发展速度的序时平均数,说明现象在一段较长时期内逐期平均发展的速度;平均增长速度是各时

期环比增长速度的序时平均数,说明现象在一段较长时期内逐期平均增长的程度。

平均速度指标在实际统计工作中应用广泛,是十分重要的分析指标。其作用表现为:可以概括说明某一段时期内整个国民经济和各部门取得的成就,可用于对不同历史时期、不同国家、不同地区的社会经济现象发展情况进行比较;计算平均速度指标是编制国民经济发展计划的重要方法,特别是长远目标确定后,可以计算每年应达到的平均发展速度和平均增长速度;还可以利用平均速度指标推算若干年后经济所达到的发展水平。

(二) 平均发展速度的计算

由于平均发展速度是经济现象在各个时期环比发展速度的序时平均数,其计算基础是各时期环比发展速度的连乘积,而不是各期环比发展速度之和。因此,它不能用算术平均法,而只能用几何平均法和高次方程法,这是由被平均指标的性质决定的。具体计算方法可根据所掌握资料的不同情况选择计算公式。

1. 几何平均法(又称水平法)

几何平均法是指一段时期内各期环比发展速度连乘积的几次方根。

这种计算方法的实质是现象从最初水平 a_0 出发,每期以平均发展速度 $\bar{x}$ 发展,经过几期后,达到最末发展水平 a_n,即

$$a_0 \cdot \bar{x} \cdot \bar{x} \cdots \cdots \bar{x} = a_0 \bar{x}^n = a_n$$

$$\bar{x} = \sqrt[n]{\frac{a_1}{a_0} \cdot \frac{a_2}{a_1} \cdots \cdots \frac{a_n}{a_{n-1}}} = \sqrt[n]{\frac{a_n}{a_0}} \tag{1}$$

$$= \sqrt[n]{R} \tag{2}$$

$$= \sqrt[n]{x_1 \cdot x_2 \cdots x_{n-1} \cdot x_n} = \sqrt[n]{\Pi x} \tag{3}$$

式中 a_0——最初水平;

a_n——最末水平;

$\bar{x}$——平均发展速度;

n——环比发展速度项数;

R——总速度;

x_n——各期环比发展速度。

以上几个公式,可根据提供的具体资料选择应用。如果已知现象的最初水平和最末水平选用(1)式;如果已知发展总速度(R)选用(2);若已知现象各环比发展速度资料选用(3)。

平均发展速度的计算公式中,需要求出多次方根,可以采用以下三种方法解决:用计算器直接开几次方,这是运算最广泛、最方便的方法;查平均发展速度计算表;利用对数的方法求解。

【例 3-16】 以表 3-16 提供的资料计算平均发展速度。

【解】 (1)根据现象的最初水平和最末水平用计算器直接开几次方计算

$$\bar{x} = \sqrt[n]{\frac{a_n}{a_0}} = \sqrt[5]{\frac{4700}{3000}} = \sqrt[5]{1.567} = 1.049 \text{ 或 } 109.4\%$$

(2) 根据各年环比发展速度用求对数的方法计算

$$\bar{x} = \sqrt[n]{x_1 \cdot x_2 \cdots x_n} = \sqrt[5]{1.20 \times 1.111 \times 1.05 \times 1.071 \times 1.044}$$

两边取对数

$$\lg \overline{x} = \frac{1}{5}(\lg 1.20 + \lg 1.111 + \lg 1.05 + \lg 1.071 + \lg 1.044)$$

$$= \frac{1}{5}(0.0791 + 0.0458 + 0.0212 + 0.03 + 0.0189) = \frac{1}{5} \times 0.1951 = 0.039$$

查真数 $\overline{x} = 1.094$ 或 109.4%

(3) 根据总速度，用查平均年发展速度（水平法）的方法查平均发展速度

$$R = \frac{a_n}{a_0} = \frac{4700}{3000} = 1.5667 \text{ 或 } 156.67\%$$

平均发展速度查对表（水平法） 单位：% 表 3-18

总发展速度	计 算 年 限				
	2	3	4	5	7
…	…	…	…	…	…
151	122.80	114.73	110.85	108.59	106.06
152	123.29	114.48	111.04	108.74	106.16
153	123.70	115.23	111.22	108.88	106.26
154	124.10	115.48	111.40	109.02	106.36
155	124.50	115.73	111.53	109.16	106.46
156	124.90	115.98	111.76	109.30	106.56
157	125.30	116.23	111.94	109.44	106.66
158	125.70	116.47	112.11	109.58	106.75
159	126.10	116.72	112.29	109.72	106.85
160	126.49	116.96	112.47	109.86	106.94
……	……	……	……	……	……

查表（水平法）计算平均发展速度的步骤为

第一步，计算总发展速度

$$R = \frac{a_5}{a_0} = \frac{4700}{3000} = 1.5667 \text{ 或 } 156.67\%$$

表中第一栏为总发展速度，156%对应的5年期年平均发展速度为109.30%，157%对应的5年期年平均发展速度为109.44%。

第二步，利用查补的方法求平均发展速度为

$$\overline{x} = 109.30\% + \frac{(156.67\% - 156\%) \times (109.44\% - 109.30\%)}{(157\% - 156\%)} = 109.4\%$$

用以上各种方法计算的该施工企业产值"九五"期间平均发展速度均为109.4%。

2. 方程式法（又称累计法）

以这种方法求平均发展速度，其实质是，以最初水平 a_0 为基础，每期按平均发展 $\overline{x}$ 速度发展计算的各期水平之和等于各期实际水平的总和，即

$$a_0\overline{x} + a_0\overline{x}^2 + a_0\overline{x}^3 + \cdots\cdots + a_0\overline{x}^{n-1} + a_0\overline{x}^n = a_1 + a_2 + \cdots\cdots + a_{n-1} + a_n$$

$$a_0(\overline{x} + \overline{x}^2 + \overline{x}^3 + \cdots\cdots + \overline{x}^{n-1} + \overline{x}^n) = \Sigma a$$

$$\overline{x} + \overline{x}^2 + \overline{x}^3 + \cdots\cdots + \overline{x}^{n-1} + \overline{x}^n = \frac{\Sigma a}{a_0}$$

$$\overline{x} + \overline{x}^2 + \overline{x}^3 + \cdots\cdots + \overline{x}^{n-1} + \overline{x}^n - \frac{\Sigma a}{a_0} = 0$$

这是一个求平均发展速度的高次方程式，解这个方程式，得出 $\overline{x}$ 的正根，就是所求的按累计法计算平均发展速度。但是解这个高次方程比较复杂。在实际统计工作中，都是根据事先编好的"平均发展速度查对表"中的"累计法查对表"来查得所求的平均发展速度。

【例 3-17】 仍以表 3-15 提供的资料，用方程式法计算"九五"期间该施工企业产值的平均发展速度。

【解】 $\overline{x} + \overline{x}^2 + \cdots\cdots + \overline{x}^{n-1} + \overline{x}^n = \frac{\Sigma a}{a_0} = \frac{21000}{3000} = 700\%$

$\overline{x} + \overline{x}^2 + \cdots\cdots + \overline{x}^{n-1} + \overline{x}^n - 700\% = 0$

根据表 3-15 资料，用查表法（见表 3-19）可知 5 年发展水平总和为基期的 700%。年平均发展速度在 111%～112% 之间，这时，可用插补法求其平均发展速度为

$$\overline{x} = 111\% + \frac{(700\% - 691.27\%) \times (112\% - 111\%)}{(711.51\% - 691.27\%)}$$

$$= 111\% + \frac{8.73 \times 1\%}{20.24} = 111\% + 0.43\% = 111.43\%$$

表 3-19

年平均发展速度（%）	5年发展水平总和为基期的（%）	年平均发展速度（%）	5年发展水平总和为基期的（%）	年平均发展速度（%）	5年发展水平总和为基期的（%）
x	$\Sigma a/a_0$	x	$\Sigma a/a_0$	x	$\Sigma a/a_0$
101	515.20	108	633.59	115	775.38
102	530.80	109	652.83	116	797.74
103	546.84	110	671.56	117	820.69
104	563.31	111	691.27	118	844.18
105	580.19	112	711.51	119	868.31
106	597.54	113	732.38	120	892.99
107	615.33	114	753.53	121	918.31

（三）平均增长速度的计算

平均增长速度是各个环比增长速度的序时平均数，但它不能根据各环比增长速度直接计算，也不能根据定基增长速度直接计算，而是根据增长速度与发展速度的关系，应先计算平均发展速度，再减 1 或 100% 来计算。用公式表示为

平均增长速度＝平均发展速度－1

当平均发展速度大于 1 时，平均增长速度为正值，表明现象在一定时期内逐期增长的程度；当平均发展速度小于 1 时，平均增长速度为负值，表明现象在一定时期内逐期下降的程度。

例如，根据前面计算出的平均发展水平结果计算该施工企业 1996～2000 年期间施工产值年平均增长速度为

平均发展速度按水平法计算时：

平均增长速度＝109.4%－1＝9.4%

平均发展速度按方程式法计算时：

平均增长速度＝111.43%－1＝11.43%

从以上计算可以看出,同一资料运用几何平均法和方程式法计算的结果不完全一致,这是因为两种方法各有特点,主要表现如下:

第一,从计算目的和结果看,几何平均法侧重于考察最末一年的发展水平,按这种方法计算出的平均发展速度推算最末水平等于最末一年的实际水平,而且推算最末一年的定基发展速度和实际资料的定基发展速度一致;方程法侧重于考察全期各年发展水平的总和,按这种方法确定的平均发展速度,推算的全期各年发展水平的总和与全期各年实际资料总数一样,且推算的各年定基发展速度的总和与实际资料的定基发展速度的总和也是一致的。

第二,从计算过程看,几何平均法不反映中间发展水平的变化,平均速度的大小取决于最末水平和最初水平的比值,所以在计算平均发展速度时,必须对间隔期内的各期经济情况进行分析,只有在经济发展状况比较稳定时,才运用几何平均法。如果中间各期发展水平忽高忽低,运用几何平均法计算的平均发展速度就没有代表性,不能说明平均发展速度的趋势;方程法计算的平均发展速度,不取决于最初和最末水平的变化情况,而取决于间隔期内各个时期的变化情况。

第三,从计算范围看,几何平均法可用于时期数列和时点数列的计算,而方程式法只能就时期数列计算。我们制订长期计划时一般有两种方法:一种是规定计划期末年应达到的水平,以此来表示平均发展速度时宜采用几何平均法;另一种是以整个长期计划期内应达到的合计数值来规定,计算平均发展速度时宜采用方程式法。从统计分析的角度看,这两种方法都有一定的作用。几何平均法保证了末期发展水平符合实际情况,方程式法保证了各期累计总量符合实际,所以两种方法可以相互结合应用。

三、每增长1%的绝对值

发展水平和增长量是绝对数,说明现象水平发展所达到和所增长的绝对数,而速度指标是相对数,说明现象发展和增长的程度,它将现象之间的差异抽象化了,把所对比的发展水平的差异掩盖了。因此,在实际工作中,常常会有这种情况出现,即高速度不一定是高水平,低速度也不一定是低水平。为了全面分析现象的发展变化情况,在动态分析时,不仅要看各期增长的百分数,还要把相对数和绝对数结合起来,计算增长1%的绝对值,来说明现象的增长程度与发展水平之间的关系。其计算公式为

$$每增长1\%的绝对值 = \frac{逐期增长量}{环比增长速度 \times 100}$$

$$= \frac{逐期增长量}{\frac{逐期增长量}{前一期水平} \times 100} = \frac{前一期水平}{100}$$

或 $$每增长1\%的绝对值 = \frac{a_n - a_{n-1}}{\frac{a_n - a_{n-1}}{a_{n-1}} \cdot 100} = \frac{a_{n-1}}{100}$$

【例3-18】 仍以表3-15中发展水平资料为例计算增长1%的绝对值。如表3-20所示。

增长1%的绝对值计算　　　　　表3-20

年 份		1995	1996	1997	1998	1999	2000
施工产值	符 号	a_0	a_1	a_2	a_3	a_4	a_5
	数量(万元)	3000	3600	4000	4200	4500	4700

续表

年　份	1995	1996	1997	1998	1999	2000
逐期增长量（万元）	—	600	400	200	300	200
环比增长速度（%）	—	20	11.11	5	7.14	4.44
增长1%的绝对值（万元）		30	36	40	42	45

【解】 从表3-20计算可知，每增长1%的绝对值是前一期水平的1%。

第四节　现象变动的趋势分析

一、现象变动趋势分析的意义

某种社会经济现象随着时间推移而呈现的变化，是由许多复杂因素共同作用的结果，通过时间数列将每一种因素的影响程度分别测定出来是能够做到的。影响因素归纳起来有四类。

（一）长期趋势

长期趋势是指某种现象由于受某种根本因素的影响，在某一较长时间内，使发展水平沿着一个方向逐渐向上或向下变动的总趋势。这种根本因素可以是生产力发展本身，也可以是社会制度或某种经济体制的改革等，例如新中国成立以来我国国民收入持续增长的总趋势，其根本原因是社会制度使生产力得到了解放。认识和掌握现象变动发展的长期趋势，可以把握事物变化发展的基本态势。

（二）季节变动

季节变动是指现象受季节的影响而发生的变动。即指一年以内的有一定周期规律的、每年重复出现的变动。许多社会经济现象的时间数列都有一定季节性的上升和下降的规律，如施工企业每年的2月和雨季为施工淡季，春、秋季为旺季；河沙和河卵石的开挖也受季节影响；啤酒的生产销售也有季节变动等。虽然不同的时间数列季节变动幅度不同，但它们的周期都是固定的，一般均为一年。引起季节变动的原因既有自然因素，也有人为因素，如气候条件、节假日以及风俗习惯等。认识和掌握季节变动，对于未来行动决策有着重要意义。

（三）循环变动

循环变动是指以若干年为周期的涨落起伏相间的变动。不同现象变动周期的长短不同，上下波动的程度也不同，但每一周期都呈现盛衰起伏相间的状况。它与季节性变动不同，循环变动的周期常在一年以上。例如经济周期表现为扩张、衰退、收缩和复苏等阶段性的起伏，一种新型建筑材料从试销到大批量生产，从盛到衰，最后被其他新产品代替。认识和掌握循环变动的周期和规律，预见下一个循环变动可能产生的影响，对经济发展具有重要作用。

（四）不规则变动

不规则变动是指由于意外的、偶然的因素如战争、地震、洪水等引起的无规律的变动。不规则变动是无法预知的。

现象变动的趋势分析就是把时间数列受各因素的影响状况分别测出来，找到现象变化的原因和规律,为预测和决策提供依据。一个时间数列的数值表现理论上讲包含了四种因素共同作用的结果,但在实际统计分析过程中,时间数列包含什么因素就测定什么因素。

下面讲述常用的长期趋势和季节变动的测定方法。

二、长期趋势的测定

研究长期趋势的主要目的就是测定和分析过去一段相当长的时间内客观现象持续上升或下降的发展趋势,这对编制长期计划、指导生产具有重要作用,同时可以消除原有时间数列长期趋势的影响,以便更好地研究季节变动等因素。

长期趋势测定的方法很多,常用的有时距扩大法、移动平均法、数学模型法等,下面分别介绍。

(一) 时距扩大法

它是测定现象长期趋势最简便的一种方法,是把原来时间数列中各时期资料加以合并,扩大每段计算所包含的时期,得出较长时距的新时间数列,以消除由于时距较短受偶然因素影响而引起的波动,展现出现象发展变化的趋势。时距扩大修匀可以用扩大时距后的总量指标表示,也可以用扩大时距后的序时平均指标表示。前者只适用于时期数列,后者可用于时期数列和时点数列,尤其是在总量时距不等的情况下,用平均指标表示使资料有可比性,能较准确地反映现象的长期趋势。

例如,表 3-21 是某施工企业 1980～2000 年施工产值资料,用它来说明时距扩大法的运用。

某施工企业 1980～2000 年施工产值资料表　　　　表 3-21

年　份	施工产值（万元）	年　份	施工产值（万元）
1981	3010	1991	3400
1982	3030	1992	3440
1983	3050	1993	3360
1984	3025	1994	3300
1985	3100	1995	3400
1986	3200	1996	3500
1987	3155	1997	3600
1988	3200	1998	3800
1989	3250	1999	4000
1990	3300	2000	4400

从表 3-21 看出,20 年中该施工企业年完成施工产值呈不断上升的趋势,但中间有过几次波动,现在把时距扩大为 5 年,即可消除短时间受偶然因素影响带来的波动。见表 3-22 所示。

表 3-22

年　份	施工产值（万元）	年平均完成施工产值（万元）	年　份	施工产值（万元）	年平均完成施工产值（万元）
1981～1985	15215	3043	1991～1995	16900	3380
1986～1990	16105	3221	1996～2000	19300	3860

在修匀后的新时间数列中,施工产值的完成情况呈现出 20 年明显的上升趋势。

这里需要注意,用时距扩大法修匀时间数列,要求所扩大的各个时期的时距应该相等，这样才能互相比较，看出现象变动趋势；如果采用不等的时距扩大，则不宜采用总量指标形式表示，只能用序时平均指标表示。

（二）移动平均法

它是对原有时间数列进行修匀，测定其长期趋势的一个较为简单的方法。它是采用逐项递移的办法分别计算一系列扩大时距的移动的序时平均数，形成一个新的派生序时平均数时间数列，在这个派生的时间数列中，短期的偶然因素引起的变动被削弱，从而呈现出现象在较长时间的基本发展趋势。

现在仍根据表 3-21 资料计算移动平均数列如表 3-23 所示。

移 动 平 均 数 列　　　　　　表 3-23

年 份	施工产值（万元）	三年移动平均	五年移动平均	七年移动平均
1981	3010	—	—	—
1982	3030	3030	—	—
1983	3050	3035	3043	—
1984	3025	3058	3081	3081
1985	3100	3108	3106	3109
1986	3200	3152	3136	3140
1987	3155	3185	3181	3176
1988	3200	3201	3221	3229
1989	3250	3250	3261	3278
1990	3300	3317	3318	3307
1991	3400	3380	3350	3321
1992	3440	3400	3360	3343
1993	3360	3367	3380	3371
1994	3300	3353	3400	3400
1995	3400	3367	3432	3451
1996	3500	3500	3520	3543
1997	3600	3633	3660	3700
1998	3800	3800	3860	—
1999	4000	4067	—	—
2000	4400	—	—	—

由该施工企业 20 年施工产值编制的时间数列中，尽管有的年份产值有所下降，但总的趋势是逐年上升的。从 3 年、5 年、7 年移动平均后所得的三个新数列，就能更明显地看出该企业产值逐年提高的趋势。

1. 移动平均法的具体做法

（1）凡采用奇数项移动求得的序时平均数都对正中间一项的位置上，如上例的三年移动平均，第一个移动平均数为（3010＋3030＋3050）÷3＝3030，即可对正第二年的原值；第二个移动平均数为（3030＋3050＋3025）÷3＝3035，即可对正第三年的原值；等等。但若采用偶数项移动平均的数值放在中间两项位置中间，比如四年移动平均第一个的数值放在第二年和第三年之间的位置上；第二个移动平均数放在第三年和第四年之间的位置上，等等。所以需要再进行一次两项移动平均，将上述第一个和第二个平均数再平均，求出一个新的平均数，使其对正原数列的第三年，依此类推。由于进行偶数项移动平均较繁琐，一般采用奇数项移动平均。

（2）移动平均的关键在于取多长时间进行移动平均，如果现象数值变化有周期性，就

79

以周期长度为长度,这样才能准确反映长期趋势,避免现象周期变动因素的影响。如现象变动是三年一个周期,就用三年移动平均;五年一个周期,就采用五年移动平均;如果资料是各季度资料,就采用四项移动平均;若原数列资料为月度资料,就采用十二项移动平均。

2. 移动平均法的特点

首先,从上表也可看出,移动平均后的修匀数列的项数比原数列的项数要少。时距越大,所得修匀后的指标值变化越均匀,但所得修匀后的指标项越少。

其次,移动平均的主要作用是修匀数列,由于比原数列首尾各缺项,因此不便于直接根据新数列进行预测,需进一步加工后才能预测。

(三)数学模型法

数学模型法就是根据时间数列中数值变化情况,在坐标中观察其图形特点,然后选用相应的数学模型来描述时间数列长期趋势的方法。若图形呈线型变化,则可以配合一条直线方程;若图形中有一个转弯点,可配合二次曲线;若图形中有两个转弯点,可配合三次曲线;若数列中的数值变化成比例递增或者递减趋势时,可配合指数曲线等。常用的数学模型法有平均法和最小平方法。这两种方法既可以配合直线趋势,也可以配合曲线趋势。

1. 配合直线的趋势方程

首先将时间数列中的指标数值在坐标系中画出折线图,如果其图形具有线性变化趋势,就可以给它配合一条直线方程,用来描述其变动趋势。标准的直线方程为

$$y_c = a + bx$$

式中 y_c——趋势值;

a、b——待定参数;

x——时间序数值。

配合直线方程就是根据实际值,应用一定的方法求出待定系数 a、b,如此确定直线方程。在统计分析工作中常用的方法有分段平均法和最小平方法。

(1)分段平均法

这种方法的数学依据是实际值与趋势值的离差之和等于零,即:

$$\Sigma(y - y_c) = 0 \qquad (Ⅰ)$$

式中 y——实际值。

将 $y_c = a + bx$ 代入(Ⅰ)中,得:

$$\Sigma[y - (a + bx)] = 0$$
$$\Sigma y - \Sigma(a + bx) = 0$$
$$\frac{\Sigma y}{n} - \frac{\Sigma(a + bx)}{n} = 0$$
$$\frac{\Sigma y}{n} - \frac{b\Sigma x}{n} - a = 0$$
$$\bar{y} - b\bar{x} - a = 0 \qquad (Ⅱ)$$

根据上式看出有两个待定参数 a、b,需要由实际值建立两个联立方程求解。计算方法有两种。第一种是将原时间数列分为前后项数相等或相近的两部分,然后分别计算出两部分的平均点 (x_1, y_1)、(x_2, y_2)。x_1 和 x_2 代表前一半时期及后一半时期序数的平均

值；y_1 和 y_2 代表数列前半数值的平均数和数列后半数值的平均数，然后将两个平均点数值分别代入方程求出 a、b 的数值，再代入趋势方程式即得配合该数列的直线方程。第二种是由于该直线必然通过两个平均点，也可用两点式 $\dfrac{y-y_1}{y_1-y_2}=\dfrac{x-x_1}{x_1-x_2}$ 建立直线方程。

【例 3-19】 现以某施工企业 1991~2000 年完成房屋施工面积为例来说明分段平均法。资料如表 3-24 所示。

某施工企业 1991~2000 年完成房屋施工面积　　　　表 3-24

年份	时序 x	施工面积（百 m^2） y	逐期增减量	趋势值 y_c	$y-y_c$
1991	1	270	—	271	−1
1992	2	280	10	281	−1
1993	3	295	15	291	+4
1994	4	310	15	301	+9
1995	5	300	−10	311	−11
1996	6	310	10	321	−11
1997	7	315	5	331	−16
1998	8	340	25	341	−1
1999	9	360	20	351	+9
2000	10	380	20	361	+19
合计	—	3160	—	3160	0

【解】 表 3-24 施工面积时间数列中共 10 项资料，将年份平均分为两部分，从第一年到第五年为数列前一半的年份，从第六年到第十年为数列后一半的年份，则

$x_1 = (1+2+3+4+5) \div 5 = 3$

$y_1 = (270+280+295+310+300) \div 5 = 291$

$x_2 = (6+7+8+9+10) \div 5 = 8$

$y_2 = (310+315+340+360+380) \div 5 = 341$

这样就得到两个平均点 (x_1, y_1) 和 (x_2, y_2)，即 (3, 291) 和 (8, 341)。

建立联立方程组 $\begin{cases} 291 - 3b - a = 0 \\ 341 - 8b - a = 0 \end{cases}$

解方程得　　$a = 261$，$b = 10$

或由 $\dfrac{y_c - 291}{291 - 341} = \dfrac{x - 3}{3 - 8}$

得趋势方程为　　$y_c = 261 + 10x$

将 x 值依此代入方程即可得到每年的趋势值 y_c，从表 3-24 可见 y 与 y_c 之间正负离差之和等于零，即

$$\Sigma(y - y_c) = +41 - 41 = 0$$

根据趋势方程还可预测未来发展水平，例如可以预测 2005 年该施工企业房屋施工面积为

当 $x = 15$ 时，$y_c = 261 + 10x = 261 + 10 \times 15 = 411$（百 m^2）

(2) 最小平方法

它的数学依据是：

实际值与计算的趋势值之间离差的平方和为最小,即 $Q = \Sigma (y - y_c)^2 =$ 最小值。它既可配合直线趋势,也可用于非直线趋势。当配合直线趋势方程 $y_c = a + bx$ 时,则:$Q = \Sigma [y - (a + bx)]^2 =$ 最小值

现把 Q 看作两个待定参数 a、b 的函数,为使 Q 具有最小值,Q 对 a 和 b 的偏导数应等于零,即

$$\begin{cases} \dfrac{\partial Q}{\partial a} = -2\Sigma(y - a - bx) = 0 \\ \dfrac{\partial Q}{\partial b} = 2\Sigma(y - a - bx)(-x) = 0 \end{cases}$$

整理后得

$$\begin{cases} \Sigma y - na - b\Sigma x = 0 \\ \Sigma xy - a\Sigma x - b\Sigma x^2 = 0 \end{cases}$$

其标准方程组为

$$\begin{cases} \Sigma y = na + b\Sigma x \\ \Sigma xy = a\Sigma x + b\Sigma x^2 \end{cases}$$

解上面两个标准方程得

$$\begin{cases} a = \dfrac{\Sigma y}{n} - \dfrac{b\Sigma x}{n} = \overline{y} - b\overline{x} \\ b = \dfrac{n\Sigma xy - \Sigma x \Sigma y}{n\Sigma x^2 - (\Sigma x)^2} \end{cases}$$

式中　y——原数列实际观察值;

　　　y_c——趋势值;

　　　x——时间序数值;

　　　a、b——待定参数。

【例 3-20】 现仍以表 3-24 提供的资料为例,介绍最小平方法的应用,有关计算如表 3-25 所示。

最 小 平 方 法 计 算　　　　　　　　　　　表 3-25

年　份	时序 x	房屋竣工面积 y (百 m^2)	x^2	xy	$y_c = 256 + 10.9x$	$y - y_c$
1991	1	270	1	270	266.9	+3.1
1992	2	280	4	560	277.8	+2.2
1993	3	295	9	885	288.7	+6.3
1994	4	310	16	1240	299.6	+10.4
1995	5	300	25	1500	310.5	-10.5
1996	6	310	36	1860	321.5	-11.5
1997	7	315	49	2205	332.4	-17.5
1998	8	340	64	2720	343.3	-3.3

续表

年 份	时序 x	房屋竣工面积 y（百 m²）	x^2	xy	$y_c=256+10.9x$	$y-y_c$
1999	9	360	81	3240	354.2	+5.8
2000	10	380	100	3800	365.1	+14.9
合计	55	3160	385	18280	3160	0

【解】 根据表 3-24 资料用最小平方法配合直线的计算过程列表于 3-25 中，将 $n=10$，$\Sigma x=55$，$\Sigma y=3160$，$\Sigma x^2=385$，$\Sigma xy=18280$ 代入前面的联立方程组得

$$\begin{cases} 3160 = 10a + 55b \\ 18280 = 55a + 385b \end{cases}$$

解方程组得

$$b = \frac{10 \times 18280 - 55 \times 3160}{10 \times 385 - 55^2} = \frac{9000}{825} = 10.9$$

$$a = \frac{3160}{10} - \frac{10.9 \times 55}{10} = 256$$

得趋势方程为：$y_c = 256 + 10.9x$

将 x 值依次代入趋势方程，即可得到每年的趋势值 y_c，从表 3-25 中看出：y 与 y_c 离差之和等于零。

即：

$$\Sigma(y - y_c) = +42.7 - 42.7 = 0$$

利用已配合的直线方程可预测事物未来的发展水平。例如可以预测 2005 年该施工企业房屋施工面积为

当 $x=15$ 时，$y_c = 256 + 10.9 \times 15 = 419.5$（百 m²）

计算结果 419.5 百 m² 与前面运用分段平均法计算的 $y_c = 411$ 百 m² 很接近，但运算过程要比分段平均法复杂。

时间数列的时间间隔是相等的，为计算简便起见，可以将 y 轴平移，令原点处于时间数列项数的中间位置，使 $\Sigma x=0$，这时计算待定参数 a、b 的公式可简化为

$$a = \frac{\Sigma y}{n}$$

$$b = \frac{\Sigma xy}{\Sigma x^2}$$

当数列为奇数项时，可用中间项的一年为原点，x 值分别为……、-3、-2、-1、0、1、2、3……，使 $\Sigma x=0$；当数列为偶数项时，可用中间两项的中点作为原点，为了使数字取整，用 2 个单位代表一年，即 x 值分别为：……、-5、-3、-1、1、3、5、……，也使 $\Sigma x=0$。以表 3-26 说明其简化计算过程如下。

简 化 计 算 过 程　　　　　　　　　　　表 3-26

年 份	时序 x	房屋竣工面积 y（百 m²）	x^2	xy	y_c	$y-y_c$
1991	-9	270	81	-2430	267.2	2.8
1992	-7	280	49	-1960	278	2
1993	-5	295	25	-1475	288.9	6.1

续表

年 份	时序 x	房屋竣工面积 y (百 m^2)	x^2	xy	y_c	$y - y_c$
1994	-3	310	9	-930	299.7	10.3
1995	-1	300	1	-300	310.6	-10.6
1996	1	310	1	-300	321.4	-11.4
1997	3	315	9	945	332.3	-17.3
1998	5	340	25	1700	343.1	-3.1
1999	7	360	49	2520	354	6
2000	9	380	81	3420	364.8	15.2
合计	0	3160	330	1790	3160	0

由于该时间数列共 10 项，是偶数项，则原点应在 1995～1996 年之间。

将 $n=10$，$\Sigma y = 3160$，$\Sigma x^2 = 330$，$\Sigma xy = 1790$ 代入方程组得

$$a = \frac{\Sigma y}{n} = \frac{3160}{10} = 316$$

$$b = \frac{\Sigma xy}{\Sigma x^2} = \frac{1790}{330} = 5.42$$

将 a、b 值代入直线趋势方程得

$$y_c = a + bx = 316 + 5.42x$$

从上述计算看出，两个直线方程配合的是同一条直线，只不过因坐标原点位置与时间轴比例发生变化而 a、b 参数值有所不同。

数列为奇数项的简化计算与偶数项相似，举例略。

2. 配合曲线的趋势方程

社会现象发展变化的趋势并不都是直线型的，有时是不同形式的曲线变化，这就需要配合适当的曲线方程来测定其长期趋势值，常用的方法是分段平均法和最小平方法。

常用的曲线方程为

$$y = c_0 + c_1 x + c_2 x^2 + \cdots + c_n x^n$$

现在以二次曲线为例，说明具体计算方法。二次曲线方程为

$$y_c = a + bx + cx^2$$

（1）分段平均法

二次曲线适用于数列中有一个转弯时的情况。用分段平均法配合二次曲线的步骤与配合直线相同，即实际观察值与趋势值之间的离差之和等于零，则

$$\Sigma(y - y_c) = 0$$

$$\Sigma(y - y_c) = \Sigma(y - a - bx - cx^2) = 0$$

得 $\Sigma y = na + b\Sigma x + c\Sigma x^2$

由于方程中有三个待定参数 a、b、c，所以将原数列三等分，然后分别计算出各部分的平均点 (x_1, y_1)，(x_2, y_2)，(x_3, y_3)。代入方程求出 a、b、c 值，即得二次曲线方程。

【例 3-21】 某建筑企业从 1993～2001 年实现利润总额情况如表 3-27 所示。

某建筑企业 1993～2001 年实现利润总额情况表　　　　表 2-27

年 份	时序 x	利润总额 y（万元）	x^2	趋势值 y_c	$y - y_c$
1993	1	80	1	76.222	+3.778
1994	2	83	4	83.556	-0.556
1995	3	86	9	89.222	-3.222
1996	4	90	16	93.222	-3.222
1997	5	95	25	95.55	-0.556
1998	6	100	36	96.222	+3.778
1999	7	95	49	95.222	-0.222
2000	8	92	64	92.556	-0.556
2001	9	89	81	88.222	+0.778
合计	—	810	285	810	0

【解】 上表中利润总额时间数列共 9 项资料，将年份平均分为三部分，从第 1 年到第 3 年为第一部分；从第 4 年到第 6 年为第二部分；从第 7 年到第 9 年为第三部分，则

$$\Sigma y_1 = 80 + 83 + 86 = 249$$
$$\Sigma x_1 = 1 + 2 + 3 = 6$$
$$\Sigma x_1^2 = 1^2 + 2^2 + 3^2 = 14$$
$$\Sigma y_2 = 90 + 95 + 100 = 285$$
$$\Sigma x_2 = 4 + 5 + 6 = 15$$
$$\Sigma x_2^2 = 4^2 + 5^2 + 6^2 = 77$$
$$\Sigma y_3 = 95 + 92 + 89 = 276$$
$$\Sigma x_3 = 7 + 8 + 9 = 24$$
$$\Sigma x_3^2 = 7^2 + 8^2 + 9^2 = 194$$

将以上数值分别代入式 $\Sigma y = na + b\Sigma x + c\Sigma x^2$ 后，建立联立方程组如下：

$$249 = 3a + 6b + 14c$$
$$285 = 3a + 15b + 77c$$
$$276 = 3a + 24b + 194c$$

解得　$a = 67.222$，$b = 9.833$，$c = -0.833$，即

$$y_c = 67.222 + 9.833x - 0.833x^2$$

将 x 值依次代入趋势方程，可得到每年的趋势值 y_c，从表 3-25 可知，y 与 y_c 之间正负离差和等于零，即

$$\Sigma(y - y_c) = 8.334 - 8.334 = 0$$

根据趋势方程还可预测未来发展水平，例如可预测 2005 年该施工企业利润总额为

当 $x = 13$ 时，$y_c = 82.22$ 万元

(2) 最小平方法

用最小平方法配合二次曲线的方法与配合直线方程相同，根据函数求极值的方法建立以 a、b、c 为变量满足一定条件的三个标准方程式：

$$\Sigma y = na + b\Sigma x + c\Sigma x^2$$
$$\Sigma xy = a\Sigma x + b\Sigma x^2 + c\Sigma x^3$$

$$\Sigma x^2 y = a\Sigma x^2 + b\Sigma x^3 + c\Sigma x^4$$

若按照前面所讲的方法，以中间一年为原点，中点以前的年次为负，中点以后的年次为正，$\Sigma x=0$，公式可简化为

$$\Sigma y = na + c\Sigma x^2$$
$$\Sigma xy = b\Sigma x^2$$
$$\Sigma x^2 y = a\Sigma x^2 + c\Sigma x^4$$

【例 3-22】 下面仍以表 3-27 提供的资料为例，说明用最小平方法配合二次曲线的方法。其计算数字如表 3-28 所示。

最小平方法配合二次曲线的计算数字　　　　　表 3-28

年 份	时序 x	利润总额 y（万元）	xy	x^2	x^2y	x^4	y_c
1993	-4	80	-320	16	1280	256	72.26
1994	-3	83	-249	9	747	81	79.832
1995	-2	86	-172	4	344	16	86.056
1996	-1	90	-90	1	90	1	90.994
1997	0	95	0	0	0	0	94.481
1998	1	100	100	1	100	1	96.676
1999	2	95	190	4	380	16	97.527
2000	3	92	276	9	828	81	97.034
2001	4	89	356	16	1424	256	95.197
合计	0	810	172	60	5193	708	810.06

【解】 将上表数字代入标准方程式得

$$\begin{cases} 810 = 9a + 60c \\ 172 = 60b \\ 5193 = 60a + 708c \end{cases}$$

解得　$a=94.481$，$b=2.867$，$c=-0.672$

二次曲线方程　$y_c = 94.481 + 2.867x - 0.672x^2$

将各年的 x 值依次代入趋势方程得各年趋势值，列表于 3-28 中。在不考虑其他因素影响的情况下，利用此方程可进行预测。例如仍预测 2002 年该施工企业利润总额为

当 $x=5$ 时，$y_c = 94.481 + 2.867 \times 5 - 0.672 \times 5^2 = 92.02$ 万元

三、季节变动的测定

（一）测定季节变动的意义

现象季节变动是指某些社会经济现象，由于受到自然条件和社会条件的影响，随着季节的变更而出现季节性的变化。测定季节变动的目的在于掌握季节变动的周期和规律，克服由于季节变动引起的不良影响，以便更好地制订计划、组织生产，促进经济不断发展。例如，建筑业生产受季节变动的影响较大，北方的冬季、南方的雨季都会对露天作业的施工生产造成不利影响。所以，南方在雨季到来前，北方在冬季到来前，如果能科学地安排生产，就能把不利影响降低到最小。

（二）季节变动的测定方法

测定季节变动的方法很多，其中最常用也是最简便的方法是按月（季）平均法。

这种方法不考虑长期趋势影响，直接用原时间数列来计算，为了较准确地观察季节变动情况，需要连续三年以上的发展水平资料，加以平均分析。其计算步骤和方法如下：

1. 根据各年按月（季）的时间数列资料计算出各年同月（季）的平均水平。
2. 计算全时间数列总平均月（季）水平。
3. 将各年同月（季）的平均水平与总平均水平进行对比，即得季节比率。其计算公式如下：

$$季节比率（\%）= \frac{同月（季）平均水平}{总平均月（季）水平} \times 100\%$$

例如，某施工队在 1998～2000 年各月完成施工产值资料如表 3-29 所示。

某施工队在 1998～2000 年各月完成施工产值资料　　　单位：万元　　表 3-29

	1月	2月	3月	4月	5月	6月	7月	8月	9月	10月	11月	12月	全年月平均
1998	252	220	306	330	332	344	320	310	355	380	418	440	333.9
1999	261	227	313	345	354	358	331	322	369	398	430	452	346.7
2000	283	249	334	362	363	367	342	335	372	410	441	463	360.1
三年合计	796	696	953	1037	1049	1069	993	967	1096	1188	1289	1355	12488
三年月平均	265	232	318	346	350	356	331	322	365	396	430	452	346.9
季节比率%	76.4	66.9	91.7	99.6	100.9	102.6	95.4	92.8	105.2	114.2	124	130.3	100.0

根据上表资料，计算过程如下：

1. 计算各年同月份的平均数，首先将各年同月数值相加，再求出各月平均数。如 1 月份平均数为

$$1 月份平均数 = \frac{252 + 261 + 283}{3} = 265 \text{ 万元}$$

其他月份依此类推。

2. 计算三年间总平均月施工产值，得 $12488 \div 36 = 346.9$ 万元
3. 计算各月季节比率。如 1 月份为

$$1 月份季节比率 = \frac{265}{346.9} \times 100\% = 76.4\%$$

其他各月份依此类推。

如此由各月季节比率排列成的时间数列，清楚地表明该施工队施工生产受季节影响的幅度较大。三年平均 2 月份产值最低，12 月份最高，全年 12 个月高于平均月产值的只有 5 月、6 月、9 月、10 月、11 月、12 月，说明这些时期气候较适宜施工生产，是建筑生产的黄金季节；1 月、2 月份产值低主要是气候寒冷不利于施工，再加上 2 月份节假日占一定时间，使产值更低；7 月、8 月较前、后月有所降低，主要与雨季来临、气候炎热有关，明显地反映出施工生产的变动规律。

练　习　题

一、填空题

1. 时间数列由两个要素构成：一个是现象所属的_____；另一个要素是反映客观现象在各个时间上的_____。
2. 时间数列按其排列的指标不同可分为_____、_____和_____三种。其中_____是最基本的时间数列。
3. _____是编制时间数列的基本原则。
4. 在动态分析中，我们将所研究的那个时期的发展水平叫做_____；将用来作为对比基础的那个时期的发展水平叫_____。
5. 动态分析指标包括现象发展的_____指标和现象发展的_____指标两大类。
6. 由时期数列计算序时平均数，可以采用的方法是_____。
7. 根据间隔不等的连续时点数列计算平均发展水平，应采用的方法是_____。
8. 根据相对数和平均数时间数列计算序时平均数一般公式为：_____。
9. 增长量由于采用的基期不同可分为_____增长量和_____增长量两种，_____等于_____之和。
10. 发展速度由于采用的基期不同可以分为_____发展速度和_____发展速度两种。_____发展速度等于_____发展速度的连乘积。
11. 增长量由于选择的基期不同，可分为_____和_____。
12. 增长速度与发展速度的关系是_____。
13. 计算平均发展速度的方法有_____和_____两种。
14. 计算平均发展速度开多次方根的方法有三种，即_____、_____和_____。
15. 运用几何平均法和方程式法计算平均发展速度时，侧重点有所不同，几何平均法侧重于观察_____；方程式法侧重于观察_____。
16. 平均增长速度是通过发展速度间接计算出来的，其计算方法是：_____。
17. 发展速度的数值都是正数；而增长速度的数值_____。
18. 长期趋势测定方法有三种，它们是_____、_____和_____。
19. 配置直线方程测定直线趋势可用_____法和_____法。
20. 分析和测定季节变动最常用的方法是_____。这种方法是通过三年以上资料求出_____与全数列总平均水平，然后两者对比求出各月份的_____。

二、单项选择题

1. 最基本的时间数列是（　　）。
   A. 平均数时间数列　　　　B. 相对数时间数列
   C. 绝对数时间数列　　　　D. 无法确定
2. 编制时间数列时，要求时间数列的每个指标具有（　　）。
   A. 可比性　　　　　　　　B. 连续性
   C. 间隔性　　　　　　　　D. 一致性
3. 时间数列中的发展水平（　　）。
   A. 只能是绝对数　　　　　B. 只能是相对数

C. 只能是平均数　　　　　　D. 上述三种指标均可

4. 下列属于时点数列的是（　　）。

A. 某施工企业各年施工产值

B. 某施工企业各年全员劳动生产率

C. 某施工企业各年生产人员占全部从业人员比重

D. 某施工企业各年初职工人数

5. 构成时间数列的两个基本要素是（　　）。

A. 变量和变量值　　　　　　B. 变量和次数

C. 现象所属的时间及其指标数值　D. 时间和总体单位数

6. 由间隔相等的连续时点数列计算序时平均数应采用（　　）。

A. 简单算术平均法　　　　　B. 加权算术平均法

C. 几何平均法　　　　　　　D. 简单算术平均法分层计算

7. 某施工队6月初工人人数为500人，月内变动情况为：10日增加30人，20日减少100人。该月平均工人数为（　　）。

A.430人　　　B.484人　　　C.500人　　　D.487人

8. 某企业一、二月月初职工人数分别为600人、550人，二、三月职工平均人数分别是546人、560人，则该企业第一季度的月平均职工人数为（　　）。

A.559人　　　B.575人　　　C.560人　　　D.564人

9. 某构件厂一、二、三月份分别完成某种构件150件、162件和180件，分别超计划1%、2%和4%，则该厂第一季度平均超额完成计划的百分数为（　　）。

A.2.4%　　　B.7%　　　C.2.3%　　　D.102.4%

10. 增长量指标的单位与原数列的发展水平的单位（　　）。

A. 不相同　　　B. 相同　　　C. 不确定

11. 累计增长量与其相应的各个逐期增长量的关系是（　　）。

A. 累计增长量等于相应的各个逐期增长量之和

B. 累计增长量等于相应的各个逐期增长量之积

C. 逐期增长量等于相应的各累计增长量之和

D. 两者之间无直接换算关系

12. 已知环比增长速度为4.7%，5.4%，8.3%，则定基增长速度的计算公式为（　　）。

A.4.7%×5.4%×8.3%

B.4.7%×5.4%×8.3%－1

C.104.7%×105.4%×108.3%

D.104.7%×105.4%×108.3%－1

13. 定基发展速度等于相应各环比发展速度（　　）。

A. 之和　　　B. 之差　　　C. 之积　　　D. 之商

14. 当时期数列分析的目的侧重于研究某现象在各时期发展水平的累计总和时，应采用（　　）。

A. 算术平均法计算平均发展速度　　B. 调和平均法计算平均发展速度

C. 几何平均法计算平均发展速度　　　D. 方程式法计算平均发展速度

15. 如果某企业实现的利润总额的逐期增长量每年都相等，则其各年的环比增长速度是（　　）。

　　A. 年年增长　　　B. 年年下降　　　C. 年年不变　　　D. 无法判断

16. 每增长1%的绝对值是（　　）。

　　A. 逐期增长量的1%　　　　　　B. 前期水平的1%
　　C. 逐期增长量与环比增长速度之比　　D. 一个相对数

17. 已知一时间数列有20年的数据资料，采用移动平均法测定原时间数列的长期趋势，若采用5年移动平均，修匀后的时间数列有（　　）年的数据。

　　A. 20年　　　B. 15年　　　C. 16年　　　D. 18年

18. 用分段平均法配合直线的数学依据是（　　）。

　　A. $\Sigma(y-y_c)=0$　　　　　　B. $\Sigma(y-y_c)=$最小值
　　C. $\Sigma(y-y_c)^2=$最小值　　　D. $\Sigma x=0$

19. 用最小平方法配合趋势方程，如果 $y_c=4-3x$，则这条直线呈（　　）。

　　A. 上升趋势　　　B. 下降趋势　　　C. 水平　　　D. 无法判断

20. 若无季节变动，则季节比率为（　　）。

　　A. 0　　　　　　　　　　　　B. 100%
　　C. 负值　　　　　　　　　　　D. 0到100%之间

三、简答题

1. 时间数列在统计分析过程中的作用是什么？
2. 时期数列和时点数列的区别有哪些？
3. 编制时间数列的原则是什么？
4. 影响现象变动的因素有哪几种？
5. 研究长期趋势的目的是什么？长期趋势的测定方法有几种？

四、应用题

1. 某市1998年各月建筑业总产值资料如下：

月　份	建筑业总产值（万元）	月　份	建筑业总产值（万元）
1	80000	7	82000
2	71000	8	81200
3	81500	9	85000
4	85000	10	87500
5	86000	11	89000
6	88000	12	92000

计算1998年各季月平均总产值和全年月平均总产值。

2. 某企业2001年1月份职工人数资料如下表所示。

起止日期	1日~5日	6日~15日	16日~25日	26日~31日
职工人数	860	882	880	890

计算该企业1月份平均职工人数。

3. 某建筑企业2001年上半年职工人数资料如下表所示。

各月月初	1月	2月	3月	4月	5月	6月	7月
职工人数	980	960	985	1000	1010	1012	1014

计算该企业第一、第二季度和上半年平均职工人数。

4．某建筑企业 2000 年上半年生产人员及职工人数资料如下表所示

	1月1日	2月1日	3月1日	4月1日
生产人员（人）	490	492	495	500
职工人数（人）	650	652	660	680

计算该企业第一季度生产人员占全部职工人数的比重。

5．某建筑公司下属两个分公司 2002 年 1 月份总产值及每日从业人员数资料如下表所示。

	总产值（万元）	每日从业人员（人）		
		1日~10日	11日~26日	27日~30日
第一分公司	2400	310	316	330
第二分公司	2600	324	330	342

计算第一、第二分公司的月劳动生产率。

6．某建筑企业 2000 年各季实现利润总额资料如下表所示。

时间	利润总额（万元）	增长量（万元）		发展速度（%）		增长速度（%）		每增长1%绝对值
		逐期	累计	环比	定基	环比	定基	
第一季度	80							
第二季度	100							
第三季度	130							
第四季度	160							

要求：

（1）计算上表空格中的指标并填入空格。

（2）计算该企业全年各季度的平均增长量、平均发展速度和平均增长速度。

7．某施工企业完成的施工产值 1996 年较 1993 年增长 3.5%，1998 年较 1996 年增长 5.2%，2001 年较 1998 年增长 8%。

试计算：（1）2001 年施工产值比 1993 年增长百分之几？

（2）1996~2001 年每年平均增长速度。

8．某施工企业 2000 年 1 月完成公路工程 1000 m^2，2 月份完成的公路工程量比 1 月份降低 10%，3 月份比 2 月份增长 15%，如果该企业从 4 月份到 12 月份完成公路工程量平均每月以 8% 的速度递增，那么到 12 月份该施工企业完成的公路工程量达到多少平方米？

9．某施工企业 1995~1999 年实现建筑业增加值资料如下表所示。

年 份	建筑业增加值（万元）	年 份	建筑业增加值（万元）
1995	900	1998	1060
1996	950	1999	1110
1997	1020		

试分别运用分段平均法和最小平方法对以上数列配置直线方程，并预测该企业 2000 年、

2001年、2002年能完成的建筑业增加值。

10. 某瓦工队2000年4月份每日完成砌筑工程量资料如下表所示。

日 期	砌筑工程量（m³）	日 期	砌筑工程量（m³）	日 期	砌筑工程量（m³）
1	20	11	24	21	28
2	21	12	23	22	30
3	22	13	25	23	31
4	19	14	26	24	32
5	18	15	24	25	27
6	21	16	27	26	26
7	22	17	29	27	28
8	23	18	28	28	29
9	21	19	27	29	34
10	22	20	26	30	35

要求：

（1）5日时距扩大完成的砌筑工程量和平均每日完成的砌筑工程量，并编制时间数列；

（2）按5日移动平均计算日平均砌筑工程量并编制时间数列。

11. 某施工企业1999~2001年各季完成的建筑业总产值资料如下表所示。

单位：万元

年 份	第一季度	第二季度	第三季度	第四季度
1990	12100	14200	13500	15000
2000	12400	14600	13600	16200
2001	12600	14950	13800	17100

用"按季平均法"测定该企业完成施工产值的季节比率。

第四章 统 计 指 数

内容提要：本章主要讲述统计指数的概念、种类；总指数的两种表现形式以及平均指标指数的编制；最后讲指数体系及因素分析法。

第一节 统计指数的概念和种类

一、统计指数的概念

统计指数的概念是从物价变动开始的。18世纪中期，由于金银大量流入欧洲，引起市场物价上涨，社会动荡不安，人们需要了解物价的变动程度，于是产生了最初的物价指数。最初的物价指数也是现在所说的价格指数，即某一种商品的价格在不同时间的对比，这就是指数这一概念的起源。随着指数理论的发展，其应用范围不断拓宽，于是产生了关于统计指数的不同含义。

（一）广义的统计指数

凡是以相对数形式出现的统计指标都叫做统计指数。以前学过的动态相对数、比较相对数、计划完成程度相对数等都属于广义指数的范畴。例如，生产企业将产品实际产量与计划产量对比，叫做"计划完成指数"。

（二）中义的统计指数

一切动态相对数都叫做统计指数。例如，某企业用本月产值与上月产值对比，就形成产值指数；用某种产品本期价格与以前某期价格进行对比，就形成价格指数。它们都是同类现象在不同时间上的数值对比。

（三）狭义的统计指数

它是上述中义的统计指数中的特殊部分，是指用来反映那些不能直接加总的复杂社会经济现象总体数量变动的相对数，即总指数。例如，研究多种产品价格综合变动程度、多种实物工程量综合变动情况时，由于不同产品、不同实物工程量之间不能简单地直接相加、相对比，而通过编制总指数就可以反映它们的综合变动情况。统计中所讲的指数，主要是指狭义的指数。

二、统计指数的种类

统计指数可以从不同的角度加以分类。

（一）按指数所反映的对象范围大小不同可分为个体指数、类指数和总指数。

1. 个体指数

它是说明单项事物变动情况的相对数。如某种实物工程量指数、某种材料采购价格指数等。很显然，个体指数是在简单现象总体的条件下存在的，其计算方法比较简单。

个体产量指数 $$k_q = \frac{q_1}{q_0} \times 100\%$$

个体价格指数 $\quad k_p = \dfrac{p_1}{p_0} \times 100\%$

个体成本指数 $\quad k_z = \dfrac{z_1}{z_0} \times 100\%$

式中　q_1——报告期产量；

　　　q_0——基期产量；

　　　p_1——报告期价格；

　　　p_0——基期价格；

　　　z_1——报告期单位成本；

　　　z_0——基期单位成本。

2．总指数

它是用来说明多项事物综合变动情况的相对数。例如，反映多种实物工程量综合变动的工程量总指数；说明多种材料采购价格综合变动的价格总指数。总指数是在复杂现象总体的条件下编制的。

3．类（组）指数

在计算总指数时，常将所包含的多项事物进行分类或分组，按类（或组）编制的指数叫做类（或组）指数。类（或组）指数实质上也是总指数，因为它说明的也是那些不能直接相加和相比的多项事物综合变动情况的指数，但是，当计算更大范围总指数时，它将起个体指数的作用。例如，实物工程量总指数可分为熟练工和非熟练工完成的工程量指数，它们都属于类指数。

（二）按指数所表明的指标性质不同分为数量指标指数和质量指标指数

1．数量指标指数

它是反映数量指标变动程度的相对数，如产量指数、实物工程量指数和职工人数指数等。

2．质量指标指数

它是反映质量指标变动程度的相对数，如价格指数、单位成本指数和劳动生产率指数等。

这里需要注意的是，数量指标和质量指标的划分具有相对性。例如单位混凝土工程消耗水泥指标，相对于完成的混凝土工程量指标，它是质量指标；但相对于水泥的单价指标，它又是数量指标了。

在指数的编制过程中，必须重视这两类指标指数的划分，因为它们各自的编制方法是不同的。

（三）按指数的编制方法的不同可分为综合指数、平均指数和平均指标指数。它的概念、特点和编制方法将在以后各节讲述。

（四）根据编制指数数列所采用的基期不同，统计指数可分为定基指数和环比指数。

按时间先后顺序将不同时期的某种指数排列起来就得到指数数列。当整个指数数列中采用同一固定基期，各期指数就是定基指数；若采用前一期为基数，各期指数为环比指数。例如，材料费价格指数，既可编制定基指数，也可编制环比指数。

三、统计指数的作用

（一）可用于反映不能直接相加或者不能直接对比的现象总的变动程度和方向

在统计分析研究过程中，除了要说明个别现象，如某种产品产量、某种产品成本等在不同时期的变动情况外，还要研究由多种现象构成的总体的综合变动情况。因为这些现象因使用价值不同，计量单位不同，它们是不能直接相加的，因而也无法进一步对比，只有编制总指数才能将那些不能直接相加对比的现象，过渡到能够相加对比，以反映其综合变动程度和方向。表 4-1 是某施工企业的统计资料。

某施工企业统计资料   表 4-1

名　称	计量单位	1999 年	2000 年	发展速度（%）
砌筑工程	m^3	5000	6000	120
抹灰工程	m^3	80000	72000	90
混凝土工程	m^3	7000	7700	110

上述资料说明，该施工企业 2000 年与 1999 年比，三种实物工程量有的增加，有的减少，由于三种工程性质不同，计量单位不一致，数值之间不能直接加总，因而也无法搞清完成的工程量总的来说是增加还是减少。通过编制指数，利用预算单价这个媒介，就可以使其变成价值量的形式，以便相加对比，计算出三种工程量综合变动情况。

（二）用于测定现象总体的总变动中各个因素变动影响的相对程度和绝对差额

任何一个社会经济现象的总体都是由各个因素构成的，各种因素综合变动的结果，导致了总体的变动。例如，施工产值是由报告期完成的实物工程量和预算单价两个因素构成，用数量关系表示为：施工产值 = 实物工程量 × 预算单价。施工产值的增减变化情况决定于实物工程量和预算单价的增减变化。我们可以使用指数方法分别测定实物工程量和预算单价变动对施工产值产生的相对影响程度和绝对差额。

（三）测定平均水平对比分析中各组平均水平与总体结构变动的影响程度和方向

在对现象总体进行分组的条件下，总体平均水平的高低，不仅受各组标志值水平的影响，还受总体内部结构变动的影响。例如，职工平均工资的变化，不仅受各组平均工资的影响，还受各组工人人数在全体职工中所占比重的影响，要分析测定平均水平中两个因素对总平均水平的影响程度和方向，可以通过编制平均指标指数来解决这一问题。

（四）可以测定分析现象在长时间内的变动趋势

通过编制一定时期的指数数列，可以用来反映现象发展变化的趋势。一般的时间数列只能反映单项事物的发展趋势，而指数数列则反映了那些性质不同但在经济上有一定联系的多项事物综合变动趋势。例如，编制每天的股价指数，用来反映股票价格总的上升或者下降情况；编制每年的建筑产品价格指数，用来反映建筑产品价格一年内的变化情况。

第二节　综合指数和平均指数

总指数的编制形式有两种，一是综合指数，二是平均指数。其中综合指数是总指数的基本形式，平均指数是综合指数的变形。

一、综合指数的概念

综合指数是由两个总量指标对比形成的指数。凡是一个总量指标可以分解为两个或者两个以上的因素指标时，将其中一个或者一个以上的因素指标固定下来，仅观察其中一个因素指标的变动程度，这样的总指数叫综合指数。下面以两因素为例说明什么是综合指数。

假设分别用 $\bar{k}_p$ 和 $\bar{k}_q$ 代表预算单价和实物工程量指数：

$$\bar{k}_p = \frac{\Sigma p_1 q_1}{\Sigma p_0 q_1} \qquad \bar{k}_q = \frac{\Sigma p_0 q_1}{\Sigma p_0 q_0}$$

由于上述两公式的分子和分母都是综合了多种分部分项工程的价值总量而成的，因此，从形式上看它们都是综合指数。

预算单价综合指数是两个价值指标之比，分子是报告期施工产值，分母是一个假定的施工产值。由于把报告期完成的实物工程量固定下来，所以其综合指数反映的只是在报告期完成的各实物工程量固定的条件下各种预算单价的综合变动程度。

实物工程量综合指数也是两个价值指标之比，分子是一个假定的施工产值，分母是基期的施工产值。由于把各分部分项工程的预算单价固定下来，所以其综合指数反映的只是在各分部分项工程预算单价固定的条件下各种实物工程量的综合变动程度。

二、综合指数的特点

1. 原则上分子、分母所包含的研究对象范围必须一致。
2. 在对比两个时期的价值总量时，构成施工产值的 p 和 q 两个因素必须只有一个是变动的，称为指数化因素，另一个因素则是固定的，称为同度量因素。
3. 综合指数一方面能观察现象升降程度，另一方面可以根据综合指数的子项和母项之差说明由于指数化因素变动而产生的绝对影响差额，即 $\Sigma p_1 q_1 - \Sigma p_0 q_1$ 说明由于预算单价的综合变动对施工产值的绝对影响额；$\Sigma p_0 q_1 - \Sigma p_0 q_0$ 说明实物工程量的综合变动对施工产值的绝对影响额。

三、综合指数的种类及编制法

综合指数有数量指标综合指数和质量指标综合指数两种，下面主要讲述综合指数的最基本形式——两因素综合指数的编制方法。

（一）数量指标综合指数的编制

我们以实物工程量综合指数为例来说明数量指标综合指数的编制。

根据数量指标编制的综合指数称为数量指标综合指数，实物工程量是数量指标，根据实物工程量指标编制的综合指数就是实物工程量综合指数。而实物工程量综合指数并非指某一种实物工程量，如土方工程的个体实物工程量指数，而是反映多种实物工程量总变动的指数。

例如某建筑企业土方工程、砌筑工程和抹灰工程的实物工程量及预算单价如表4-2所示。

某建筑企业土方工程、砌筑工程和抹灰工程实物工程量及预算单价　　　　　表4-2

分项工程名称	计量单位	预算单价（元）		实物工程量		施工产值（元）		
		基期 p_0	报告期 p_1	基期 q_0	报告期 q_1	$p_0 q_1$	$p_0 q_0$	$p_1 q_1$
土方工程	m³	3.1	3.7	3000	3500	10850	9300	12950
砌筑工程	m³	84	117.7	2500	2800	235200	210000	329560

续表

分项工程名称	计量单位	预算单价（元）基期 p_0	预算单价（元）报告期 p_1	实物工程量 基期 q_0	实物工程量 报告期 q_1	施工产值（元）p_0q_1	施工产值（元）p_0q_0	施工产值（元）p_1q_1
抹灰工程	m²	4.6	7.2	12000	18000	82800	55200	129600
合计	—	—	—	—	—	328850	274500	472110

从上表看出，不同的分部分项工程，由于其使用价值不同，计量单位不同，实物工程量之间是不能直接相加的。要想把不能相加的事物过渡到可以相加，就需要一个过渡因素，使其在经济上不能直接相加或对比的多种事物转化为可以同度量，这个过渡因素在统计上叫做同度量因素。把所要研究的指标——实物工程量称为指数化指标。由于施工产值是价值指标，是可以同度量的，将不同使用价值的实物工程量转化为可度量的施工产值，就需要借助预算单价，即预算单价就是同度量因素。

综合指数是两个总量指标之比，在施工产值的变动中包括实物工程量和预算单价两个因素的变动影响。而我们仅仅要得出实物工程量总的变动程度，这就要将预算单价这一同度量因素固定下来，就是假定在对比两个时期施工产值变动中预算单价没有变化，从而得出仅反映多种实物工程量一个因素变动的综合指数。

同度量因素的所属时期的一般原则是：编制数量指标综合指数时，以基期的质量指标作为同度量因素。这样就形成了数量指标综合指数的基本计算公式，即为

数量指标综合指数 $\overline{k}_q = \dfrac{\Sigma p_0 q_1}{\Sigma p_0 q_0}$

式中 $\overline{k}_q$ ——数量指标综合指数；

p_0 ——基期预算单价；

q_0 ——基期实物工程量；

q_1 ——报告期实物工程量；

$p_0 q_0$ ——基期产值；

$p_0 q_1$ ——按基期价格计算的报告期产值。

仍以表 4-2 资料为例：

实物工程量综合指数 $\overline{k}_q = \dfrac{\Sigma p_0 q_1}{\Sigma p_0 q_0} = \dfrac{328850}{274500} = 119.8\%$

工程量变动对施工产值的影响额 $= \Sigma p_0 q_1 - \Sigma p_0 q_0 = 328850 - 274500 = 54350$（元）

计算结果表明，三种实物工程量报告期比基期总体上看增长 19.8%，从而使施工产值增加 54350 元。这是在假定预算价格不变的情况下，由于各种工程量的增加而增加的施工产值，其经济意义很明确。

（二）质量指标综合指数的编制

我们以预算单价综合指数为例来说明质量指标综合指数的编制。

根据质量指标编制的综合指数称为质量指标综合指数。其编制过程与数量指标综合指数的编制过程相同。实物工程量之间由于不能直接加总，而引入了同度量因素——预算单价。而作为工程预算单价来讲，是否可以直接加总对比呢？仍以表 4-2 中的资料为例。将三种分项工程报告期与基期的单价分别加总再对比，其结果为

$$\frac{\Sigma p_1}{\Sigma p_0} = \frac{3.7 + 117.7 + 7.2}{3.1 + 84 + 4.6} = 140.2\%$$

以上计算结果并不是三种分项工程预算单价总指数,因为这些预算单价分属于不同的分项工程,将它们之间直接加总再对比是没有意义的。那么,要反映全部工程预算单价的总变动程度,也需要编制质量指标综合指数。

编制质量指标综合指数也必须解决以什么为同度量因素的问题。由于不同工程的预算单价相加无意义,这就需要以实物工程量为同度量因素与预算单价相乘,得出施工产值后,再加总对比。也就是假定在对比两个时期施工产值变动中实物工程量没有变化,从而得出仅反映多种分项工程预算单价一个因素变动的综合指数。

同度量因素所属时期的一般原则是:编制质量指标综合指数时,以报告期的数量指标作为同度量因素。这样就形成了质量指标综合指数的基本计算公式,即为

质量指标综合指数 $\bar{k}_p = \frac{\Sigma p_1 q_1}{p_0 q_1}$

式中 $\bar{k}_p$——质量指标综合指数;

$p_1 q_1$——报告期的产值;

$p_0 q_1$——按基期单价计算的报告期产值。

仍以表 4-2 资料为例:

预算价格综合指数 $\bar{k}_p = \frac{\Sigma p_1 q_1}{\Sigma p_0 q_1} = \frac{472110}{328850} = 143.6\%$

预算价格的变动对施工产值的影响

$= \Sigma p_1 q_1 - \Sigma p_0 q_1 = 472110 - 328850 = 143260$(元)

计算结果表明,三种分项工程的预算价格报告期比基期总体上看增长 43.6%,从而使得施工产值增加 143260 元。这是在假定同质量因素实物工程量不变,并把它固定在报告期的情况下,由于预算单价的上升而增加的施工产值,其计算结果具有现实的经济意义。但它却包含了工程量变化的因素在内。但是从指数体系的要求出发,我们一般也不采用以基期的工程量为同度量因素。

多因素综合指数的编制方法相同,这里不再赘述。

四、平均指数的概念

平均指数是计算总指数的另一种形式,它是以个体指数为基础,采用加权平均形式编制的总指数。它与综合指数相比,只是由于掌握的资料不同,所采用的计算方法、形式不同,但其本质、计算结果、经济意义与后者是一样的,因此说它是综合指数的变形。

五、平均指数的种类及编制方法

平均指数按其计算形式不同分为加权算术平均指数和加权调和平均指数两种,下面分别阐述两种平均指数的编制方法。

(一)加权算术平均指数的编制

加权算术平均指数是对个体指数采用加权算术平均的方法计算的总指数。一般情况下,编制数量指标综合指数时,如果掌握的资料不是 p_0、q_0、q_1,而是个体数量指数 k_q 和基期的总量指标(一般为价值指标)$p_0 q_0$ 时,可以采用数量指标综合指数的变形公式加权算术平均指数公式计算。

设个体数量指标指数 $k_q = q_1/q_0$，则 $q_1 = k_q q_0$，将 q_1 代入数量指标综合指数公式后，得

$$\text{加权算术平均指数 } \bar{k}_q = \frac{\Sigma p_0 q_1}{\Sigma p_0 q_0} = \frac{\Sigma k_q p_0 q_0}{\Sigma p_0 q_0}$$

上式是以 $k_q = q_1/q_0$ 为变量值，以基期价值指标 $p_0 q_0$ 为权数的加权算术平均数。如果假定 k_q 为变量值 x，以基期价值量为 f，则上式就会变为 $\Sigma x f / \Sigma f$ 这样的加权算术平均数的基本形式。正因为其实质仍为综合指数，形式是加权算术平均数的形式，所以称之为加权算术平均指数。我们仍用表 4-2 所示资料为例编制表 4-3 如下：

表 4-3

分项工程名称	计量单位	个体工程量指数（%） $k_q = q_1/q_0$	基期施工产值（元） $p_0 q_0$
土方工程	m³	1.17	9300
砌筑工程	m³	1.12	210000
抹灰工程	m²	1.50	55200
合计	—	—	274500

【例 4-1】 假定某施工企业资料如表 4-3 中所列，据此计算三种工程量总指数。

【解】 $\bar{k}_q = \dfrac{\Sigma k_q p_0 q_0}{\Sigma p_0 q_0} = \dfrac{1.17 \times 9300 + 1.12 \times 210000 + 1.50 \times 55200}{274500}$

$= \dfrac{328850}{274500} = 1.198$ 或 119.8%

$\Sigma(k_q \cdot p_0 q_0) - \Sigma p_0 q_0 = 328850 - 274500 = 54350$ 元

计算结果表明，三种实物工程量报告期比基期总体上看增长 19.8%，从而使施工产值增加 54350 元。其结果与用数量指标综合指数公式计算的结果完全相同。

（二）加权调和平均指数的编制

加权调和平均指数是对个体指数采用加权调和平均的方法计算的总指数。一般情况下，编制质量指标综合指数时，如果掌握的资料不是 p_0、p_1、q_1，而是个体质量指数 k_p 和报告期的总量指标（一般为价值指标）$p_1 q_1$ 时，可以采用质量指标综合指数的变形公式加权调和平均指数公式计算。

设个体质量指标指数 $k_p = p_1/p_0$，则：$p_0 = p_1/k_p$

将 p_0 代入质量指标综合指数公式后，得

$$\text{加权调和平均指数 } \bar{k}_p = \frac{\Sigma p_1 q_1}{\Sigma p_0 q_1} = \frac{\Sigma p_1 q_1}{\Sigma \dfrac{p_1 q_1}{k_p}}$$

上式是以个体质量指标指数 $k_p = p_1/p_0$ 为变量值，以报告期价值指标 $p_1 q_1$ 为权数的加权调和平均指数。如果假定 k_p 为变量值 x，报告期价值量为 m，则上式就会变成 $\dfrac{\Sigma m}{\Sigma \dfrac{m}{x}}$ 这样的加权调和平均数的基本形式。正因为其实质仍为综合指数，形式是加权调和平均数，所以称之为加权调和平均指数。

我们仍用表 4-2 所示资料为例编制表 4-4 如下：

表 4-4

分项工程名称	计量单位	个体预算价格指数（%）$k_p = p_1/p_0$	报告期施工产值（元）p_1q_1
土方工程	m³	1.1935	12950
砌筑工程	m³	1.4012	329560
抹灰工程	m²	1.5652	129600
合 计	—	—	472110

【例 4-2】 假定某施工企业资料如表 4-4 所示，据此计算三种工程预算单价总指数。

【解】 $\overline{k}_p = \dfrac{\Sigma p_1 q_1}{\Sigma \dfrac{p_1 q_1}{k_p}} = \dfrac{12950 + 329560 + 129600}{\dfrac{12950}{1.1935} + \dfrac{329560}{1.4012} + \dfrac{129600}{1.5652}} = \dfrac{472110}{328850} = 143.6\%$

$\Sigma p_1 q_1 - \Sigma \dfrac{p_1 q_1}{k_p} = 472110 - 328850 = 143260$ 元

计算结果表明，三种工程的预算价格报告期比基期总体上看增长 43.6%，从而使施工产值增加 143260 元。其结果与用质量指标综合指数公式计算的结果完全相同。

第三节 平均指标指数

一、平均指标指数的概念和意义

将两个不同时期的同一总体、同一经济内容的平均指标对比所形成的指数称为平均指标指数。它可以反映平均指标的变动程度。如劳动生产率指数、平均工资指数、平均单位成本指数、人均利税指数等。

在统计分组的条件下，总体平均指标的变动，要受两个因素的影响，一是各组平均指标大小的影响；二是各组单位数占总体单位比重的大小。例如，某施工企业工人平均工资的多少，不仅受各组工人平均工资水平的影响，而且也受各组工人占全体工人总数比重的影响。要分析不同时期平均工资的变动是如何受两因素影响的，就要编制平均指标指数。

二、平均指标指数的种类及编制方法

平均指标指数有三种：可变构成指数、固定组成指数、结构影响指数。下面以某施工企业劳动生产率指数为例说明平均指标指数的编制。如表 4-5 所示。

某施工企业劳动生产率指数 表 4-5

工程处	工人人数				劳动生产率（万元/人）		总产值（万元）			劳动生产率指数
	基期 f_0（人）	$f_0/\Sigma f_0$（%）	报告期 f_1（人）	$f_1/\Sigma f_1$（%）	基期 x_0	报告期 x_1	基期 $x_0 f_0$	报告期 $x_1 f_1$	假定 $x_0 f_1$	x_1/x_0（%）
甲	150	30	370	53	5.4	6.8	810	2516	1998	125.93
乙	350	70	330	47	8.2	9.5	2870	3135	2706	115.85
合计	500	100	700	100	7.36	8.07	3680	5651	4704	109.65

（一）可变构成指数

可变构成指数是报告期总平均指标与基期总平均指标对比而形成的相对指标。用公式表示如下：

$$\bar{k}_{可变} = \frac{\bar{x}_1}{\bar{x}_0} = \frac{\Sigma x_1 \cdot \frac{f_1}{\Sigma f_1}}{\Sigma x_0 \cdot \frac{f_0}{\Sigma f_0}}$$

式中 $\bar{k}_{可变}$——可变构成指数；

$\bar{x}_1$——报告期总平均指标；

$\bar{x}_0$——基期总平均指标；

x_1——报告期各组平均指标；

x_0——基期各组平均指标；

f_1——报告期各组单位数；

f_0——基期各组单位数。

从上式看出，在计算可变构成指数过程中，是分别以各期单位数占总体单位数比重为权数，再对各组平均指标进行加权平均求得。所以两个时期总平均指标之比，不仅反映了各组平均指标的变动影响，而且也反映了各组单位数占总体单位数比重大小的变动影响。因此，我们把这种包括两种因素变动影响的总平均指标指数叫做可变构成指数。

【例 4-3】 根据表 4-5 提供的资料计算劳动生产率可变构成指数。

【解】 基期劳动生产率 $\bar{x}_0 = \frac{\Sigma x_0 f_0}{\Sigma f_0} = \frac{3680}{500} = 7.36$ 万元/人

报告期劳动生产率 $\bar{x}_1 = \frac{\Sigma x_1 f_1}{\Sigma f_1} = \frac{5651}{700} = 8.07$ 万元/人

劳动生产率可变构成指数 $\bar{k}_{可变} = \frac{\bar{x}_1}{\bar{x}_0} = \frac{8.07}{7.36} = 109.65\%$

$\bar{x}_1 - \bar{x}_0 = 8.07 - 7.36 = 0.71$ 万元

计算结果表明，该企业劳动生产率报告期比基期上升了 9.65%，平均每个人多完成总产值 0.71 万元。

本例中，两个工程处的工人劳动生产率都有所提高，甲工程处报告期比基期提高 25.93%，绝对数为 1.4 万元/人；乙工程处报告期比基期提高 15.85%，绝对数为 1.3 万元/人；而全部工人的劳动生产率仅提高 9.65%，绝对数为 0.71 万元/人。这主要是由于各工程处工人数的比重发生了变化，劳动生产率低的甲工程处工人比重从 30% 提高到 53%，而劳动生产率高的乙工程处工人比重则从 70% 降为 47%，因此劳动生产率提高幅度下降。现在我们要进一步分析的是，在两个总的平均指标的动态对比中，分别受组平均指标的影响和各组单位数占总体单位数比重的影响是多少。这就需要编制另外两个平均指标指数来解决这一问题了。

（二）固定结构指数

固定结构指数就是把总体的结构因素固定下来，只是单纯地测定各组平均指标水平的变化对总平均指标变动的影响方向和程度，这样计算的平均指标指数称为固定结构指数。

根据指数编制的原则，由于各组平均指标是一个质量指标，在测定其对总平均指标的

变动影响时,应将总体结构这个数量指标充当同度量因素固定在报告期。这样就形成了固定结构指数,用公式表示为

$$\overline{k}_{固定} = \frac{\overline{x}}{\overline{x}_n} = \frac{\Sigma x_1 \cdot \frac{f_1}{\Sigma f_1}}{\Sigma x_0 \cdot \frac{f_1}{\Sigma f_1}} = \frac{\frac{\Sigma x_1 f_1}{\Sigma f_1}}{\frac{\Sigma x_0 f_1}{\Sigma f_1}}$$

式中 $\overline{k}_{固定}$——固定结构指数;

$\overline{x}_n$——按基期组平均指标和报告期组单位数计算的假定总平均水平。

【例 4-4】 为了计算甲、乙两工程处劳动生产率变动对企业总劳动生产率变动的影响,现根据表 4-5 提供的资料计算劳动生产率固定结构指数。

【解】 $\overline{x}_n = \frac{\Sigma x_0 f_1}{\Sigma f_1} = \frac{4704}{700} = 6.72$ 万元/人

$\overline{k}_{固定} = \frac{\overline{x}_1}{\overline{x}_n} = \frac{8.07}{6.72} = 132.95\%$

$\overline{x}_1 - \overline{x}_n = 8.07 - 6.72 = 1.35$ 万元/人

计算结果表明,假定甲、乙两工程处报告期与基期工人数占企业工人数的构成相同的情况下,由于各工程处劳动生产率的提高使整个企业的劳动生产率提高 32.95%,从而使企业每个工人多完成总产值 1.35 万元。

(三) 结构影响指数

结构影响指数就是将各组平均指标这个因素固定下来,只是单纯测定总体结构变动对总平均指标变动的影响方向和程度。这样计算的平均指标指数,称为结构影响指数。

根据编制指数的原则,由于各组比重是一个数量指标,在测定其对总平均指数变动的影响时,应将各组平均指标作为同度量因素固定在基期。这样就形成结构影响指数的基本公式:

$$\overline{k}_{结构} = \frac{\overline{x}_n}{\overline{x}_0} = \frac{\Sigma x_0 \cdot \frac{f_1}{\Sigma f_1}}{\Sigma x_0 \cdot \frac{f_0}{\Sigma f_0}} = \frac{\frac{\Sigma x_0 f_1}{\Sigma f_1}}{\frac{\Sigma x_0 f_0}{\Sigma f_0}}$$

式中 $\overline{k}_{结构}$——结构影响指数。

为了计算各工程处工人结构变动对企业总劳动生产率的变动影响程度,就根据上述公式计算结构影响指数,由于各工程处工人结构是数量指标,就应把各工程处劳动生产率固定在基期,仍然根据表 4-5 提供的资料计算劳动生产率结构影响指数:

$\overline{k}_{结构} = \frac{\overline{x}_n}{\overline{x}_0} = \frac{6.72}{7.36} = 91.30\%$

$\overline{x}_n - \overline{x}_0 = 6.72 - 7.36 = -0.64$ 万元/人

计算结果表明,假定甲、乙两工程处报告期和基期劳动生产率相同的情况下,由于各工程处工人比重的变动,使企业劳动生产率下降了 9.70%,平均每个工人少完成总产值 0.64 万元。

通过以上的计算分析表明,可变构成指数、固定结构指数和结构影响指数都是总指数。它们都有独特的实际意义,同时它们之间保持着数量关系,即

可变构成指数＝固定结构指数×结构影响指数

第四节　指数体系和因素分析

一、指数体系的概念与作用

（一）指数体系的概念

三个或者三个以上的有联系的经济指数之间如能构成一定的数量对等关系，我们就把这种在经济上有联系、在数量上保持一定关系的三个或者三个以上的指数称为指数体系。其特点是，各因素指标指数的乘积等于对象指标指数；各因素影响的差额之和等于总变动的差额。研究两因素指数要用三个指数，研究多因素指数要用三个以上的指数所形成的指数体系。指数体系的形成是由现象间客观存在的关系所决定的。例如

施工产值＝实物工程量×预算单价

产品产值＝产品产量×产品单价

产品总成本＝产品产量×单位成本

原材料费用总额＝产品产量×单位产品原材料消耗量×原材料单价

上述这些现象在数量上存在的关系表现在动态上就形成了指数体系，即

施工产值指数＝实物工程量指数×预算单价指数

产品产值指数＝产品产量指数×单价指数

产品总成本指数＝产品产量指数×单位成本指数

原材料费用总额指数＝产品产量指数×单位产品原材料消耗量指数×单位原材料价格指数

根据研究现象的复杂程度，指数体系包括由个体指数组成的指数体系和由总指数构成的指数体系。例如，我们研究施工产值指数、预算单价指数和实物工程量指数组成的指数体系可表示为

个体指数体系　$\dfrac{p_1 q_1}{p_0 q_0} = \dfrac{q_1}{q_0} \times \dfrac{p_1}{p_0}$

总指数体系　$\dfrac{\Sigma p_1 q_1}{\Sigma p_0 q_0} = \dfrac{\Sigma p_0 q_1}{\Sigma p_0 q_0} \times \dfrac{\Sigma p_1 q_1}{\Sigma p_0 q_1}$

但是，我们应明确，指数体系的应用主要是总指数组成的指数体系，并且在指数体系中有两类指数，一类是反映各因素总变动的指数，常位于等式左边，称为对象指标指数；另一类是只反映某一个因素变动的指数，这类指数在指数体系中常有多个，都放在等式的右边，称为因素指标指数。

（二）指数体系的作用

1．利用指数体系进行因素分析。就是从绝对数和相对数两个方面分析受多种因素影响的复杂现象总体中，各个因素影响的程度。

在应用综合指数形式编制总指数时，确定同度量因素的所属时期，应考虑到其现实经济意义和指数体系的要求。例如，从现象的经济意义出发，在编制质量指标综合指数时，确立了以报告期的数量指标为同度量因素，在编制数量指标综合指数时，本也应以报告期的质量指标作为同度量因素，但在实际应用上，一般是采用基期的质量指标作为同度量因

素，这主要是考虑到必须借助指数体系来反映现象因素之间的客观联系，一个同度量因素固定在报告期上，另一个就必须固定在基期上，才能保持指数体系的严格关系，借以进行因素分析，同时，把质量指标固定在基期水平上，这意味着在原有质量指标的基础上来测定数量的综合变动，也比较恰当。

2．利用指数体系，可以进行指数之间的相互推算。由三个指数组成的指数体系中，只要已知其中的任意两个指数，就可以推算出第三个指数。

二、因素分析法的概念、种类

（一）因素分析法的概念

因素分析法就是利用指数体系，对现象的综合变动从数量上分析其受各因素影响的一种分析方法。

（二）因素分析法的种类

1．按分析对象的复杂程度不同，可分为简单现象的因素分析和复杂现象的因素分析。前者如土方工程量的变动中，对投入的劳动量变动和劳动生产率变动影响分析；后者如多种实物工程量的总变动中，对投入劳动量变动和劳动生产率变动影响分析。

2．按分析指标的表现形式不同，可分为总量指标变动影响分析和平均指标变动影响分析。前者如施工产值变动影响分析，后者如平均工资变动影响分析。

3．按影响因素的多少不同，可分为两因素分析和多因素分析。两因素分析是最常用、最基本的形式。

三、因素分析法的方法步骤

1．根据指标间数量对等关系，确定分析所采用的对象指标和因素指标，并写出其关系式。例如：

施工产值＝预算单价×实物工程量

产品总成本＝单位成本×产品产量

2．根据指标关系式建立分析变动所用的指数体系及相应的绝对增减量关系式。如果指标之间存在着一定的数量对等关系，那么表现在动态上，它们的指数也必然存在着这种数量对等关系。对现象指标总变动分析时，因素指数按综合指数选择同度量因素所属时期的原则编制，即数量指标指数的同度量因素固定在基期，质量指标指数的同度量因素固定在报告期。绝对量关系式是根据指数体系中对应的各指数的分子、分母之差建立的。如：

施工产值指数＝预算单价指数×实物工程量指数

产品总成本指数＝单位成本指数×产品产量指数

无论是简单现象分析，还是复杂现象分析，都可以用公式的形式表示，下面以施工产值两因素分析为例说明。

$$\frac{p_1q_1}{p_0q_0} = \frac{p_1q_1}{p_0q_1} \times \frac{p_0q_1}{p_0q_0} \quad \text{（简单现象条件下）}$$

$$p_1q_1 - p_0q_0 = (p_1q_1 - p_0q_1) + (p_0q_1 - p_0q_0)$$

$$\frac{\Sigma p_1q_1}{\Sigma p_0q_0} = \frac{\Sigma p_1q_1}{\Sigma p_0q_1} \times \frac{\Sigma p_0q_1}{\Sigma p_0q_0} \quad \text{（复杂现象条件下）}$$

$$\Sigma p_1q_1 - \Sigma p_0q_0 = (\Sigma p_1q_1 - \Sigma p_0q_1) + (\Sigma p_0q_1 - \Sigma p_0q_0)$$

3．应用实际资料，根据指数体系及绝对量关系式，依次分析每个因素变动对现象总变动影响的相对程度和绝对数量。

4. 根据计算结果下分析结论。说明每一个因素的变动对现象总变动影响的方向和程度是多少。

四、因素分析法的应用

根据因素分析法的种类可知，因素分析法的应用形式很多，下面讲述几种常用的形式。

（一）总量指标变动的两因素分析

我们把现象总体区分为简单现象总体和复杂现象总体，总量指标的两因素分析也分别按这两种不同性质的总体进行。

1. 简单现象总体总量指标变动的两因素分析

简单现象总体的总量指标只有等于两个因素指标乘积时，才可进行因素分析。

【例 4-5】 某建筑企业基期和报告期完成的砌筑工程有关资料如表 4-6 所示，试对其作相应分析。

某建筑企业基期和报告期完成的砌筑工程表　　　　表 4-6

指标名称	计量单位	符号	基期	报告期	指数（%）
施工产值	元	pq	212500	372000	175.06
预算单价	元/m³	p	85	124	145.88
砌筑工程量	m³	q	2500	3000	120.00

【解】 由于 施工产值 = 预算单价 × 实物工程量

则 施工产值指数 = 预算单价指数 × 实物工程量指数

用字母表示个体指数体系为

$$\frac{p_1 q_1}{p_0 q_0} = \frac{p_1 q_1}{p_0 q_1} \times \frac{p_0 q_1}{p_0 q_0} \quad \text{或} \quad \frac{p_1 q_1}{p_0 q_0} = \frac{p_1}{p_0} \times \frac{q_1}{q_0}$$

绝对增减量关系式为

$$p_1 q_1 - p_0 q_0 = (p_1 q_1 - p_0 q_1) + (p_0 q_1 - p_0 q_0)$$

将表 4-6 中资料代入上述指数体系及相应的绝对增减量关系式，有

$p_0 q_0 = 85 \times 2500 = 212500$ 元

$p_1 q_1 = 124 \times 3000 = 372000$ 元

$p_0 q_1 = 85 \times 3000 = 255000$ 元

则

$$\frac{372000}{212500} = \frac{372000}{255000} \times \frac{255000}{212500}$$

175.06% = 145.88% × 120%

372000 - 212500 = （372000 - 255000）+（255000 - 212500）

159500 元 = 117000 元 + 42500 元

以上分析表明：某建筑企业砌筑工程报告期比基期多实现施工产值 159500 元，增长 75.06%，是因为其预算单价提高 45.88%，使施工产值增加 117000 元和砌筑工程量多完成 20%，使施工产值增加 42500 元两个因素共同作用的结果。

2. 复杂现象总体总量指标变动的两因素分析

在复杂现象总体条件下，总量指标也是两个因素指标的乘积，进行总量指标变动的两因素分析时，只能利用综合指数组成的综合指数体系进行因素分析。

【例 4-6】 仍以表 4-2 资料为例分析施工产值总变动中各因素变动影响情况。

【解】 综合指数体系为

$$\frac{\Sigma p_1 q_1}{\Sigma p_0 q_0} = \frac{\Sigma p_1 q_1}{\Sigma p_0 q_1} \times \frac{\Sigma p_0 q_1}{\Sigma p_0 q_0}$$

绝对增减量关系为

$$\Sigma p_1 q_1 - \Sigma p_0 q_0 = (\Sigma p_1 q_1 - \Sigma p_0 q_1) + (\Sigma p_0 q_1 - \Sigma p_0 q_0)$$

施工产值指数 $\quad k_{pq} = \dfrac{\Sigma p_1 q_1}{\Sigma p_0 q_0} = \dfrac{472110}{274500} = 171.99\%$

预算单价综合指数 $\bar{k}_p = \dfrac{\Sigma p_1 q_1}{\Sigma p_0 q_1} = \dfrac{472110}{328850} = 143.56\%$

实物工程量综合指数 $\bar{k}_q = \dfrac{\Sigma p_0 q_1}{\Sigma p_0 q_0} = \dfrac{328850}{274500} = 119.8\%$

则有

$$171.99\% = 143.56\% \times 119.8\%$$

$$197610 \text{元} = 143260 \text{元} + 54350 \text{元}$$

以上计算分析表明，该建筑企业报告期比基期多实现施工产值 197610 元，增长 71.99%，是因为三项工程的预算单价提高了 43.56%，使施工产值增加了 143260 元和三项工程量多完成 19.8%，使施工产值增加 54350 元两个因素共同作用的结果。

（二）总量指标变动的多因素分析

当一个总量指标可以分解为三个或多个因素指标的乘积时，可以利用指数体系分析各因素变动对总量指标变动的影响，这种分析就是总量指标的多因素分析。这种分析从理论上讲，可以推广到三个甚至更多的因素分析。但是在实际中，并不要求得很精确，主要是应分清主次。因此一般以三四个因素的分析就可满足需要。

总量指标变动的多因素分析与总量指标变动的两因素分析的方法基本相同，为避免因素多造成分析上的困难，应注意以下几个问题：

第一，测定一个因素的变动时，应将其他因素全部固定。

第二，同度量因素所属时期与综合指数的编制方法相似。即数量指标指数的同度量因素固定在基期，质量指标的同度量因素固定在报告期。

第三，要注意各因素指标在确定为数量指标或质量指标时的相对性，即需要在两个相比的情况下判定其性质。例如，实物工程量、单位产品原材料消耗量、原材料单价三个指标中，单位产品原材料消耗量表明生产单位产品所消耗的某种原材料的数量。因此，相对实物工程量应是质量指标，而相对于原材料单价，则应是数量指标。

第四，注意多因素的排列顺序，一般是先数量指标，后质量指标。分析第一个数量因素时，其他因素全部固定在基期。从第二个因素的分析开始，凡是分析过了的因素都固定在报告期，而还未分析过的因素则全部固定在基期，这样直到最后一个质量指标，这时所有的其他因素都固定在报告期。这样做既从指数体系的要求出发，同时也使相邻两个因素指标的乘积具有独立的经济意义。如

材料消耗总额＝实物工程量×单位工程原材料消耗×原材料单价
实物工程量×单位工程量原材料消耗量＝完成的全部分项工程原材料消耗量
单位工程原材料消耗量×原材料单价＝单位工程原材料消耗额。

1. 简单现象总体总量指标变动的多因素分析

简单现象总体的总量指标只有等于多个因素指标乘积时，才可进行多因素分析。

【例4-7】 某建筑企业有如下资料，如表4-7所示，对其作多因素分析。

某建筑企业相关资料　　　　　　　　　　　　表4-7

指　标	符　号	1月份	12月份	指数（%）
工人人数（人）	a	500	550	110
月实际工作天数（天）	b	26	28	107.69
日劳动生产率（元/日）	c	320	378	118.125
施工产值（万元）	abc	416	582.12	139.93

【解】 总量指标与其因素指标的关系为

施工产值＝工人人数×月工作天数×日劳动生产率

总量指标指数与其因素指标指数关系为

施工产值指数＝工人人数指数×月实际工作天数指数×日劳动生产率指数

用符号表示个体指数体系为

$$\frac{a_1 b_1 c_1}{a_0 b_0 c_0} = \frac{a_1 b_0 c_0}{a_0 b_0 c_0} \cdot \frac{a_1 b_1 c_0}{a_1 b_0 c_0} \cdot \frac{a_1 b_1 c_1}{a_1 b_1 c_0}$$

绝对增减量关系为

$$a_1 b_1 c_1 - a_0 b_0 c_0 = (a_1 b_0 c_0 - a_0 b_0 c_0) + (a_1 b_1 c_0 - a_1 b_0 c_0) + (a_1 b_1 c_1 - a_1 b_1 c_0)$$

将表4-7的资料代入上式（单位：万元）得

$$\frac{582.12}{416} = \frac{550 \times 26 \times 320}{500 \times 26 \times 320} \times \frac{550 \times 28 \times 320}{550 \times 26 \times 320} \times \frac{550 \times 28 \times 378}{550 \times 28 \times 320}$$

$$\frac{582.12}{416} = \frac{457.6}{416} \times \frac{492.8}{457.6} \times \frac{582.12}{492.8}$$

$$139.93\% = 110\% \times 107.69\% \times 118.125\%$$

$$582.12 - 416 = (457.6 - 416) + (492.8 - 457.6) + (582.12 - 492.8)$$

$$116.12 \text{ 万元} = 41.6 \text{ 万元} + 35.2 \text{ 万元} + 89.32 \text{ 万元}$$

通过计算分析表明，该建筑企业12月份比1月份施工产值多完成116.12万元，增长39.93%，是因为工人人数提高10%，使施工产值增加41.6万元；月实际工作天数增长7.69%，使施工产值增加35.2万元和日劳动生产率提高18.125%，使施工产值增加89.32万元三个因素共同作用的结果。

2. 复杂现象总体总量指标变动的多因素分析

在复杂现象总体条件下，总量指标只有等于多个因素指标乘积时，才可进行多因素分析。

【例4-8】 某建筑企业基期和报告期混凝土工程主要材料耗用资料如表4-8所示，对其作相应分析。

某建筑企业基期和报告期混凝土工程主要材料耗用表 表 4-8

材料名称	计量单位	实物工程量（m³）		单位工程材料消耗量		材料单价（元）	
		基期	报告期	基期	报告期	基期	报告期
甲	乙	q_0	q_1	m_0	m_1	p_0	p_1
42.5R 水泥	t			0.3306	0.3280	254	260
中砂	t	2000	2200	0.7274	0.7280	21.88	24
碎石	t			1.2974	1.2976	30.41	31

【解】 总量指标与因素指标的关系为

材料消耗额＝实物工程量×单位工程材料消耗量×材料单价

总量指标指数与因素指标指数组成的指数体系为

材料消耗额指数＝实物工程量指数×单位工程材料消耗量指数×材料单价指数

用符号表示总指数体系为

$$\frac{\Sigma q_1 m_1 p_1}{\Sigma q_0 m_0 p_0} = \frac{\Sigma q_1 m_0 p_0}{\Sigma q_0 m_0 p_0} \cdot \frac{\Sigma q_1 m_1 p_0}{\Sigma q_1 m_0 p_0} \cdot \frac{\Sigma q_1 m_1 p_1}{\Sigma q_1 m_1 p_0}$$

绝对增减量关系为

$$\Sigma q_1 m_1 p_1 - \Sigma q_0 m_0 p_0 = (\Sigma q_1 m_0 p_0 - \Sigma q_0 m_0 p_0) + (\Sigma q_1 m_1 p_0 - \Sigma q_1 m_0 p_0) + (\Sigma q_1 m_1 p_1 - \Sigma q_1 m_1 p_0)$$

现根据表 4-8 的资料编制材料消耗总额表如表 4-9 所示。

材料消耗总额表 表 4-9

名　　称	材料消耗总额（元）			
	$q_1 m_1 p_1$	$q_0 m_0 p_0$	$q_1 m_0 p_0$	$q_1 m_1 p_0$
42.5R 水泥	187616	167944.8	184739.28	183286.4
中　砂	38438.4	31831.024	35014.126	35043.008
碎　石	88496.32	78907.868	86798.66	86812.035
合　计	314550.72	278683.69	306552.07	305141.44

将表 4-9 的计算结果代入指数体系和绝对量增减关系式得

$$\frac{314550.72}{278683.69} = \frac{306552.07}{278683.69} \times \frac{305141.44}{306552.07} \times \frac{314550.72}{305141.44}$$

$$112.87\% = 110\% \times 99.54\% \times 103.08\%$$

$$314550.72 - 278683.69 = (306552.07 - 278683.69) + (305141.44 - 306552.07) + (314550.72 - 305141.44) \text{（单位：元）}$$

$$35867.03 \text{元} = 27868.38 \text{元} + (-1410.63 \text{元}) + 9409.28 \text{元}$$

以上分析表明，该建筑企业混凝土工程耗用三种材料的总额报告期比基期多 35867.03 元，增长 12.87%，是因为实物工程量提高 10%，使三种材料的总消耗额增加 27868.38 元；单位工程消耗材料量降低 0.46%，使三种材料的总消耗额减少 1410.63 元；以及材料单价增长 3.08%，使三种材料的总消耗额增加 9409.28 元，三个因素共同作用的结果。

(三) 平均指标变动的两因素分析

如果一个总量指标可以分解为两个因素指标的乘积，就可使用指数体系对此进行两因素分析，对于平均指标我们也可以同样的方法分析其变动情况，这是因为平均指标也可以分解为两个影响因素，一个是总体内部各部分（组）的平均水平，另一个是各部分的单位数占总体单位数的比重。总平均指标的变动是这两个因素综合变动的结果。平均指标变动的因素分析，就是利用指数体系，从数量上分析总体各部分的平均水平与总体各部分单位数占总体单位数的比重这两个因素变动对总体平均指标变动的影响。

在总体分组的条件下，总体平均指标用如下加权算术平均公式计算：

$$\bar{x} = \frac{\Sigma xf}{\Sigma f} = \Sigma x \cdot \frac{f}{\Sigma f}$$

上述公式表明了总体平均指标与其两个影响因素之间的关系。因此可以列出平均指标变动分析的指数体系为

$$\bar{k}_{可变} = \bar{k}_{固定} \cdot \bar{k}_{结构}$$

$$\frac{\frac{\Sigma x_1 f_1}{\Sigma f_1}}{\frac{\Sigma x_0 f_0}{\Sigma f_0}} = \frac{\frac{\Sigma x_1 f_1}{\Sigma f_1}}{\frac{\Sigma x_0 f_1}{\Sigma f_1}} \cdot \frac{\frac{\Sigma x_0 f_1}{\Sigma f_1}}{\frac{\Sigma x_0 f_0}{\Sigma f_0}} \quad \text{或} \quad \frac{\bar{x}}{\bar{x}_0} = \frac{\bar{x}_1}{\bar{x}_n} \cdot \frac{\bar{x}_n}{\bar{x}_0}$$

绝对增减量变动关系为

$$\bar{x}_1 - \bar{x}_0 = (\bar{x}_1 - \bar{x}_n) + (\bar{x}_n - \bar{x}_0)$$

如果把表 4-5 的资料代入上式，得

$$\frac{8.07}{7.36} = \frac{8.07}{6.72} \times \frac{6.72}{7.36}$$

$$109.65\% = 132.95\% \times 91.30\%$$

$$8.07 - 7.36 = (8.07 - 6.72) + (6.72 - 7.36)$$

$$0.71\,万元 = 1.35\,万元 + (-0.64)\,万元$$

通过分析说明，该施工企业劳动生产率报告期比基期上升了 9.65%，平均每人多完成总产值 0.71 万元，这是因为各工程处劳动生产率的提高使企业劳动生产率提高 32.95%，从而使企业每个人多完成总产值 1.35 万元，各工程处人数比重的变动，使企业劳动生产率下降了 9.70%，使平均每个人少完成总产值 0.64 万元，两个因素共同作用的结果。

【例 4-9】 某企业工人平均工资变动及分组资料及有关计算如表 4-10 所示，试对其作相应分析。

某企业工人平均工资变动、分组资料及有关计算　　　　　　　　　表 4-10

工人类别	工人数（人）		平均工资（元）		工资总额（元）		
	基期 f_0	报告期 f_1	基期 x_0	报告期 x_1	基期 $x_0 f_0$	报告期 $x_1 f_1$	假定 $x_0 f_1$
熟练工人	300	400	1000	1200	300000	480000	40000
非熟练工人	200	600	600	800	120000	480000	360000
合　计	500	1000	840	960	420000	960000	760000

【解】 根据上表资料，计算如下：

报告期企业平均工资 $\bar{x}_1 = \dfrac{\Sigma x_1 f_1}{\Sigma f_1} = \dfrac{960000}{1000} = 960$ 元

基期企业平均工资 $\bar{x}_0 = \dfrac{\Sigma x_0 f_0}{\Sigma f_0} = \dfrac{420000}{500} = 840$ 元

假定企业平均工资 $\bar{x}_n = \dfrac{\Sigma x_0 f_1}{\Sigma f_1} = \dfrac{760000}{1000} = 760$ 元

将计算结果代入平均指标指数体系，则

$$\frac{\bar{x}_1}{\bar{x}_0} = \frac{\bar{x}_1}{\bar{x}_n} \cdot \frac{\bar{x}_n}{\bar{x}_0}$$

$$\frac{960}{840} = \frac{960}{760} \times \frac{760}{840}$$

$$114.29\% = 126.32\% \times 90.48\%$$

再将计算结果代入绝对增减量关系式，则

$$\bar{x}_1 - \bar{x}_0 = (\bar{x}_1 - \bar{x}_n) + (\bar{x}_n - \bar{x}_0)$$

$$960 - 840 = (960 - 760) + (760 - 840)$$

$$120 \text{元} = 200 \text{元} + (-80) \text{元}$$

通过以上分析表明，该企业报告期比基期总平均工资上升 14.29%，平均每人增加 120 元，是由于各组工人工资水平上升使总平均工资提高 26.32%，从而使每个工人增加工资 200 元，各类工人数比重变动引起总平均工资下降 9.52%，从而使平均每个人减少工资 80 元，共同作用的结果。

练 习 题

一、填空题

1. 统计指数的概念是从＿＿＿＿＿变动开始的。它包括三种含义，即＿＿＿＿＿的统计指数、＿＿＿＿＿的统计指数和＿＿＿＿＿的统计指数。

2. 广义的统计指数是指凡是以＿＿＿＿＿形式出现的统计指标都叫做统计指数。一切动态相对数都是统计指数，它属于＿＿＿＿＿的统计指数；用来反映那些不能直接加总的复杂社会经济现象总体数量变动的相对数称之为＿＿＿＿＿的统计指数。统计中所讲的指数是指＿＿＿＿＿。

3. 统计指数按其反映的对象范围大小不同，可分为＿＿＿＿＿、＿＿＿＿＿和三种。

4. 统计指数按其表明的指标性质不同，可分为＿＿＿＿＿和＿＿＿＿＿。

5. 统计指数按其采用的基期不同，可分为＿＿＿＿＿和＿＿＿＿＿。

6. 总指数的编制形式有两种：一是＿＿＿＿＿，二是＿＿＿＿＿。其中＿＿＿＿＿是总指数的基本形式。

7. 凡是一个总量指标可以分解为两个或两个以上的因素指标时，将其中一个或一个以上的＿＿＿＿＿，仅观察其中一个因素指标的＿＿＿＿＿，这样的总指数称为＿＿＿＿＿。

8. 在计算实物工程量综合指数时，指数化指标是＿＿＿＿＿，同度量因素是＿＿＿＿＿；计算预算价格综合指数时，指数化指标是＿＿＿＿＿，同度量因素是＿＿＿＿＿。

9. 编制数量指标综合指数的一般原则是以＿＿＿＿＿作为同度量因素；编制质量指标综

合指数的一般原则是以_____作为同度量因素。

10. 平均指数是以_____为基础，采用加权平均形式编制的总指数。按其计算形式不同分为_____和_____两种。

11. 平均指标指数是将两个不同_____的同一_____、同一_____的平均指标对比所形成的指数。它可以反映_____的变动情况。

12. 平均指标指数要受两个因素影响：一是_____；二是_____。

13. 统计上将在经济上有联系、在数量上保持一定关系的三个或者三个以上的指数称为_____。

14. 在指数体系中，对象指数等于各因素指数的_____，其相应的对象指数相对应的绝对增减量等于各因素指数相应的绝对增减量的_____。

15. 某施工企业基期产值为5000万元，报告期比基期增长1000万元，预算价格指数为110%，报告期完成的工程量比基期增长_____。

16. 某构件厂，报告期产量比基期增长20%，单位产品成本降低5%，则总成本_____。

17. 劳动生产率的可变构成指数是115%，结构影响指数为90%，则由于各组水平变动影响使劳动生产率提高了_____。

18. 因素分析法是利用_____对现象的综合变动从数量上分析其受各因素影响的一种分析方法。

19. 因素分析法按分析现象的复杂程度，可分为____的因素分析和____的因素分析。

二、单项选择题

1. 狭义的指数是指（　　）。
   A. 定基指数　　　　B. 个体指数　　　　C. 总指数　　　　D. 综合指数

2. 编制统计总指数的主要目的是（　　）。
   A. 建立指数体系
   B. 进行因素分析
   C. 综合反映复杂社会经济现象总体数量变动的程度
   D. 编制指数数列

3. 总指数的两个基本形式是（　　）。
   A. 数量指标指数和质量指标指数　　　B. 综合指数和平均指数
   C. 定基指数和环比指数　　　　　　　D. 加权算术平均指数和加权调和平均指数

4. 用来说明简单现象数量变动情况的相对数称为（　　）。
   A. 总指数　　　　B. 个体指数　　　　C. 综合指数　　　　D. 类指数

5. 下列哪个是质量指标指数（　　）。
   A. 实物工程量指数　　　　　　B. 单位产品成本指数
   C. 劳动生产率指数　　　　　　D. 施工产值指数

6. 已知基期施工产值和各种实物工程量个体指数资料要计算实物工程量总指数应采用（　　）形式计算。
   A. 数量指标综合指数　　　　　B. 质量指标综合指数
   C. 加权算术平均指数　　　　　D. 加权调和平均指数

7. 已知各种分项工程预算单价指数和报告期施工产值资料，要计算预算价格总指数应采用（　　）形式计算。
   A. 数量指标综合指数　　　　　　　　B. 质量指标综合指数
   C. 加权算术平均指数　　　　　　　　D. 加权调和平均指数

8. 在由三个指数组成的指数体系中，两个因素指数的同度量因素通常（　　）。
   A. 都固定在基期　　　　　　　　　　B. 都固定在报告期
   C. 一个固定在基期，另一个固定在报告期　　D. 两个都采用某一固定时期

9. 平均指标指数是两个（　　）对比形成的指数。
   A. 平均数指数　　　　　　　　　　　B. 平均指标
   C. 总量指标　　　　　　　　　　　　D. 序时平均指标

10. 平均指标指数中的平均指标通常是（　　）。
    A. 简单算术平均数　　　　　　　　　B. 加权算术平均数
    C. 调和平均数　　　　　　　　　　　D. 几何平均数

11. 某企业的职工工资水平比上年提高了3%，职工人数提高了10%，则该企业职工工资总额增长（　　）。
    A.113.3%　　　　B.30%　　　　C.13%　　　　D.6.5%

12. 某构件厂报告期产量增长5%，单位产品成本增长2%，则生产费用总额增长（　　）。
    A.7%　　　　B.10%　　　　C.7.1%　　　　D.5%

13. 某企业材料消耗额指数增长8%，实物工程量增长了15%，材料预算单价上升2%，则单位实物工程量材料消耗量下降（　　）。
    A.9%　　　　B.7.93%　　　　C.22%　　　　D.17%

14. 某企业施工产值增加，实物工程量不变，则工程预算单价（　　）。
    A. 降低　　　　B. 上升　　　　C. 不变　　　　D. 无法确定

15. 加权算术平均指数，要成为综合指数的变形，其权数为（　　）。
    A. $p_1 q_1$　　　　B. $p_0 q_0$　　　　C. $p_1 q_0$　　　　D. $p_0 q_1$

三、简答题

1. 统计指数的作用是什么？
2. 平均指数与综合指数的关系是怎样的？
3. 编制综合指数时，确定同度量因素及固定其所属时期的一般原则是什么？
4. 什么是指数体系？它的作用如何？
5. 试述因素分析法的方法步骤？

四、应用题

1. 某企业三种分项工程资料如下表所示。

分项工程名称	计量单位	实物工程量		预算单价（元）	
		基期	报告期	基期	报告期
甲	m³	1000	1200	84	120
乙	m²	2000	2500	6.8	7.2
丙	m³	1200	1500	3.6	3.8

试计算：

（1）三种分项工程的施工产值总指数，并计算施工产值增减变动绝对额；

（2）三种分项工程的实物工程量总指数，并计算因实物工程量的变动对施工产值影响的绝对额；

（3）三种分项工程的预算价格总指数，并计算因预算价格的变动对施工产值影响的绝对额。

2．某施工企业施工产值和个体工程量指数资料如下表所示。

分项工程名称	施工产值（万元）		个体工程量指数（％）
	基 期	报告期	
甲	180	200	108
乙	300	310	90
丙	500	580	110

试计算：

三种分项工程施工产值总指数和实物工程量总指数，并分析由于实物工程量的变动对施工产值影响的绝对额。

3．某建筑企业附属构件厂三种产品及个体价格指数资料如下表所示。

产品名称	工业总产值（万元）		个体价格增长（％）
	基 期	报告期	
A	300	350	3
B	400	400	－5
C	500	800	0

计算三种产品的工业总产值总指数和价格总指数，并分析计算由于价格变动对工业总产值影响的绝对额。

4．某建筑企业有资料如下表。

工人类别	工人人数（人）		月工资总额（元）	
	基 期	报告期	基 期	报告期
熟练工人	500	600	475000	660000
非熟练工人	300	800	135000	440000

根据上述资料计算：

（1）工人总平均工资可变构成指数；

（2）工人总平均工资固定结构指数；

（3）工人总平均工资结构影响指数；

（4）建立指数体系，从相对数和绝对增减量两方面分析各因素变动对总平均工资的影响。

5．某建筑企业附属构件厂产值及成本资料如下表所示。

产品名称	总成本（万元）		个体成本指数（％）
	基 期	报告期	
甲	1000	1200	98
乙	1300	1450	95
丙	1500	1600	92

试编制三种产品总成本指数,并从相对数和绝对增减量两方面分析单位成本和产量两个因素对总成本变动的影响。

6. 某施工企业下属四个工程处的资料如下表所示。

工程处名称	施工产值（万元）		工人数（人）	
	基期	报告期	基期	报告期
一	200	240	80	90
二	320	350	114	120
三	400	460	130	145
四	480	520	150	150

试计算该企业劳动生产率指数,并对其变动情况进行因素分析。

7. 某施工企业两种分项工程完成情况及对水泥的单耗资料如下表所示。

分项工程名称	计量单位	实物工程量		水泥单耗（t）	
		基期	报告期	基期	报告期
甲	m³	3000	3400	0.3306	0.3280
乙	m³	5000	8000	0.1420	0.1530

计算这两种分项工程水泥消耗总指数,并对其变动情况进行因素分析。

8. 某施工企业基期和报告期砌筑工程耗用红砖的资料如下表所示。

	基期	报告期	动态（%）
红砖消耗总额（元）	103600	153600	
砌筑工程量（m³）	2000	2500	
红砖单耗（块/m³）	518	512	
红砖单价（元/块）	0.10	0.12	

根据上表资料计算：

(1) 红砖消耗额指数、砌筑工程量指数、红砖单耗指数及红砖价格指数,并填入上表；

(2) 对红砖消耗总额的变动情况进行因素分析。

第五章 建筑业统计概论

内容提要：本章主要介绍建筑业统计的概念、建筑业统计的对象、建筑业统计的任务、建筑业统计的特点与建筑企业的概念、建筑企业的分类、建筑业企业资质管理及有关内容，为学习建筑业统计内容奠定基础。

第一节 建筑业统计的对象和特点

一、建筑业统计的概念

建筑业是国民经济中从事建筑安装工程的勘察设计、建筑施工、设备安装和建筑工程维修更新等建筑生产活动的重要物质生产部门。它由三个部分所组成：

（一）土木工程建筑业

包括从事铁路、公路、隧道、桥梁、堤坝、电站、码头、飞机场、厂房、剧院、旅馆、商店、学校和住宅的建筑业以及专门从事土木建筑物修缮的专业公司等行业；

（二）线路、管道和安装业

包括专门从事电力、通讯线路、石油、天然气、煤气、自来水、暖气、热水、污水等管道系统的建设和设备安装业；

（三）勘察设计业

包括中央和地方各业务主管部门设立的独立的勘察设计单位，如冶金、机械、水利、城建、铁路、交通等部门所属的设计院、分院、勘察公司等。

建筑业统计是从事建筑生产活动的物质生产部门对建筑经济现象的数量方面的资料进行收集、整理和分析的过程。

二、建筑业统计的对象

建筑业统计是社会经济统计学的重要分科之一，它是在社会经济统计基本理论的指导下，对建筑经济现象的数量方面的资料进行收集、整理和分析，以反映建筑产品的生产、经营和效果以及建设规模、水平、速度、比例、构成等。通过这个对象的研究，进而认识建筑业发展变化的规律性。建筑业统计的对象包括：

（一）建筑产品

包括三大类：一是各种用途的房屋构筑物；二是各类机械设备的安装；三是原有建筑物的修理和纳入建筑企业施工活动的非标准设备的制造。

（二）建筑产品的生产和经营的全部经济活动

建筑业统计不仅要反映建筑产品的生产状况，而且要研究建筑施工的经营管理情况，从而加快施工速度，保证工程质量，挖掘节约建设资金的潜力，努力降低工程成本。为此，建筑业统计必须及时掌握建筑施工的人力、物力、财力的配备，以及建筑产品的生产、供应、销售的经营成果，正确反映建筑产品生产经营的全部经济活动。

（三）建筑业的经济效益

主要分析研究建筑企业计划执行的情况，对生产经营活动的经济效益作出综合评价；分析研究生产经营活动过程中影响经济效益的薄弱环节和建筑企业经济效益的发展变化趋势。

三、建筑业统计的任务

建筑业统计的根本任务是围绕建筑企业发展情况进行统计调查、统计分析，提供统计资料，实行统计监督。其具体任务是：

（一）为上级管理部门制定政策和检查政策执行情况提供可靠依据

国家的各项经济政策都是根据我国的具体国情制定出来的，各部门、各单位必须坚决贯彻执行。建筑业统计必须如实地反映政策的执行情况，及时、准确、全面地提供有关统计资料，为各级管理部门制定政策提供科学的依据。

（二）为建筑企业编制计划和检查计划执行情况提供依据

建筑企业生产、经营活动都是有计划进行的，而编制切实可行的计划和检查一定时期计划的执行情况，都离不开准确、全面的统计资料。因此建筑业统计要为编制计划提供必要的统计数据，并对计划执行情况进行检查，考核各项指标的完成程度，及时发现问题，提出建议，促进计划任务的全面完成。

（三）为建筑企业科学管理提供依据

现代企业都在实行科学管理，而科学管理必须以准确、完整的统计资料为依据。建筑业统计就是要及时了解、掌握建筑企业内外部的统计信息，准确、无误、全面地为建筑企业科学管理提供有力的统计依据。

（四）进行统计分析和统计预测

建筑企业要经常系统地积累统计资料，开展综合分析或专题分析，总结企业经营活动的经验，研究企业经济活动的具体规律，并开展统计预测工作。

四、建筑业统计的特点

建筑业统计是研究发生在建设领域内的一切经济现象，是对建筑业经济现象的数量方面进行的一种调查研究活动，也是对社会经济现象的一种认识活动，它除了具有一般统计的数量性、总体性、变异性、广泛性特点以外，还有其自己独有的特点。

1. 建筑业统计具有针对性

建筑业统计是用各种建筑业统计指标表明建筑业的发展规模、发展水平以及各种经济现象之间的数量关系，它可以针对某一施工阶段进行专项统计，也可以针对某一施工单位进行综合统计。

2. 建筑业统计具有复杂性

由于建筑产品具有多样性与复杂性、生产周期较长与不可逆性及不可移动性等特点，致使建筑业统计也具有范围广、内容多、周期长等特点，也就是说建筑业统计具有复杂的特征。

第二节　建筑业统计的调查单位和范围

一、建筑企业的概念

建筑企业从其外延上讲，是建筑生产任务的主要承担者，是国民经济物质生产部门之

——建筑业的细胞，是为社会提供建筑产品或建筑劳务的经济组织，是建筑企业统计的基本调查单位。而从其内涵上讲建筑企业是指从事建筑商品生产或提供建筑劳务的企业。具体讲，建筑企业是从事铁路、公路、隧道、桥梁、堤坝、电站、码头、机场、厂房、剧院、旅馆、商店、学校和住宅等土木工程建筑活动，从事电力、通讯线路、石油、天然气、煤气、自来水、暖气、热水、污水等管道系统的建设和各类机械设备、装置的安装活动，从事建筑物内外装修和装饰的设计、施工和安装活动的企业。

二、建筑企业的分类

建筑业的生产任务是由各种类型的建筑企业共同完成的。根据企业的经营范围、承包方式、生产能力、专业类别等不同，可以有不同的分类。

（一）按承包工程能力的不同分类

1. 工程总承包企业

指能为建设单位提供工程勘察设计、工程施工管理、工程材料设备采购、工程技术开发与应用、工程建设咨询监理等全过程服务的智力密集型企业。工程总承包企业可以对工程建设项目进行设计、施工一体化总承包或施工总承包，也可以将承包的部分工程分包给其他具备资质条件的企业。

2. 施工承包企业

指从事工程建设项目施工承包与施工管理的企业。施工承包企业可为业主直接对工程建设项目进行施工承包，也可为工程总承包企业提供工程分包，还可以将所承包施工项目中的部分工程分包给其他具备资质条件的企业。这类企业数量大、门类多，是建筑业中的骨干企业。根据目前我国现有施工技术和机械装备水平，这类企业属于劳动密集型企业。

3. 专项承包企业

指从事工程施工专项分包活动的劳务性企业。专项承包企业只能为总承包企业或施工承包企业提供专业工种施工的劳务，一般不能单独承包工程。这类企业规模小、数量多，属于劳动密集型企业。

（二）按生产能力不同分类

可划分为大型、中型和小型建筑企业，如表5-1所示。

按生产能力企业分类　　　　　　　表5-1

类型	指标（万元）	大型	中型	小型
土木工程建筑企业	建筑业总产值	5500及以上	1900及以上～5500以下	1900以下
	生产用固定资产原值	1900及以上	1100以上～1900以下	1100以下
线路、管道和设备安装企业	建筑业总产值	4000及以上	1500及以上～4000以下	1500以下
	生产用固定资产原值	1500及以上	800及以上～1500以下	800以下

（三）按经济类型不同分类

可以划为国有、集体、私有、股份制、外商投资、港澳台投资、其他等企业。

（四）按专业类别不同分类

1. 综合性企业

指主要从事房屋建筑或专业土木建筑，同时兼搞其他专业工程施工的企业或单位。

2. 专业土木建筑

指专门从事铁路、公路、桥梁、港口、航道、水利、市政、上下水及道路等施工的企业单位。

3．房屋建筑

指专门从事房屋建筑施工的企业或单位。

4．机械设备安装

指专门从事机械设备安装工程施工的企业或单位。

5．矿山建设

指专门从事矿山剥离和掘进工程施工的企业或单位。

6．机械化施工

指专门从事或承包机械施工的企业或单位。

7．其他

指不属于上述专业类别的施工企业或单位。

（五）按企业资质划分

2001年7月1日正式施行的《建筑业企业资质等级标准》中，将房屋建筑工程施工总承包企业资质划分为特级、一级、二级、三级；各专业承包企业资质等级标准，如地基与基础工程、土方工程、钢结构工程、高耸构筑物工程、建筑装饰装修工程、建筑幕墙工程等专业承包企业资质等级标准均划分为一级、二级、三级；预拌商品混凝土专业、混凝土预制构件专业企业资质等级标准划分为二级、三级。

三、建筑企业统计范围

建筑企业统计的范围非常广泛，它是对整个建设过程经济现象的反映。建筑业统计从微观上讲，是对一个工程项目的全过程进行的统计，包括建设前期工作、建筑施工、竣工验收三大部分的经济活动。建设前期阶段工作主要内容是勘察设计工作。建筑施工、竣工验收阶段工作是指建筑安装工程的施工生产和交工验收活动；从宏观上讲，它是对一个企业或者一个部门、一个地区等的建筑经济活动的综合反映。不论何种统计，都要包括以下内容。

1．建筑产品统计

包括建筑产品产量、产值和质量的统计。建筑产品产量的统计又分为实物量统计、房屋建筑面积统计和施工进度、工程形象部位统计；建筑产品产值统计包括总产值、竣工产值、净产值、增加值的统计。

2．劳动工资统计

包括劳动力的数量、构成和劳动时间的利用情况，以及劳动生产率、劳动报酬和劳动安全的统计。

3．建筑机械设备的统计

包括机械设备数量、能力、完好情况、利用程度、设备修理等方面的统计。

4．建筑材料统计

包括原材料、燃料的收入、消耗和储备统计。

5．财务成本统计

包括固定资金、流动资金、工程成本和利润统计。

6．附属辅助生产统计

包括工业产品产量、产值、产品质量、生产能力统计以及有关汽车运输方面的统计。
7. 经济效益统计
包括对有关经济效益指标的考核、评价和分析等。

第三节　建筑业企业资质管理及有关内容

一、建筑业企业资质管理的概念

企业资质是指企业的建设业绩、人员素质、管理水平、资金数量和技术装备等。建筑业企业资质管理是指建设行政主管部门对从事建筑活动的建筑施工企业、勘察单位、设计单位和工程监理单位的人员素质、管理水平、资金数量、业务能力等事先进行审查，确定其承担任务的范围，核准其资质等级、颁发相应的资质证书以及对其进行后续监督、调控的一系列活动。

二、建筑业企业资质分类分级

建筑业企业资质分为施工总承包、专业承包和劳务分包三个序列。

获得施工总承包资质的企业，可以对工程实行施工总承包或者对主体工程实行施工承包。承担实施总承包的企业可以对所承接的工程全部自行施工，也可以将非主体工程或者劳务作业分包给具有相应专业承包资质或者劳务分包资质的其他建筑业企业。

获得专业承包资质的企业，可以承接施工总承包企业分包的专业工程或者建设单位按照规定发包的专业工程。专业承包企业可以对其承接的工程全部自行施工，也可以将劳务作业分包给具有相应劳务分包资质的劳务分包企业。

获得劳务分包资质的企业，可以承接施工总承包企业或者专业承包企业分包的劳务作业。

施工总承包资质、专业承包资质、劳务分包资质序列按照工程性质和技术特点分别划分为若干资质类别。

各资质类别按照规定的条件划分为若干资质类别。

建筑业企业资质等级标准由国务院建设行政主管部门会同国务院有关部门制定。

三、建筑企业资质等级标准及承包工程范围

根据《建筑业企业资质管理规定》（建设部令第 87 号），建设部会同有关部门制定了《建筑业企业资质等级标准》。建筑施工总承包企业资质等级标准如下：

（一）房屋建筑工程施工总承包企业资质等级标准

房屋建筑工程施工总承包企业资质分为特级、一级、二级、三级。

1. 特级资质标准

（1）企业注册资本金 3 亿元以上；

（2）企业净资产 3.6 亿元以上；

（3）企业近 3 年年平均工程结算收入 15 亿以上；

（4）企业其他条件均达到一级资质标准。

2. 一级资质标准

（1）企业近 5 年承担过下列 6 项中的 4 项以上工程的施工总承包或主体工程承包，工程质量合格。

1）25层以上的房屋建筑工程；

2）高度100m以上的构筑物或建筑物；

3）单体建筑面积3万m^2以上的房屋建筑工程；

4）单跨跨度30m以上的房屋建筑工程；

5）建筑面积10万m^2以上的住宅小区或建筑群体；

6）单项建安合同额1亿元以上的房屋建筑工程。

（2）企业经理具有10年以上从事工程管理工作经历或具有高级职称；总工程师具有10年以上从事建筑施工技术管理工作经历并具有本专业高级职称；总会计师具有高级会计职称；总经济师具有高级职称。

企业有职称的工程技术和经济管理人员不少于300人，其中工程技术人员不少于200人；工程技术人员中，具有高级职称的人员不少于10人，具有中级职称的人员不少于60人。

企业具有的一级资质项目经理不少于12人。

（3）企业注册资本金5000万元以上，企业净资产6000万元以上。

（4）企业近3年最高年工程结算收入2亿元以上。

（5）企业具有与承包工程范围相适应的施工机械和质量检测设备。

3．二级资质标准

（1）企业近5年来承担过下列6项中的4项以上工程的施工总承包或主体工程承包，工程质量合格。

1）12层以上的房屋建筑工程；

2）高度50m以上的构筑物或建筑物；

3）单体建筑面积1万m^2以上的房屋建筑工程；

4）单跨跨度21m以上的房屋建筑工程；

5）建筑面积5万m^2以上的住宅小区或建筑群体；

6）单项建安合同额3000万元以上的房屋建筑工程。

（2）企业经理具有8年以上从事工程管理工作经历或具有中级以上职称；技术负责人具有8年以上从事建筑施工技术管理工作经历并具有专业高级职称；财务负责人具有中级以上会计职称。

企业有职称的工程技术和经济管理人员不少于150人，其中工程技术人员不少于100人；工程技术人员中，具有高级职称的人员不少于2人，具有中级职称的人员不少于20人。

企业具有二级资质以上项目经理不少于12人。

（3）企业注册资本金2000万元以上，企业净资金2500万元以上。

（4）企业近3年最高年工程结算收入8000万元以上。

（5）企业具有与承包工程范围相适应的施工机械和质量检测设备。

4．三级资质标准

（1）企业近5年来承担过下列5项中的3项以上工程的施工总承包或主体工程，工程质量合格。

1）6层以上的房屋建筑工程；

2）高度 25m 以上的构筑物或建筑物；

3）单体面积 5000m² 以上的房屋建筑工程；

4）单体跨度 15m 以上的房屋建筑工程；

5）单项建安合同额 500 万元以上的房屋建筑工程。

（2）企业经理具有 5 年以上从事工程管理工作经历；技术负责人具有 5 年以上从事建筑施工技术管理工作经历并具有本专业中级以上职称；财务负责人具有初级以上会计职称。

企业具有职称的工程技术和经济管理人员不少于 50 人，其中工程技术人员不少于 30 人，工程技术人员中，具有中级以上职称的人员不少于 10 人。

企业具有的三级资质以上项目经理不少于 10 人。

（3）企业注册资本金 600 万元以上，企业净资产 700 万元以上。

（4）企业近 3 年最高年工程结算收入 2400 万元以上。

（5）企业具有与承包工程范围相适应的施工机械和质量检测设备。

（二）承包工程范围

1．特级企业

可承担各类房屋建筑工程的施工。

2．一级企业

可承担单项建安合同额不超过企业注册资本金 5 倍的下列房屋建筑工程的施工。

（1）40 层以下，各类跨度的房屋建筑工程；

（2）高度 240m 及以下的构筑物；

（3）建筑面积 20 万 m² 及以下的住宅小区或建筑群体。

3．二级企业

可承担单项建安合同额不超过企业注册资本金 5 倍的下列房屋建筑工程的施工。

（1）28 层以下，单跨度 36m 及以下的房屋建筑工程；

（2）高度 120m 及以下的构筑物；

（3）建筑面积 12 万 m² 及以下的住宅小区或建筑群体。

4．三级企业

可承担单项建安合同额不超过企业注册资本金 5 倍的下列房屋建筑工程的施工。

（1）14 层以下，单跨跨度 24m 及以下的房屋建筑工程；

（2）高度 70m 及以下的构筑物；

（3）建筑面积 6 万 m² 及以下的住宅小区或建筑群体。

注：房屋建筑工程是指工业、民用与公共建筑（建筑物、构筑物）工程。工程内容包括地基与基础工程、土石方工程、结构工程、屋面工程、内外部的装修装饰工程、上下水、供暖、电器、卫生洁具、通风、照明、消防、防雷等安装工程。

四、建筑企业资质的申请和审批

新设立的建筑业企业，到工商行政管理部门办理登记注册手续并取得企业法人营业执照后，方可到建设行政主管部门办理资质申请手续。

新设立的建筑业企业申请资质，应当向建设行政主管部门提供下列资料：

1．建筑业企业资质申请表；

2. 企业法人营业执照；

3. 企业章程；

4. 企业法人代表和企业技术、财务、经营负责人的任职文件、职称证件、身份证；

5. 企业项目资格证书、身份证；

6. 企业工程技术和经济管理人员的职称证书；

7. 需要出具的其他有关证件、资料。

施工总承包序列中特级和一级企业、专业承包序列中一级企业资质经省级建设行政主管部门审核同意后，由国务院建设行政主管部门审批；施工总承包序列和专业承包序列中二级及二级以下企业资质，由企业注册所在地省、自治区、直辖市人民政府建设行政主管部门审批。

练 习 题

1. 建筑业统计的对象包括哪些内容？
2. 建筑业统计的特点是什么？
3. 建筑企业统计的范围包括哪些？

第六章 建筑产品统计

内容提要：本章主要讲述什么是建筑产品统计、有何特点、如何分类；阐述建筑产品实物量统计（实物工程数量、单项工程或单位工程的形象进度、单位工程个数、房屋建筑产品的建筑面积等统计）和建筑产品的价值量统计（包括建筑业总产值、增加值、竣工产值、企业总产值等统计）以及建筑产品的质量统计和统计台账、统计报表等内容。

建筑产品的统计主要是从数量上反映产品的多少；从质量上反映产品的优劣；从施工周期上反映产品的生产速度；从价值上反映企业施工的规模、水平、计划完成情况以及生产发展的动态。

第一节 建筑产品的概念、特点及分类

一、建筑产品的概念

建筑产品的概念有广义和狭义之分。

广义的建筑产品不仅包括有形的建筑产品，而且也包括无形的建筑产品。它是建设市场的交易对象，在不同的生产交易阶段，表现为不同的形态。如，可以是咨询公司提供的咨询报告、咨询意见或其他服务；还可以是勘察设计单位提供的设计方案、施工图纸、勘察报告；可以是生产厂家提供的混凝土构件；当然也包括承包商生产的房屋和各类构筑物。

狭义的建筑产品是指建筑企业进行建筑安装活动所取得的预期有效的成果——工厂、铁路、桥梁、住宅等房屋和构筑物。而我们建筑企业统计研究的正是狭义建筑产品的概念。要满足这一概念，必须具备以下几个条件：

（一）建筑产品必须是建筑企业生产活动的成果

建筑产品是建筑企业职工生产劳动的成果，因此凡未经本企业追加生产劳动的一切物资，如砖、瓦、砂、石、结构件等，在未经建筑生产活动构成工程实体前，不能视为建筑产品。

（二）建筑产品必须是建筑企业进行建筑安装活动的成果

建筑安装活动是建筑企业的基本生产活动。在建筑企业中，除了进行建筑安装活动外，一般还设有若干为之服务的附属辅助生产单位，从事某些非建筑安装活动。附属辅助生产单位所生产的工业产品或运输作业，如生产的预制构件、施工机具、家具以及为外单位完成的货物周转量等，虽然也是建筑企业职工生产活动的成果，但不是建筑安装活动的成果，不应视为建筑产品。

（三）建筑产品必须是建筑企业建筑安装活动的有效成果。

企业进行生产的目的，是为社会提供具有一定使用价值的物质财富。在建筑施工中出现的不符合质量要求而需要返工的工程，虽然也投入了材料、人工，但在返修合格之前，

不应作为建筑安装活动的有效成果而计入建筑产品。

(四) 建筑产品必须是建筑企业建筑安装活动的直接成果

建筑安装活动的直接目的,是为社会建造房屋和构筑物。在建筑施工过程中所产生的边角余料,虽然可利用或销售,但它们不是建筑企业进行生产活动的直接目的,因此不能视为建筑产品。

二、建筑产品的特点

(一) 建筑产品生产与交易的统一性

建筑物与土地相连,不可移动,这就要求施工人员和施工机械只能随建筑物不断流动。从工程的勘察、设计、施工任务的发包到工程的竣工,发包方与承包方、咨询方进行的各种交易与生产活动交织在一起。因此,建筑产品统计工作也较为复杂,需要划分清楚哪些是建筑产品,哪些是交易商品,以免重复统计。

(二) 建筑产品的多样性与复杂性

建筑产品包括各种房屋和构筑物、机器设备安装,以及房屋和构筑物的修理作业等方面的内容。由于对各种房屋和构筑物用途、性能要求不同以及它们的座落位置、建设地点的差异,致使所处的自然条件与技术经济条件各异,决定了多数建筑产品不能批量生产,而采用非标准设计;即使采用标准设计也会因地点、土壤、气候条件的不同而有所变动。因此,几乎每一个工程都有其独特的结构和形式。机器设备的规格多、种类繁、安装复杂,即使同类工厂的建设,由于生产规模、新技术的采用和其他原因,所需设备也不尽相同。至于房屋、构筑物的修理更是随具体情况而定。

基于建筑产品的多样性和复杂性,决定了各个建筑产品的价格都要通过分别编制各自的工程预算来确定。因而工程预算是建筑产品统计核算的重要依据。此外,由于结构的多样性、工程的单件性,在比较研究各建筑企业或同一建筑企业不同时期的生产成果时,应当考虑上述因素,注意结合计划与定额来进行比较。

(三) 建筑产品生产周期较长并具有不可逆性

建筑产品一般体积庞大、结构复杂、生产周期较长,并且一旦进入生产阶段,其产品不可能退换,也难以重新建造。一项工程从开工到竣工,少则数月,多则数年,经历各种不同的施工阶段,需要长期占用大量的人力、物力和财力。因此,建筑产品不能像一般工业产品那样,待整个产品生产过程完全结束并具有完整的使用价值时,才进行统计,而是必须结合企业管理的需要,将建筑产品加以划分为不同的阶段,因建筑最终产品质量是由各阶段成果的质量决定着。如按完成程度划分,可划分为竣工工程、已完施工和未完施工。随着工程进展,分段核算生产成果,反映施工进度。此外,施工的长期性,还会引起施工的阶段性,使建筑产品在不同时期处于不同的施工阶段。如厂房施工,初期是土方工程,随后各期分别是基础、结构、屋面等工程。在进行动态分析时,必须注意施工的阶段性等不同时期的施工经营成果所产生的影响。

(四) 建筑产品固定于土地具有不可移动性

建筑产品固定于土地,具有不可移动的特点,这样必然会引起施工力量的流动。这一特点,集中表现在两个方面:一是建筑企业或单位的施工力量随着房屋、构筑物座落位置的变化而转移地点;二是在房屋、构筑物的施工过程中,施工力量又要随着工程部位的不同而上下左右流动,不断变换操作地点。因此,人员、机具、材料的流动,操作地点与条件的不断变化，必然会引起劳动组织、劳动效率，以及各种消耗的变化。同时，在不同地区施工，施工方法也不尽相同，人工、材料、机械等消耗也将因之各异，等等。所有这些，都将影响建筑企业的施工进度和建筑产品的价值。

因此，在统计上不仅要考核生产成果及其进度，而且要注意考核生产消耗的情况。

三、建筑产品的分类

1. 建筑产品就其是否提供新的使用价值划分，可以划分为实物产品和生产性作业两种。

（1）实物产品。是指建筑企业从事建筑安装生产活动所创造的具有新的物质形态和新的使用价值的产品，如房屋、水塔、道路等。

（2）生产性作业。凡是建筑安装生产活动的成果，不具有独立的、新的物质形态，也不提供新的使用价值，而只是恢复其已丧失的使用价值，或者为发挥原有的使用价值创造条件的，称为生产性作业。

2. 建筑产品按其完成程度可以划分为竣工工程、已完工程和未完施工工程三种

（1）竣工工程。是指建筑企业完成了单位工程承包合同所规定的全部施工任务，并经办理交工验收手续移交建设单位的建筑安装工程，它是建筑企业的最终产品。

（2）已完工程。是指在施工的分部分项工程中，已经完成了预算定额所规定的全部工作内容不需要再进行加工的分项工程。

（3）未完施工工程。指已投入了人工和材料，但还没有完成预算定额所规定的全部内容的工程。由于未完施工不易鉴定工程质量和计算工程数量。因此，未完施工在原则上建设单位不予结算，也不反映在投资完成额中。但建筑企业要用来计算和考核劳动生产率、材料消耗以及成本等指标。

第二节 建筑产品实物量统计

建筑产品实物量是以物理或自然计量单位表示的、建筑企业在一定时间内完成的各种工程的数量。建筑产品实物量统计，就是要反映建筑产品生产所处的各个施工阶段的实物形态及其数量。

建筑企业的最终产品是竣工工程。竣工工程的数量，一般用"项"或"个"为计量单位来计算；房屋建筑则用"平方米"（面积）来表示。由于建筑产品生产周期比较长，用竣工工程数量不能全面反映企业在一定时期内完成的生产总量。为了及时反映在一定时期内的施工进度及其生产量，除了进行竣工工程数量的统计外，还必须对在建工程的已完施工实物量和未完施工实物量进行统计。也就是说竣工工程说明企业在一定时期内向社会提供的可供使用的最终产品。在建工程的已完施工和未完施工实物量说明企业在一定时期内所达到的生产规模。

因此，建筑产品的实物量统计主要包括建筑产品实物工程量统计、单项工程或单位工程的形象进度统计、单位工程个数统计（建设项目统计）和房屋建筑面积统计四种表现形式。

一、建筑产品实物工程量统计

（一）建筑产品实物工程量统计的意义

建筑产品实物工程量通常也称为分部分项工程量。由于分部分项工程是单位工程的组成部分，在单位工程未竣工之前，统计分部分项工程实物量，可以全面反映建筑企业施工的各工种工程的完成数量。通过实物工程量指标的计算，可以说明建筑企业为社会提供了多少使用价值，反映施工进度情况。它是基层施工单位编制与检查施工作业计划、绘制施工指示图表，确定劳动力、材料、机械设备需要量和检查施工作业计划完成情况的重要依据，又是计算建筑施工产值、拨付工程价款和计算实物劳动生产率及其他技术经济指标的基础。

（二）建筑产品实物工程量的统计范围

建筑产品实物工程量统计，必须先规定各种实物工程量指标的范围。这个非常重要，否则无法得出准确的数字。由于分部分项工程的种类繁多，一般只要求统计主要实物工程量。国家规定了分部分项工程的主要实物工程量的目录，其计算范围见表6-1所示。

主要实物工程量计算范围表　　　　表6-1

编号	分部分项工程名称	计算范围	计算时应注意的问题
1	土方工程（m^3）	包括竖向布置、矿山剥离和工程本身的平土、挖土、填土的土方工程数量，也包括水下土方工程，不包括土方运输量	利用挖土进行回填，或为填土而进行的挖土不需要夯实的可计算两次。土方工程量一般按预算规定范围内测量的实方计算，不能按松土后虚方或土方机械的单位生产能力乘次数计算
2	石方工程（m^3）：指施工过程中或工程土石方开挖数量	包括场地平整、基础和沟槽开挖、隧道、水利、矿山建设中井筒、巷道及露天剥离等石方工程	计算时注意：不包括混凝土骨料或砌石用的石料开采和石方出渣运输工程量
3	打桩工程（根/m^3）（根/t）	包括钢筋混凝土预制桩、现浇桩、木桩、钢管桩、钢板桩和砂桩等	
4	砌筑工程（m^3）	包括砌砖、砌石、砌硅酸盐大块、砌耐火砖、砌各种轻质砌块等工程	计算时注意：砌砖工程包括青砖、红砖、空心砖、灰砖的全部砌筑工程，不包括耐火砖的砌筑和各种贴面工程
5	混凝土工程（m^3）	是指使用到工程上构成了工程实体的全部混凝土工程，包括工厂和现场预制、现场浇灌的钢筋混凝土及无筋、毛石、矿渣、轻质等混凝土	计算时注意：不包括工厂和附属企业制作的水泥管、石棉水泥管、电杆和水泥瓦等制品；由协作单位进行吊装的混凝土预制构件，应当由原施工单位计算混凝土工程实物量，而协作单位只统计构件吊装数量
6	金属结构工程（t）	包括工厂、附属企业和现场制作并已安装到工程上的钢柱、钢梁、钢屋架、钢檩条等金属结构和各种金属支架工程	
7	抹灰工程（m^2）	包括建筑物平顶、地坪、楼地面、踏步和内外墙面（包括水磨石、水刷石和拉毛）的抹灰工程	计算时要注意：混凝土地坪和楼地面只需抹平，不需要进行抹灰的，不包括在抹灰工程内，而计算在混凝土工程量内。抹灰工程要完成打底、抹面等全部工序，才能计算工程量

续表

编号	分部分项工程名称	计 算 范 围	计算时应注意的问题
8	装饰工程（m²）	指外墙面、门厅柱、台阶、花台、喷水池等的水磨石、水刷石、缸砖、瓷砖、马赛克、花岗岩、大理石和铝合金板等各种贴面；室内墙面、地面的水磨石、缸砖、瓷砖、马赛克、大理石等装饰贴面，以及钙塑板、石膏板、铝合金板（条）天棚等装饰工程	要注意应全部完成工序才能计算工程量
9	油漆工程（m²）	指用原漆、清漆以及其他涂料，刷于或喷涂于木材面、金属面和砖墙抹灰面的油漆工程，不论涂刷几遍，均按实际面积计算	不包括保护金属面的刷油、刷红丹漆等
10	地面工程（m²）	指建筑物内混凝土地面、灰浆地面、水磨石地面、绘图地面等的铺设工程	不包括道路瓷砖、缸砖、马赛克、大理石等装饰贴面，做完全部工序才能计算工程量
11	屋面工程（m²）	指各种瓦屋面、铁皮屋面、混凝土及砖拱屋面、卷材屋面、石棉瓦屋面等	完成全部工序后，按展开面积计算工程量
12	道路工程(km/m²)	只属于市政工程、厂区、生活福利区等范围内铺筑路面的道路工程，包括人行便道、车行道、广场、停车场等各种路面结构的道路工程	完成设计规定的路面以后，才能计算工程量
13	工业管道敷设工程（km）	包括各种金属和非金属工业管道	按延长米计算
14	室内外采暖工程（m、台）	包括室内外暖气管道、暖气片、保温油漆、采暖用锅炉、水泵及附件	"m"指暖气管道的延长米，"台"指取暖用锅炉、水泵等设备台数
15	通风工程（m²/台）	包括通风管道、通风机、加热器、除尘器（包括电动机）等	"m²"指各种直风管和异型管的展开面积。"台"指通风机、加热器、除尘器、空气冷却器的台数
16	电缆敷设工程（km）	包括高低压动力电缆、照明电缆、控制电缆和通讯电缆的敷设	不包括一般的橡皮电缆的敷设
17	动力配线工程（km/台）	包括室内动力及其工艺设备的配线	"km"指线路实际长度，"台"指开关柜的台数
18	机械设备安装工程（t/台）	指各种生产、非生产用的主体设备及附属设备和起重运输设备的安装工程	独立单台设备，安装完一台才能计算工程量；大型联动设备可按工序分段计算安装重量
19	非标准设备制作（台）	指没有定型的非标准生产设备的加工制作，如各种罐、槽等	现场制作必须完成下料、坡口、铆焊和施压全部工序，才能计算工作量
20	非生产用管道工程（km）	指非生产性工程上下水道、煤气、热力管道等	按单管延长米计算长度
21	铁路铺轨（km）	包括重轨和其他轻轨的永久性铁路工程	
22	公路工程（m²/km）	指各种路面结构的公路工程	按公路路面面积和长度分别计算
23	矿山掘进（m/m²）	按竖井、斜井、平巷、天溜井、硐室分别统计	硐室仅算体积不算长度。填报的掘进实物量必须符合规定的断面、坡度、方向的要求、进尺根据实测取得，体积按进尺（m）乘以设计掘进断面（m²）计算。不能按设计掘进断面一次完成的井巷和硐室（如只完成小断面规格），不得计算长度，但可以根据施工技术规范规定的掘进断面或硐室实际掘进的部位计算体积

续表

编号	分部分项工程名称	计算范围	计算时应注意的问题
24	露天剥离量（m³）		剥离量必须按实方计算，不得以装车数换算
25	发电机安装（kW）	指安装完的发电机的容量	
26	发电锅炉安装（t/h）	是指安装完的发电锅炉的蒸发量	不包括用于取暖等其他用途的锅炉
27	送（输）电线路（km）	是指已架设完毕的110kV及110kV以上的送（输）电线路长度	
28	变电容量（kVA）	指施工完毕用于110kV及110kV以上的变电设备容量	
29	石油钻井进尺（m）	是指从转盘方补心表面开始计算的钻井进尺，如：有多井底定向井和侧钻井，则从测出位置算起	
30	工业窑（炉）砌筑工程（m³）	包括平炉、高炉、热处理加热炉、煤气发生炉、焦炉、退火炉、隧道窑、回转窑、玻璃窑等，砌普通黏土砖、耐火砖、现浇耐热混凝土和砌块、轻质保温砖等	

二、单位工程的形象进度统计

（一）单位工程形象进度统计的意义

由于建筑工程施工周期长，如果在计划执行过程中，只抓竣工指标的考核和统计，不可能及时反映建筑企业在各个施工阶段总的进度情况。分部分项工程实物量指标，虽然可以具体地表明各种实物工程的进度，但是还不能比较概括地表明一个工程的总进度。为了及时掌握施工进程，用以指导生产和检查计划完成情况，有必要建立工程形象进度统计。

工程形象进度是建筑产品实物量指标的一种特殊表现形式，它用文字结合实物量或百分比，简明扼要地反映施工的主要工程部位和进度情况。例如，某住宅工程报告期末主体砌筑已完成6层，该工程的形象进度可统计为"6层平口"，这就形象地反映了该项工程的施工进度。建筑企业一般都要对各单位工程规定出各时期应达到形象部位的计划，切实保证各项工程能够按照合同要求及时竣工，尽快地发挥投资效果。

（二）单位工程的形象进度指标的表示方法

工程形象进度，一般是按单位工程分部分项工程的部位表示的。如土建工程可分为基础工程、结构工程、屋面工程、装饰工程等；还可以细分为各种工种工程，如结构工程中的砌筑工程等。

各种房屋和构筑物单位工程的形象进度要根据它们的各自特点来表示。

1. 民用房屋建筑形象部位一般可分为基础、结构（多层房屋以层数表示）、屋面装饰、收尾、竣工等；

2. 工业房屋建筑工程形象进度一般可分为基础、结构（复杂的结构可分为柱、吊车梁、屋架、屋面板、砖墙等或按跨按线说明）、屋面、收尾、竣工、交工；

3. 工业机电设备安装工程形象进度一般可分为设备清洗、吊装就位、安装、试车调整、交工投产等等；

4. 管道、铁路、公路、桥梁、隧道、井巷和输电线路等工程，一般可用其主要部位或实际完成的实物工程量来表示。

【例 6-1】 某建设单位的相邻两项单位工程,甲工程 6 层,3252m^2;乙工程 6 层,3498m^2。3 月份甲工程完成基础和 2 层结构,乙工程完成 6 层装修,请编制该工程的形象进度统计表

【解】 该工程的形象进度统计表见表 6-2。

建筑工程形象进度统计表 表 6-2

单位工程名称	层数	面积 (m^2)	本月计划达到部位	月末实际完成部位	完成程度
甲工程	6	3252	基础完,2 层结构完	基础完,2 层结构完	按计划完成
乙工程	6	3498	6 层抹灰完,安木门窗完	6 层抹灰完,安木门窗完	按计划完成

(三)单位工程的形象进度计划完成情况的检查

建筑企业在编制计划时,对其单项工程规定了在一定时期内应达到的工程形象部位,这样就为按工程形象进度检查计划的执行情况提供了必要的依据。

为了按工程进度检查执行情况,在检查时要观察:

1. 按计划形象进度全部完成或基本完成的有多少项;
2. 与计划相比只完成一部分的有多少项;
3. 计划期内未施工的有多少项;
4. 报告期计划外施工的有多少项。

以上前三项之和应等于报告期计划施工的单位工程个数。

为了综合说明计划完成情况,还应计算工程形象进度完成率指标,其公式为

$$工程形象进度完成率 = \frac{按计划形象进度全部完成或基本完成的单位工程个数}{计划施工的单位工程个数} \times 100\%$$

【例 6-2】 某建筑企业报告期计划施工单位 15 个,报告期实际按计划形象进度全部完成的单位工程为 12 个,试统计其工程形象进度完成率。

【解】 工程形象进度完成率 = $\frac{12}{15} \times 100\% = 80\%$

三、单位工程个数统计

单位工程是指具有独立设计资料并可以独立组织施工的工程,它是单项工程的组成部分,通常是按照不同性质的工程内容能否独立施工的要求来划分的,一个单项工程可以划分为若干个单位工程。

单位工程个数统计分为以下几种:

1. 在施工程个数

是报告期在施工的全部单位工程,包括,本期新开工的单位工程,上期施工跨入本期继续施工的工程,上期停建、本期复工的单位工程。

2. 新开工单位工程个数

指报告期内新开工的单位工程个数,不包括上期施工跨入本期继续施工的工程,也不包括上期停缓建本期复工的单位工程。

3. 竣工单位工程个数

指报告期内按设计所规定的工程内容及施工合同所承包的工程内容全部完成,达到使用条件,经有关政府部门验收鉴定合格的全部单位工程。为综合反映单位工程的生产完成

情况，可使用竣工率指标，其计算公式为

$$竣工率 = \frac{报告竣工的单位工程个数}{报告期在施工的单位工程个数} \times 100\%$$

【例 6-3】 某建筑企业报告期在施工的单位工程为 18 个，报告期达到竣工条件并取得有关政府部门验收鉴定合格的单位工程为 17 个，试求报告期的竣工率。

【解】 竣工率 $= \frac{17}{18} \times 100\% = 94.4\%$

四、建筑面积统计

房屋建筑面积是指房屋全部平面面积的总和。房屋建筑面积，是从房屋的外墙线算起，包括可使用的有效面积和墙柱等结构占用面积。有效面积是指可供使用的平面面积，结构面积是指房屋本身的各种结构物所占的平面面积。单层建筑物不论其高度如何均按一层计算建筑面积。多层建筑物的建筑面积按各层建筑面积的总和计算。

建筑物一般要经过一个较长的施工过程，在一定的时期内，可能有的正在施工，有的已经竣工。因此，就需要反映建筑施工活动的规模、速度及其取得的成果。在房屋建筑面积的统计指标中，主要有开工面积、施工面积、竣工面积和房屋建筑竣工率。

（一）房屋施工面积

所谓房屋施工面积，是指报告期内施工的全部房屋建筑面积。它包括本期新开工的面积，上期跨入本期继续施工的面积、上期停缓建在本期恢复施工的房屋建筑面积、本期竣工的房屋面积以及本期施工后又停缓建的房屋面积。

施工面积又分为"累计施工面积"和"正在施工面积"。前者是指自年初（1 月 1 日）至报告期末止施过工的各类房屋单位工程面积之和，但不包括上期开工又停工、本期末施工的面积。

（二）房屋新开工面积

房屋新开工面积，是指在报告期内新开工的各个房屋单位工程面积之和。它不包括在上期开工跨入报告期继续施工的房屋建筑面积和上期停缓建而在本期复工的建筑面积。新开工面积用于反映报告期内投入施工的房屋建筑规模，为科学组织施工提供依据。

（三）房屋竣工面积

房屋竣工面积，是指在报告期内房屋建筑按照设计要求已全部完工，达到了试用条件。经检查验收鉴定合格的房屋建筑面积。

计算房屋竣工面积，必须严格执行房屋竣工验收标准。对民用建筑来讲，一般应按设计要求，在土建工程和房屋本身附属的水、卫、气、暖等工程已经完工，通风电梯等设备已安装完毕，做到水通、灯亮，经验收鉴定合格并正式交付给使用单位后，才能计算竣工面积。

（四）房屋建筑面积竣工率

房屋建筑面积竣工率指标，就是表明在报告期内房屋的竣工面积与同期房屋的施工面积的比率。它说明建筑企业在一定时期内施工面积的竣工程度，反映房屋建筑竣工比例的大小、施工速度的快慢以及投资效果的高低。其计算公式为

$$房屋建筑面积竣工率 = \frac{自年初至报告期累计房屋建筑竣工面积}{自年初至报告期累计房屋建筑施工面积} \times 100\%$$

为了说明以上几个指标的计算方法，现举例说明如下。

【例 6-4】 假设某建筑公司有下列资料，如表 6-3 所示。

表 6-3

单位工程名称	建筑面积	开、竣工日期	
		开工日期	竣工日期
A	36000	1997 年 10 月 3 日	—
B	30000	1998 年 5 月 1 日	1999 年 9 月 28 日
C	24000	1998 年 11 月 8 日	—
D	12000	1999 年 2 月 10 日	1999 年 10 月 1 日
E	10000	1999 年 5 月 15 日	1999 年 11 月 5 日
F	8000	1999 年 7 月 1 日	1999 年 12 月 10 日

根据表 6-3 资料，计算该年度房屋施工面积、新开工面积、竣工面积及房屋建筑面积竣工率。

【解】 1999 年度房屋施工面积 = 36000 + 30000 + 24000 + 12000 + 10000 + 8000 = 120000m²

1999 年度新开工面积 = 12000 + 10000 + 8000 = 30000m²

1999 年度竣工面积 = 30000 + 12000 + 10000 + 8000 = 60000m²

1999 年度房屋建筑面积竣工率 = $\frac{60000}{120000} \times 100\% = 50\%$

第三节 建筑产品价值量统计

建筑产品实物量指标，是建筑企业产品产量统计的基本指标。但是，它在应用上有一定的局限性，由于各种建筑产品的使用价值是不同的，因而不能综合说明建筑企业的产品总量，也不能与财务成本直接联系起来。因此，还必须设置建筑产品的价值量指标。

建筑产品的价值量指标，是指用货币表现的一定时期内建筑企业工作的总成果。建筑产品的价值量指标包括建筑业总产值、建筑业增加值及竣工产值等指标。

一、建筑业总产值统计

建筑业总产值是以货币表现的建筑安装企业和单位建筑生产活动成果的总量指标。它是反映建筑业生产规模、发展速度、经营成果的重要标志，也是用以计算建筑业经济效益、劳动生产率和建筑业在国民经济中所占比重的重要依据。

（一）建筑业总产值的计算口径和统计内容

建筑业总产值的计算口径曾发生过多次变动，但目前建筑业总产值的计算口径已与自行完成施工产值的口径完全一致，即建筑业总产值等于自行完成施工产值。

建筑业总产值包括四部分内容，即：建筑工程产值、设备安装工程产值、房屋构筑物修理产值和非标准设备制造产值。

1. 建筑工程产值

建筑工程产值是指列入建筑工程预算内的各种工程价值，它包括：

（1）各种房屋价值，如厂房、仓库、住宅、商店、学校等等，按照当前预算制度规定，列入房屋工程预算内的暖气、卫生、通风照明、煤气等设备价值及装饰工程，以及列入预算内的各种管道、电力、电机、电缆等敷设工程的价值。

(2) 设备的基础、支柱、烟囱、水塔等建筑工程，各种窑炉的砌筑工程及金属结构工程的价值。

(3) 为施工而进行了建筑场地的布置、原有建筑物拆除及平整场地、施工用临时水电汽道路等的价值。

(4) 矿井的开凿、露天矿的剥离、天然气钻井工程和铁路、公路、桥梁等工程的价值。

(5) 水利工程，如水库、堤坝，以及河道整治等工程的价值。

(6) 防空、地下特殊建筑工程的价值。

2．设备安装工程产值

指设备安装工程价值，包括：

(1) 生产、动力、起重、传动、实验等各种设备的装配和安装与设备相连的工作台、梯子、栏杆等设备安装工程价值。

(2) 为测定安装工程质量对单个设备、系统设备进行单机试运和系统联动无负荷试运工作的价值。

在设备安装产值中，不得包括被安装的设备本身的价值。

3．房屋、构筑物修理产值

指房屋和构筑物的修理所完成的价值，但不包括被修理房屋、构筑物本身价值和生产设备的修理价值。

4．非标准设备制造产值

指加工制造没有定型的、非标准生产设备的加工费和原材料价值（如化工厂、炼油厂用的各种罐、槽，矿井生产系统使用的各种漏斗、三角槽、阀门等，以及附属加工厂为本企业承建工程制作的非标准设备的价值。

在计算建筑业总产值时，首先要按上述各项分别计算，然后加以汇总，其总和即为报告期建筑业总产值。其计算公式如下：

建筑业总产值＝建筑工程产值＋设备安装工程产值＋房屋、构筑物修理产值
　　　　　　＋非标准设备制造产值

(二) 建筑业总产值的具体计算方法

建筑业总产值的计算方法，一般按"单价法"计算，也就是按照一个时期实际完成的实物工程量乘以预算单价，再加上一定比例的费用计算。建筑业总产值的计算范围，如前所述，包括四个方面的内容。由于每部分内容的工程性质不同，生产过程各异，因而在生产指标的计算方法上，也各具不同的特点。现分别说明如下。

1．建筑工程产值的计算

建筑工程产值，是指建筑工人在一定时期内从事房屋和各种构筑物等的生产活动所创造的各种建筑产品的价值总量。它是根据已完成的实物工程量乘预算单价之和，再乘一定的间接费率来确定的。国家统计局规定的计算公式为

报告期建筑工程产值＝Σ（实际完成的工程量×预算单价）
　　　　　　　　　　×（1＋间接费率）×（1＋计划利润率）×（1＋税率）

从上述建筑工程产值的基本计算公式可以看出，建筑工程产值的价值构成，与其工程

预算相适应,包括直接费工程、间接费、计划利润和税金四个基本部分。预算单价是指编制施工图预算时所采用的单价,它包括直接用于工程的人工费、材料费和机械费等直接费;间接费率、计划利润率、税率均按国家规定并结合各地情况确定。

需要指出,国家统计局规定的建筑工程产值计算公式,是一个基本计算方法。但是,实际情况是比较复杂的,在采用上述基本公式时,还必须结合各地的实际情况,按各省(自治区、直辖市)的建筑安装工程费用定额执行。也就是说,建筑工程产值中各种费用的计算,应与地区建筑工程预算所使用的方法相一致。

【例 6-5】 假设某工程处 2 月份办公楼工程所完成的分项工程项目、完成量、预算单价见表 6-4。

2 月份完成工程量和工程直接费　　　　　　　　表 6-4

序号	定额编号	分项工程名称	单位	数量	单价(元)	总价(元)
…			…			
25	108	M5 砂浆砖基础	10m³	5.8	475.55	2758.19
26	116	M5 水泥砂浆 1 砖内墙	10m³	11.86	499.34	5922.17
27	128	M5 水泥砂浆 1½ 砖外墙	10m³	13.8	523.05	7218.09
…			…			
45	258	C15 混凝土带形基础	10m³	2.5	684.89	1712.22
46	300	C20 钢筋混凝土柱	10m³	2.35	2709.49	6367.30
47	318	C20 钢筋混凝土异形梁	10m³	2.12	2757.54	5845.98
…			…			
		合计	—	—	—	586725.68

根据上表资料,按照某国营一级施工企业现行取费内容和取费标准,参照建筑工程产值计算的基本公式,计算该企业该月完成的建筑工程产值。

【解】 计算结果见表 6-5。

某企业二月份完成建筑工程产值计算表　　　　　　　　表 6-5

项 目 内 容	计 算 式	金额(元)
(一) 直接工程费	(1) + (2) + (3)	666637.72
(1) 直接费		586725.68
(2) 其他直接费	(1) ×6.92%	40601.42
(3) 现场经费	(1) ×6.7%	39310.62
(二) 间接费	(一) ×5.2%	34665.16
(三) 劳动保险费	(一) ×4.5%	29998.70
(四) 计划利润	[(一) + (二) + (三)] ×7%	51191.11
(五) 其他费用		
(六) 上级管理费	[(一) + (二) + (三) + (四) + (五)] ×0.26%	2034.48
(七) 税金	[(一) + (二) + (三) + (四) + (五) + (六)] ×3.41%	26752.38
(八) 建筑工程产值	[(一) + (二) + (三) + (四) + (五) + (六) + (七)]	811279.55

上表计算中，仅列举了基本的费用项目，由于各省、市、自治区的取费内容、计费基础及相应的费率不完全一致，在具体计算时应按当地规定办理。

计算结果表明，2月份该工程处办公楼工程完成建筑工程产值811279.55元。

2. 设备安装工程产值的计算

设备安装工程产值，是指设备安装工人在一定时期内，从事设备安装活动而创造的产品价值总量。

设备安装产值的计算方法，原则上与建筑工程产值的计算方法是一致的。但是，由于设备安装工程本身的特点，所以在具体计算方法上，也不尽相同。设备安装工程一般来说，有以下两个特点。

第一，设备规格种类繁多,施工方法复杂以及在施工过程中工料费与设备价值间的比率变动很大。这样,一方面很难制定统一而又具体的计算方法;另一方面,由于安装对象不同,间接费的计取基数也不一样,一般不是以直接费计取,而应以工人基本工资为计算基础。

第二，在施工过程中，很难以物理单位计量（如 t、m^3、m^2 等等）来衡量安装工程的完成数量，因而在计算产值时，往往不根据安装设备本身的实物量来进行。

根据上述特点，设备安装产值的计算，要分别采用下列的计算方法。

(1) 单价法

按单价法计算设备安装工程产值，国家统计局规定的计算公式为

$$\text{报告期设备安装工程产值} = \Sigma \left[\text{安装预算价格} \times \text{实际完成的实物量} + \text{已完工程的基本工资} \times \text{间接费率} \right]$$

$$\times \left(1 + \text{计划利润率}\right) \times (1 + \text{税率})$$

单价法适用于单体机械设备(如机床、水泵、通风机、小型纺织机械等)安装的产值计算。

这里仍需说明，国家统计局规定的设备安装工程产值的计算公式，也是一个基本计算方法。采用单价法计算设备安装产值时，也要结合各地的实际情况，按各省（市、自治区）的建筑工程费用定额执行。例如，某省的安装工程费用（包工包料）计算内容与方法如表6-6所示。

某省安装费用计算内容与方法　　　　　表6-6

序号	项　目	计　算　式
(一)	直接工程费	(1) + (2) + (3)
(1)	直接费	Σ (已完工程量×预算单价)
A	其中：人工费	—
(2)	其他直接费	预算包干费和冬、雨季施工增加费等
(3)	现场经费	A×38%
(二)	间接费	A×31%
(三)	劳动保险费	A×16%
(四)	计划利润	A×44%
(五)	其他费用	远地施工增加费
(六)	上级管理费、工程造价管理费、劳动定额测定费	[(一) + (二) + (三) + (四) + (五)] ×0.26%
(七)	税金	[(一) + (二) + (三) + (四) + (五) + (六)] × 3.41%
(八)	单位工程费用	(一) + (二) + (三) + (四) + (五) + (六) + (七)

例如，某设备安装企业报告期末完成某工厂的机床安装任务如表6-7所示。

某工厂机床安装任务　　　　　　　　　　　　　表 6-7

设备名称	计量单位	完成数量	预算单价（元）	
			安装单价	其中：人工费
车床	台	26	250	80
铣床	台	12	320	110
钻床	台	4	150	60

另知，按施工合同规定应取其他直接费为1500元和其他费用4000元，那么，该单位工程的设备安装工程产值计算表如6-8所示。

设备安装工程产值计算　　　　　　　　　　　　表 6-8

序　号	费用项目	计　算　举　例	
		计算式	金额（元）
（一）	直接工程费	（1）＋（2）＋（3）	13823.2
（1）	直接费	—	10940
A	其中：人工费		3640
（2）	其他直接费	—	1500
（3）	现场经费	A×38%	1383.2
（二）	间接费	A×31%	1128.4
（三）	劳动保险费	A×16%	582.4
（四）	计划利润	A×44%	1601.6
（五）	其他费用		4000
（六）	上级管理费	（一）至（五）之和×0.26%	54.95
（七）	税金	（一）至（六）之和×3.41%	722.60
（八）	设备安装产值	（一）至（七）之和	21913.15

(2) 工序比重法

在安装过程中，因受安装方法或安装条件的限制，各工序之间有较长时间。为了及时反应安装工程进度和解决建筑企业的资金周转，可按工序分段计算其设备安装产值。这种方法，称为比重法。即根据各工序安装费占全部安装费的比重，与安装的实际进度来计算设备安装工程产值。

【例 6-6】　某安装工程处安装车床50台、铣床20台、钻床20台，采用流水作业安装法。因此，要按工序分段计算实际完成的产值。其报告期完成度和比重见表6-9、表6-10。计算报告期设备安装工程产值。

报　告　期　完　成　度　　　　　　　　　　　　表 6-9

设备名称	单位	安装数量	完成情况说明
车床	台	50	完成清洗安装、调整两道工序
铣床	台	20	完成清洗安装工序
钻床	台	20	完成清洗安装、调整和试运全部工序

按工序计算分段比重　　　　　表 6-10

设备名称	单位	安装预算单位（元）		按工序分段比重（%）		
		合计	其中：人工费	清洗安装	调整	试运转
车床	台	253	72	60	30	10
铣床	台	212	74	60	30	10
钻床	台	137	36	60	30	10

【解】 为了计算简便起见，假设综合费率（包括施工管理费、其他间接费率、利润率、税率）为人工费的 354%，则据其完成程度计算的设备安装工程产值如下：

报告期设备安装工程产值为

$[50×253×(60\%+30\%)+20×212×60\%+20×137×100\%]$
$+[50×72×(60\%+30\%)+20×74×60\%+20×36×100\%]×354\%$
$=[11385+2544+2740]+[3240+888+720]×354\%$
$=16669+4848×354\%$
$=16669+17161.92$
$=33830.92 元$

计算结果表明，该安装工程处根据完成的进度计算的产值为 33830.92 元。

(3) 采用工日进度法，计算设备安装工程产值

有的机械设备，由于安装期长，确定工序比重又有困难，在这种情况下，可采用工日进度法。

工日进度法，是根据已完成的定额用工与每工日设备安装工程产值来确定已完工程产值。计算公式为

设备安装工程产值 = 完成的定额工日数 × 每工日设备安装工程产值

设备安装工程产值的计算分为三个步骤。

第一步，根据设备安装预算价值与定额工日数来确定每工日设备安装产值。用公式表示为

$$每工日设备安装产值 = \frac{设备安装预算价值}{定额工日数}$$

假设某安装公司安装蒸汽量 4t 的 K 型锅炉，其安装预算价值为 4500 元，定额用工为 425 工日。

即　　　　　$每工产值 = \frac{4500}{425} = 10.59 元/工日$

第二步，根据施工进度，计算已完成的定额工日数。其公式为

完成的定额工日数 = Σ（已完的实物工程量 × 相应的工日定额）

又：安装 4t 的 K 型锅炉已完工程量和定额用工的情况，见表 6-11。

K 型锅炉已完工程量和定额用工情况　　　　　表 6-11

分部工程名称	单位	已完工程量	单位工程量定额用工（工日）		完成定额用工（工日）		
			水暖工	起重工	水暖工	起重工	合计
甲	乙	(1)	(2)	(3)	(4)=(1)×(2)	(5)=(1)×(3)	(6)=(4)+(5)
钢架	t	1.95	9.19	8.06	17.92	15.72	33.64
汽包联箱	t	6.00	3.25	3.89	19.5	23.34	42.84

续表

分部工程名称	单位	已完工程量	单位工程量定额用工（工日）		完成定额用工（工日）		
			水暖工	起重工	水暖工	起重工	合计
甲	乙	(1)	(2)	(3)	(4)=(1)×(2)	(5)=(1)×(3)	(6)=(4)+(5)
水冷壁	t	4.00	29.04	2.09	116.16	8.36	124.52
本体管道	t	0.73	36.89	—	26.93	—	26.93
吹灰器	t	0.32	11.75	—	3.76	—	3.76
平台扶梯	t	0.97	15.92	—	15.44	—	15.44
合 计	—				199.71	47.42	247.13

以上资料算出完成的定额工日数为：247.13。

第三步，根据完成的定额工日数和每工日设备安装产值，计算设备安装工程产值。

设备安装工程产值 = 完成的定额工日数 × 每工日设备安装工程产值

$$= 247.13 \times 10.59$$
$$= 2617.11 \text{ 元}$$

采用工日进度法计算的产值具有下列优点：

(1) 能正确反映安装进度；

(2) 能把计算设备安装工程产值的工作，与劳动定额考核有机地结合起来，有利于加强基层管理。同时，还能为分析安装进度提供资料；

(3) 在健全原始记录的基础上，计算产值的工作简便易行，能保证资料的及时性与正确性。

3. 房屋、构筑物大修理产值的计算

房屋、构筑物大修理是恢复和维护被修理对象使用价值的生产性作业。因此，房屋、构筑物大修理产值是指建筑工人对原有建筑物进行修缮所创造的价值总量，其价值不包括被修理对象本身的价值。

房屋、构筑物大修理产值的具体计算方法，与建筑安装产值的计算方法相同，就是将实际完成的修理工程量乘以相应的预算单价，再按一定的取费率计算的费用总和。

房屋、构筑物大修理工程，由于内容复杂，如没有统一规定的预算单价，可采用各地规定的修理单价进行计算。

4. 现场非标准设备制造产值的计算

现场非标准设备制造产值，应按实际完成程度计算。制造周期长的，可按工序（如分下料、组装、试压等工序）比重法或工日进度法计算，其产值应包括所耗用的材料、工资、机械使用费及一定数额的管理费、利润和税金。而在附属辅助生产单位制造的非标准设备，则应使用到本企业承建的工程上，即已构成工程实体之后，才能计算其产值。

(三) 计算建筑业总产值应注意的几个问题

1. "未完施工"不应计入建筑业总产值。

"未完施工"是指已经投入人力、材料等，但还没有完成预算定额规定的全部工序，不具备办理中间结算的分部分项工程的价值。由于"未完施工"同样耗用了人力、材料，为了准确反映工程进度，正确核算工程成本，还应另外计算"未完施工"价值。

2. 总分包施工产值的计算。

建筑安装工程施工，由于专业化协作的发展，一个工程往往需要有两个或两个以上的企业共同承担施工任务。一般是由现场土建施工的建筑企业作为主体施工企业，称为总包单位；而承担部分工程施工任务的企业，作为分包单位。为了观察分包任务的完成情况，也需要设置有关指标进行统计。

"实际完成施工产值"统称总包产值，它包括本企业自行完成和外包单位完成的施工产值。

"自行完成施工产值"是指建筑企业利用自己施工力量完成的产值。

"外包单位完成产值"是指企业总包后，再把某些工程任务（如土石方、打桩、构件吊装、管道安装、室内外装饰等）分包给其他单位施工的产值。

实际完成施工产值＝自行完成施工产值＋分包单位完成施工产值

3. 在施工现场制作的预制构件和金属结构件制作完成后，即可计算构件制作部分的价值；待吊装到建筑物上，构成了工程实体，再计算安装费用。有外单位和内部核算单位购入的预制构件和金属结构件，必须吊装完毕，构成了工程实体，才能计算构件本身价值和安装费用。

4. 使用国外进口材料，结构件完成的建筑安装工程，为了统一取费标准和统计数字的可比性，一般应套用国内相同材料的预算价格和费用来计算施工产值。

5. 凡属于生产、动力、起重、运输设备、非工业的医疗、科研、实验设备、专业性生产单位的设备（如冷藏库中的冷冻设备、电讯部门的通讯设备、供电单位的变电设备和专门用于生产科研的定型设备等），既用于生产，同时也用于生活的设备（如锅炉、冷冻设备、变压设备等），以及正式批准的设计预算中作为生产设备的设备安装工程，只计算安装费，不计算设备本身的价值。

随设备同时供应的管材、配件、零件，凡属于原材料性质，需经安装工人在现场下料、煨弯、配置、组装、焊接检验的，除计算安装费外，还要计算这部分材料、配件、零件本身的价值。

6. 凡属于建筑物有机组成部分的暖卫设备（包括锅炉及水处理）、各种管道、阀门、水泵、照明和电气设备（包括变压器、开关柜、配电箱等）、煤气设备、冷气设备、通风设备以及在建筑内安装的电动开窗机、电梯、吊车梁上轨道及电动葫芦轨道等，除计算安装费外，还要计算设备的本身价值。

7. 凡属于建筑单位供应的成套仪表盘、柜、屏等设备，以及随主机设备配套的仪器、仪表；凡由外单位加工的非标准设备，未完成全部制作工序，而分片装运至安装现场后，仍需施工单位进行坡口校正、修理、组装、焊接、校验等工序的；为控制温度、压力、流量等所安装的管、线路，和随自控管、线路系统同时组合安装的一些仪器、仪表、配件、元件等，凡属于上述三种情况的设备（仪器、仪表）本身价值，一般应计入施工产值。

8. 凡施工原因造成的返工，其返工价值不应计算在实际完成产值内；由于建设单位或设计上的原因（如变更设计、图纸错误）造成的返工，其返工价值应计算在建筑安装产值内。

9. 建筑安装单位采用合理化建议，改变了施工方法，在保证工程质量的前提下，经征得使用单位同意，减少了实物工程量并节约了投资，可按原预算计算产值。

二、建筑业增加值统计

(一)建筑业增加值的概念和作用

增加值是指一个单位在一定时期内的总产出减去中间投入后的余额,反映该单位在一定时期内生产的最终产品与提供的劳务(服务)价值的总和。近年来,我国在改革、开放的方针指导下,为与世界接轨,在统计核算中从西方统计中引进了这一指标。

建筑业增加值是建筑企业在报告期内以货币表现的建筑业生产经营活动的最终成果。

建筑业增加值的作用主要表现在:

第一,建筑业增加值能较正确地反映建筑业的生产成果。这是由于该指标的数值中,只反映建筑业在一定时期内新创造的价值和固定资产折旧,所有其他部门为建筑企业生产提供的产品和劳务价值均不包括在内,没有转移价值的影响,因而可以如实反映建筑业生产活动的成果,企业的经济效益和对国民经济的贡献。

第二,建筑业增加值为计算国民生产总值提供资料。国民生产总值是一个国家在核算期内的国内生产总值与来自国外的劳动者报酬净额和来自国外的财政收入净额之和;而国内生产总值是一个国家在核算期内所有常住单位生产的最终产品与提供劳务的价值总和。建筑业是重要的物质生产部门,其增加值必然是构成国内生产总值和国民生产总值的重要组成部分。

(二)建筑业增加值的计算方法

建筑业增加值有两种计算方法。一是生产法,即建筑业总产值减去建筑业中间消耗后的余额;二是分配法,即从收入的角度出发,根据生产要素在生产过程中应得到的收入份额计算,具体构成项目有固定资产折旧、劳动者报酬、生产税净额和营业盈余,现分述如下。

1. 生产法

生产法是指从生产增加值的角度出发,从建筑业总产出中减去实际消耗的中间产品支出,即外购物资产品和劳务费用,求得增加值。

其计算公式为

$$建筑业增加值 = 建筑业总产出 - 建筑业中间投入$$

建筑业总产出,是指建筑企业在一定时期内建筑业生产活动的总成果,其价值量等于建筑业总产值。

建筑业中间投入,是指建筑企业在建筑施工活动中消耗的外购物质产品和对外支付的服务费用。外购物质产品主要指外购材料、结构件、机械配件、燃料(扣除烧油特别税)和动力的消耗价值;对外支付的服务费用包括支付给物质生产部门(工业、农业、商业、运输邮电业)的服务费用和支付给非物质生产部门(如保险、金融、文化教育、科学研究、医疗卫生、行政管理等)的服务费用,如运输费、邮电费、修理费、仓储费、利息支出、保险费、职工教育费等等。

建筑业中间投入的资料来源主要依据会计核算资料,可根据会计账户资料归纳计算。

2. 分配法

分配法是从增加值的初次分配的角度出发,把构成增加值的各个要素直接相加,再加上固定资产折旧,求得建筑业增加值。其计算公式为

$$\text{建筑业增加值} = \text{固定资产折旧} + \text{劳动者报酬} + \text{生产税净额} + \text{营业盈余}$$

式中

(1) 固定资产折旧,是指按规定比率提取的基本折旧,本项可从"财务状况变动表"中"固定资产折旧"项"金额"栏取得。

(2) 劳动者报酬,有三种基本形式。

一是货币工资及收入,包括企业支付给劳动者的工资、奖金、各种津贴和补贴;二是实物工资,包括由企业以免费或低于成本价提供给劳动者的各种物资产品和服务;三是由企业为劳动者个人支付的社会保险金。本项目可根据会计资料分析归纳取得,其中

1) 工资,从"应付工资"账户中与"工程施工"、"机械作业"、"辅助生产"、"采购保险费"和"管理费用"账户有关的贷方发生额归纳取得;

2) 福利费,从"应付工资",账户中与"工程施工"、"机械作业"、"辅助生产"、"采购保险费"和"管理费用"科目有关的提取额归纳取得;

3) 保险费,从"管理费用"账户中的劳动保险费、待业保险费等项目归纳取得。

(3) 生产税净额,是指企业向政府缴纳的生产税与政府向企业支付的生产补贴相抵后的差额。由于目前建筑施工企业没有生产补贴,因此,建筑业增加值中的生产税净额就等于生产税。

建筑企业的生产税主要包括营业税、增值税、城市维护建设税、房产税、车船使用税、印花税、土地使用税、特别消费税等及缴纳的各种规费,如教育费附加、排污费等。本项目可从"损益表"中的"工程结算税金及附加"项和"管理费用"账户中的房产税、车船使用税、土地使用税、印花税以及"应交税金"账户中的特别消费税、固定资产投资方向调节税的本期应交数计算取得。

(4) 营业盈余,是指建筑业总产值扣除中间投入、固定资产折旧、劳动者报酬、生产税净额后的剩余部分。本项目可根据会计资料中的利润和有关项目调整计算取得。

三、竣工工程产值统计

(一) 竣工工程产值的概念

竣工工程产值,简称竣工产值,它是指以货币形式表现的建筑业生产所形成的成品价值。它反映建筑业成果,是考核建筑业施工速度和经济效益的依据。

(二) 竣工工程产值统计范围

建筑企业一定时期竣工工程产值,是指报告期内竣工单位工程从开工到竣工的全部自行完成的施工产值。也就是说,如果一个单位工程跨两个以上年度施工,其竣工价值应当包括以前年度的价值。即对于上期跨入本期竣工的工程,其竣工产值应包括上期完成的价值。有的工程量大、施工周期长的房屋和构筑物,如大型厂房、高级宾馆、各种管道、公路和铁路等,能分跨、分层、分段施工,并按合同规定分开交付使用的,可分别计算其竣工产值。对于从外单位移交给本单位继续施工的工程,本单位计算该项工程的竣工产值时,也应包括由外单位过去完成的部分。

房屋的竣工产值,是指竣工房屋建筑工程的全部价值。因此,除土建工程价值外,还应包括作为房屋组成部分的室内水、暖、电、卫、通风等设备的价值及其安装费用。但不包括土地购置、迁移补偿、厂房内的工艺设备、工艺管线以及室外水、电、暖、管线工

程，办公及生活用家具等。

（三）竣工工程产值计算

要保证正确计算竣工工程产值指标，必须掌握以下三点。

1. 竣工工程产值的计算价格

统计竣工工程产值，采用预算价格。预算价格是统计计算竣工工程产值的基础。在实际工作中，有时会出现由于预算编制的不够准确，或施工中出现新的变化等原因，致使工程预算价值与实际发生偏差。在这种情况下，工程发生的量差，通过竣工结算，重新调整预算。经建设单位签认后，视同修改预算价格，统计上也应按修改后的价格计算。

2. 竣工工程产值的计算条件

根据竣工工程的概念，计算竣工工程产值，必须同时具备以下两个条件：

（1）按照工程承包合同所规定的工程内容已经全部完工。在一般情况下，建筑企业通常承包整个单位工程。因此，只有整个单位工程全部完成时，才具备计算条件。在特殊情况下，有的专业性承包企业按照合同规定，仅承包单位工程中某一部分内容，如电梯工程等，只要按照合同规定内容全部完成，也就具备了计算条件。由专业性承包企业计入竣工工程产值。因此，竣工工程产值是指建筑企业在报告期内全部竣工的单位工程自行完成的价值。全部竣工不仅是个数量概念，而且是个质量概念。即除要求完成一定数量的工程内容外，还要求所做工程必须符合质量要求。

（2）按照国家规定，工程完成后，一般应由建筑企业的基层单位根据施工验收规范逐项进行预验收，并积极整理各项交工验收资料，报送企业有关部门审查后，会同建设单位及有关单位进行正式验收。经评定合格，签具竣工验收证书。验收是一个法定手续。通过验收才能最后判定工程是否真正具备了竣工工程产值的条件。

3. 竣工工程产值包括的内容（同竣工工程产值统计范围）

（四）竣工产值指标的作用

竣工产值指标，是用货币表现的建筑安装生产的最终成果，是反映企业生产完成情况的经济指标，其作用是：

1. 在建筑企业管理中，设置竣工产值计划指标，统计实际完成的竣工工程产值，可以反映和检查竣工产值计划完成情况，促进企业抓紧工程收尾，缩短施工战线，讲究经济效益。

2. 设置竣工工程产值可以用来计算竣工率指标，其计算公式如下：

$$竣工率（\%）=\frac{报告期竣工工程产值}{报告期施工工程的全部价值}\times 100\%$$

3. 竣工工程产值还是计算按不同结构、不同用途的房屋建筑平均单方造价，及有关消耗指标的基础。

四、建筑企业总产值统计

（一）建筑企业总产值的概念

建筑企业总产值，是以货币表现的建筑安装企业全部生产和经营活动总成果总量指标。它可以结合建筑业总产值指标，综合反映企业的全部经营活动的规模和水平。

我国建筑安装企业多年来贯彻执行"一业为主，多种经营"的方针。不断扩大企业的经营活动范围，也就是除了进行建筑安装施工活动以外，还进行工业生产活动、商业活动、服务业活动、交通运输业活动、甚至农业生产活动。而建筑业总产值指标只统计与建筑施工有关的经济活动的产值和劳务价值，除此以外均不包括。这样统计的结果，虽可以全面反映建筑业生产情况，但不能反映一个企业全部经营活动的总貌。为此，有必要设置"建筑企业总产值"指标，更全面地综合反映建筑企业生产经营的总规模和总水平。

（二）建筑企业总产值的计算

建筑企业总产值是按照产品法计算的总产值，也就是建筑企业全部经营活动的最终成果的货币表现。建筑企业总产值是企业内部各种经营活动的产值之和。其计算公式如下：

$$建筑企业总产值 = 建筑施工产值 + 建筑制品产值 + 工业生产产值$$
$$+ 交通运输产值 + 商品运输产值 + 勘察设计产值$$
$$+ 其他产值（收入）$$

式中 施工产值——建筑企业自行完成的按工程进度计算的建筑安装生产总值；

建筑制品产值——指建筑企业附属的内部核算的直接为建筑安装施工服务的金属构件、混凝土构件，木构件生产单位提供的建筑制品产值。包括木门窗、钢门窗、金属结构、混凝土结构、加气混凝土、商品混凝土等建筑制品和半成品价值；

工业生产产值——是指建筑企业附属的原材料、建筑机具及工业性作业的生产单位所完成的工业生产价值和修理价值；

交通运输产值——是指建筑企业附属的内部核算的运输单位、机械管理单位所完成运输收入和机械租赁价值；

商品价值——是指建筑企业附属内部核算的商业单位所完成的商品销售收入，减商品进价的差额；

勘察设计产值——是指建筑企业附属的内部核算单位完成的工程地质勘查、技术设计文件及技术劳务的总收入；

其他产值（收入）——除以上几种之外的建筑企业附属单位完成的产值或收入，如农业、饮食业、服务业等。

由于建筑企业总产值是按照产品法计算的，因此，企业内不允许重复计算。

第四节 建筑业产品质量统计

建筑产品的质量是指满足人们需要所具备的性能，概括为产品的实用性、可靠性和经济性。它具体反映了建筑产品的结构坚固、性能良好、经济耐用、造型美观的程度。建筑产品的质量好坏，对发挥建筑产品的投资效益，保证国民经济的健康发展和人民生活的改善有着极为重要的作用，甚至对国家财产和人民生命的安全关系极大。所以，在建筑施工中，必须强调"百年大计，质量第一"，把抓好建筑产品质量作为建筑企业管理的一项极为重要的工作。而建筑业产品质量统计可以及时反映产品质量好坏的情况，分析质量优劣的原因，研究改进和提高产品质量的措施，以保证建筑产品质量的不断提高。

一、评定建筑产品质量的几个问题

（一）评定建筑产品质量的对象

建筑产品的质量是以最终产品和中间产品为对象进行检验评定的。

1．最终产品质量

指已完成合同和设计规定的全部内容，具备交付使用或投产条件，经上级验收评定的建设项目、单项工程和单位工程的质量等级。建设项目和单项工程的质量等级，根据总体设计要求，由国家或主管部门负责组织验收鉴定；单位工程质量等级，由建筑企业技术负责人组织检验评定后，提交当地质量监督站或主管部门核定。

2．中间建筑产品质量

指已完成的分部、分项工程的质量等级。分项工程质量等级，应在工人班组自检的基础上，由单位工程负责人组织评定，专职质量检查员核定；分部工程质量等级，有相当于施工队一级的技术负责人组织评定，专职质量检查员核定。

（二）评定建筑产品质量的主要依据

评定建筑产品质量的主要依据是：

1．国家或主管部门规定的建筑安装工程及验收规范，施工操作规程和工程质量检验评定标准。

2．设计图纸、施工说明书以及有关设计要求。

3．原材料、成品、半成品、构配件及设备的合格证或实验报告。

4．土壤试验、打（试）桩、结构吊装以及设备清洗、调试和试运转等各种纪录。

（三）评定建筑产品质量的方法

评定建筑产品质量的程序是：先分项工程，再分部工程，最后是单位工程。分项工程是评定分部工程的基础，分部工程是评定单位工程的依据。

在建筑工程中，多层建筑和高层建筑的主体工程必须按楼层划分分项工程，单项建筑的主体工程必须按变形缝划分分项工程，其他分部工程的分项工程也可按楼层（段）进行划分。在机械设备安装工程中，各分部工程的分项工程额已按系统、区段划分。

一个单位工程如果有几个分包单位时，总包单位应对建筑产品质量全面负责；各分包单位负责检验本单位所承建的分项、分部工程质量等级，并将评定结果及资料送交总包单位。

（四）评定建筑产品质量的等级及具体标准

按照国家标准规定，建筑产品不论是分项工程、分部工程，还是单位工程，其质量都分为"合格"和"优良"两个等级。其具体等级标准如下。

1．分项工程的等级标准

（1）合格

指保证项目必须符合相应质量检验评定标准规定；检验项目抽检处（件）应符合相应质量检验评定标准的合格规定；实测项目筹建的点数中，建筑工程有70%及其以上、机械设备安装工程有80%及以上的实测值在相应质量检验评定标准的允许偏差范围内，其余的实测值也应基本达到相应质量检验评定标准的规定。

（2）优良

指保证项目必须符合标准的合格规定，其中50%以上的抽检处（件）符合优良规定；

实测项目抽检的点数中，有90%及以上的实测值在相应质量检验评定标准的允许偏差范围内，其余的实测值也应基本达到相应质量检验评定标准的规定。

2．分部工程质量的等级标准

（1）合格

指所含分项工程的质量全部合格。

（2）优良

指所含分项工程的质量全部合格，其中有50%及以上（机械设备安装工程含指定的主要分项工程）为优良。

3．单位工程质量的等级标准

（1）合格

指所含分部工程的质量全部合格；质量保证资料符合规定；观感质量的评定得分率达到70%及以上。

（2）优良

指分部工程的质量全部合格，其中有50%及以上（含指定的主要分部工程）为优良；质量保证资料符合规定；外观与功能质量综合评定得分率达到85%及以上。

二、建筑产品质量的统计指标

建筑产品质量统计按其施工进度可分最终建筑产品质量统计与中间建筑产品质量统计。现行国家统计报表中只要求统计最终建筑产品质量。其统计指标包括优良单位工程个数、房屋建筑优良工程面积和优良品率三个指标。

（一）优良单位工程个数

优良单位工程个数是指按现行国家质量等级标准，经政府质量监督部门鉴定，评为优良工程的单位工程个数。

（二）房屋建筑优良工程面积

房屋建筑优良工程面积是指按现行国家质量等级标准，经政府质量监督部门鉴定，评为优良工程的房屋竣工面积。

（三）优良品率或全优工程率

优良品率是指一定时期评定为优良的单位工程个数（或竣工面积）占同期检验评定单位工程个数（或竣工面积）的比例，用以综合反映最终建筑产品的质量。其计算公式如下：

$$优良品率 = \frac{报告期评为优良的单位工程个数（或面积）}{报告期进行验收鉴定的单位工程个数（或面积）} \times 100\%$$

$$全优工程率 = \frac{评为全优工程的单位工程个数（面积）}{全部竣工的单位工程个数（面积）} \times 100\%$$

第五节 建筑企业原始记录、统计台账和内部报表

建筑企业原始记录，是建筑企业科学管理的重要手段，也是统计、会计核算和业务技术核算的基础。统计台账既是原始记录通过整理，过渡到统计报表的一种重要的形式，又

是企业系统积累统计资料的账册。而企业内部报表则是统计报表的资料来源。可见，建立和健全原始记录，利用统计台账和企业内部报表，对反映建筑企业生产经营活动情况，准确填报国家统计报表，完成各项统计任务等都具有重要意义。

一、建筑企业原始记录

原始记录是建筑企业取得基本统计资料的基础，是企业进行核算的依据。因此，建立和健全原始记录是加强企业管理，搞好统计工作的重要基础工作之一。

（一）原始记录的概念

原始记录是按照建筑企业核算和管理的要求，通过一定的表格形式，对企业生产经营活动情况所作的最初直接记载，如各种表、卡、册、单等。它是反映基层单位生产经营活动的第一手资料，是对基层单位实际情况最直接的调查。原始记录又可以叫做原始凭证，从按一定的表格形式和要求第一次登记生产经营活动的事实来看，称为原始记录。如果从登记的内容可作为财务核算的依据来看，又可叫做原始凭证，这是会计工作上的习惯叫法。但会计上的"记账凭证"则不属于原始记录（或原始凭证）的范围。

直接登记生产、经营活动事实的各种表、票、单、卡、册，统称为"原始记录表"。国家原始记录内容归纳汇总起来的表册，例如汇总表、计算表、台账、企业内部报表等，都不属于原始记录的范围。

（二）原始记录的特点

1. 广泛性

原始记录记载着企业生产经营活动的各方面的情况，涉及的范围广泛。既有生产活动情况；也有业务工作情况；既有人员的工作情况，也有物、料的变动情况；既有管理问题，也有技术问题。

2. 具体性

原始记录是企业生产经营活动的直接记录。所以，它要对生产经营活动中的每一具体事项，如实地、准确地记载。

3. 经常性

生产经营活动是经常不断地进行的。这就要求原始记录对企业发生的生产经营活动进行及时的、经常性的记载。

4. 群众性

由于原始记录涉及范围广泛，因而它不能只靠少数人搞，必须由参加各项工作的人员一起动手，分别记录。特别要发挥直接参于生产经营活动的工人班组中的班组长、考勤员和核算员的作用。

（三）原始记录的作用

原始记录是企业管理的基础，基于这一点，它具有以下四个方面的作用。

（1）原始记录是企业统计的基础

原始记录是企业取得统计资料的基本来源。正确的统计数字，来源于准确的原始记录。所以，原始记录是企业统计工作的基础。

（2）原始记录是企业会计核算和业务技术核算的基础

原始记录是各种经济核算共同的资料来源。不论是统计核算、会计核算，还是业务技术核算，都必须以原始记录作为核算的依据。因此，原始记录准确与否，也直接影响到会计核算和业务技术核算的质量。

(3) 原始记录是企业实行科学管理的基础

企业实行科学管理，就要通过各种制度与计划工作，将企业各项活动、各个环节科学地组织起来，有秩序地进行生产，全面完成计划生产任务。为此，企业就必须在日常工作中及时地掌握情况，检查、制订和调整各项定额、计划，指挥生产，解决问题。所有这些，都离不开准确、灵敏的信息，而信息来源于原始记录。特别是企业内部生产经营活动的信息，更是如此。所以必须有一整套适应企业管理需要的、健全的原始记录，全面系统地反映企业各方面的情况。做到数字准、情况明，为企业实现科学管理奠定基础。

(4) 原始记录是企业实行经济责任制的重要工具

企业要实行经济责任制，必须将责、权、利有机结合起来。责、权、利的履行、贯彻、实施情况，必须以原始记录为依据。因此，原始记录是企业实行经济责任制的重要工具。

(四) 原始记录的种类

原始记录内容十分广泛。在建筑企业内部哪些生产经营活动应该加以记录，要根据需要和可能来确定。一般来讲，有以下几种。

1. 从记录的内容分

(1) 反映产品生产方面的原始记录

主要是反映产品的产量、进度、质量等方面的记录。如开工报告、竣工报告、停工报告、隐蔽工程纪录、质量检验记录、质量事故记录、施工日志等。

(2) 反映生产条件方面的原始记录

主要是反映生产三要素，即劳动力、劳动资料、劳动对象方面的记录。它包括：

1) 劳动力和劳动时间方面的原始记录，如职工调入、调出记录，工人考勤记录，病假单，停工记录，加班加点记录等；

2) 固定资产方面的记录，如机械设备调拨单、验收单、机械设备运转记录、检修记录、机械设备报废申请单，设备事故报告等；

3) 原材料收、支、存方面的记录，如材料入库单、领料单、退料单、材料库存记录卡等。

(3) 反映企业经营管理方面的原始记录

它包括反映产品销售方面的记录，如产品出库单；反映财务方面的记录，如借款单、差旅费报销单、缴款收据等。

2. 从记录的形式分

(1) 综合性原始记录

综合性原始记录，是在一张记录表格上，记录生产活动几个方面的情况。通常反映建筑企业施工过程的原始记录，采用综合性原始记录的形式。根据建筑企业生产活动的特点，一般采用以下两种基本形式。

1) 以生产设备为记录对象的生产记录（表6-12）。这种原始记录用以反映单台设备或多台设备在工作班内完成的产品数量、质量、设备的开动和运转情况、检修记录等。

机械运转及停工记录　　　　　　　　表6-12

机号 月/日	班次	工程项目及工作内容	实际运转				停工台时			值班司机	施工员
			台时	运距	次数	公里数	小修	待工	天气影响		
	白										
	夜										
	白										
	夜										
……											

2) 以产品为记录对象的生产记录（表6-13）。这种原始记录，记载一个分部工程（或分项工程）在全部生产过程，或某一生产过程（如某道工序）中的生产情况，包括施工日期、班组名称，完成工作内容、实物工程量，耗用工时，以及工资结算等（表6-13、表6-14）。

施　工　任　务　书　　　　　　　　表6-13

施工期限	计划	实际
开工	月 日	月 日
竣工	月 日	月 日

单位工程名称_____

____队　工种____　班长____　签发日期　年　月　日　编号

定额编号	工作项目内容	计量单位	计划工程数量	劳动定额				实际完成					备注
				时间定额	应乘系数	每工产量	单价（元）	工程数量	定额工日	实际耗用工日	达到定额（%）	计件工资	超额工资	

签　发				验　收			
工长	接收人	质量评定	（签章）	验收人	（签章）	定额员	（签章）	队长意见	（签章）

用　工　记　录　　　　（背面）　　表6-14

用工									
合　计									

记录员

(2) 单一性的专用原始记录

单一性的专用原始记录，是一张记录表格上，只登记某一方面的资料，如职工考勤记录、停工单、领料单、职工伤亡事故报告等。

(五) 设置原始记录的基本问题

1. 确定原始记录的记录对象问题

记录对象是指需要登记其情况和问题的某种具体事物。设置原始记录的目的，在于系统地搜集与反映企业生产、技术、经营管理过程的原始资料。因而记录的对象主要有：生产者个人或集体、某一单台设备、机组、生产的某项产品以及某一事项（如技术革新、工程质量事故、工伤事故等）。

设置一种原始记录，首先要根据设置该种记录的需要确定记录的对象，记录对象是记录项目的承担者，在记录表格上所要登记的项目，都是记录对象的标志。如果记录对象不明确，就区分不出所登记事物的范围，从而导致记录项目混乱不清，达不到设置这种原始记录的目的。

如前所述，产品生产记录的记录对象，可以是生产者、生产设备或生产的产品。所以，确定生产记录的记录对象还要根据产品生产的特点来确定。在建筑企业，一般以某一项产品（如分部分项工程）为对象设置生产记录。在其附属生产单位中，一般又以设备（如车床、带锯、汽车等）为对象设置生产记录。根据实际需要和可能，也可结合运用，从不同角度取得所需要的原始资料。例如，施工任务书，既以产品（分部分项工程）为记录对象，同时又有个人或集体的生产记录（分部分项用工记录）。

2. 确定原始记录的表格和项目问题

原始记录表按照填列的单位多少，可以分为单一表和一览表两种。单一表是在一张表上只填写一个单位的情况，一览表是在一张表上填写若干相同单位的情况。例如，职工考勤记录，有的企业采用考勤卡片，每张卡片只记录一个人的出勤情况，这种卡片就是单一表。有的企业采用考勤簿，在一张表上依次排列一个单位（一个班组或一个科室）若干人的出勤情况，这种考勤簿就是一览表。

每种原始记录应设置哪些项目，主要取决于记录的用途，用途不同所要登记的项目也不同，项目的繁简，一方面要满足企业管理和各种核算的需要，另一方面要防止那种为了备而不用，求多求全，把记录项目搞得过细的做法。

3. 确定原始记录的份数问题

企业的原始记录有一式填写一份与一式填写多份的两种方式。一式一份适用在填写后只供一个部门汇总与使用。有时一式一份供几个部门使用时，就要依次传递使用。例如职工考勤记录，一般只填写一式一份，月末劳动部门据以核算劳动时间利用情况资料，然后财务部门据以计算职工的计时工资。它的优点是不需要复写；缺点是不能同时送达各需要单位，而且如果不慎丢失也不便查对。

采用一式多份的原始记录，可以同时送给各使用部门，各部门可以根据各自的需要同时进行登记汇总；一份丢失，还可以有查考的依据。例如，材料调拨单可以一式五份，除留存根一份外，可以同时送给发料部门、收料部门、财务部门和随货同行。

4. 确定记录人员问题

原始记录由谁填写，根据不同情况，有下列三种。

（1）岗位记录制

由直接生产者或专业人员记录。例如关于生产活动，由生产工人自己记录。产品检验结果由质量检查员记录，领料单由领料人填写等。这是根据谁在什么岗位上，管什么业务，谁就做什么记录。

（2）兼职记录制

由班长或从工人中选定人员兼做原始记录工作，例如班组和出勤情况，就是由班组内的兼职考勤员记录的。

（3）专职记录员制

施工队有的设专职记录员，记录各班组的原始记录。

5．确定填报方式问题

原始记录表按照填报的方式分，有单据式、日报式和台账式三种。

（1）单据式是随着某项生产经营活动的发生而填制的记录表，可以随时送交统计人员登账，以便汇总整理。例如材料入库单、限额领料单等。

（2）日报式是按日填写的原始记录表，例如，职工将当日出勤情况记录完毕，于下班时或次日上班时送交统计人员登账，进行汇总整理。

（3）台账式是工作者把每日的生产经营活动记录在一本账上，到旬末或月末再送交统计人员进行汇总整理。例如工人生产记录、设备开动记录等。

究竟采用何种方式合适，要根据记录事项的性质和对统计资料汇总的要求来确定。

二、统计台账

统计台账是根据统计整理和分析的要求而设置的一种工具。例如，企业或单位为了检查施工进度和编制产品产量报表，设置主要经济指标完成台账等。

（一）统计台账的概念和特点

1．统计台账的概念

统计台账是指整理和积累统计资料的账册。它是根据统计报表以及统计核算的需要，用一定表格形式，将分散的原始记录资料，按照时间顺序进行登记、整理的一种表册。例如建筑企业中的施工任务完成情况台账、工程量台账等。

2．统计台账的特点

统计台账与原始记录不同，有其自身的特点。

（1）统计台账的资料，是从原始记录或经过加工整理以后的资料中获取的。原始记录是对基层单位生产经营活动的最初记载。而统计台账是以原始记录为依据，直接登记、汇总原始记录上的资料，或经过加工整理后的资料。其资料来源，有的来自原始记录，有的来自各种有关的计算表、统计报表、汇总表等。

（2）统计台账是按照时间先后顺序，对统计资料循序地进行登记。原始记录是将企业的各种生产经营活动，随着现象的发生经常地进行记载。由于统计台账必须按照规定的时间及时地进行登记和核算，所以统计台账的登记具有时间性的特点。

（3）统计台账是企业统计人员专门设置的一种积累资料的工具。原始记录要依靠群众，大家动手做好记录工作。而统计台账则是统计人员根据统计整理和分析的需要自行设置，便于核算、汇总和积累资料的一种工具。

（二）统计台账的作用

统计台账种类很多，应用面也很广，而各种台账的用途也有所不同。概括起来，统计台账的作用有以下几个方面。

1. 统计台账可以系统地整理资料，及时进行汇总，为编制统计报表提供依据。统计台账按时间顺序进行系统的登记，它把统计整理工作分散在平时来做，做到日清月结，按时汇总、计算，保证准确、及时地编制各种统计报表。

2. 统计台账可以反映生产进度，研究企业发展趋势，为编制和检查计划提供依据。统计台账把各项指标进行序时登记，可据以监督检查计划的执行过程和结果，并从动态分析中研究新情况和新问题及其发展变化的原因；它是企业编制各项计划、实现计划管理不可缺少的工具。

3. 统计台账可以反映人力、物力的现状及其增减变动情况，为研究各种平衡比例关系提供依据。按照收入与支出、增加与减少、资源与分配的平衡关系设置产品、人员、设备及各项物资台账，反映一定时期内各项经济活动的变化过程和结果，可以进行各项综合平衡分析，研究各种比例关系的变化。

4. 统计台账可以反映各项经济技术指标的完成情况，为总结工作、开展评比竞赛提供依据。为了检查经济技术指标的完成情况，设置主要经济技术指标完成情况台账，把各项指标联系起来，并与计划水平、前期水平、历史最好水平、国内同行业先进水平进行比较分析，从有关指标的联系中发现问题，提供深入分析的线索，以适应总结工作、开展评比竞赛的需要。

5. 统计台账可以系统地积累资料，为制定长远规划，研究发展规律提供依据。通过台账对统计资料加以分类、综合、归纳，按日、按月、按季、按年进行登记，使资料积累做到"每日资料条理化，月度统计资料系统化，年度统计资料档案化"，以适应企业发展的需要。

总之，统计台账对于企业的统计工作、计划工作和各项管理工作都具有重要作用。通过台账进行系统地登记，按期加以汇总，便能及时取得有关企业生产经营活动情况的综合性资料。这样，不但能够满足编制各种统计报表的需要，而且也便于企业各级领导及时掌握资料，了解情况，指导工作，加强企业的计划管理。同时，应将有关资料向广大职工定期公布，使广大职工心中有数，便于他们参与管理。

（三）统计台账的种类和设置

1. 按照企业管理的不同需要分类

统计台账按照企业管理的不同需要，可以划分为施工队台账、工程处台账和公司台账三种。

（1）施工队台账

施工队是建筑企业实行内部工、料核算的基层生产单位，是企业所需的各种基本统计资料的主要提供者。施工队设置台账的目的，除了满足本身管理上的需要，还要向工程处提供各种统计资料。施工队台账，可以系统地反映生产活动情况资料。如建筑产品产量和质量、工时利用、材料消耗、机械设备使用以及各项技术经济指标完成情况等。

施工队台账是进行施工核算的重要依据，也是向公司报送统计资料的来源和依据。因此，施工队的台账，一方面需要面向工人班组，按每个工人班组设置台账，逐日（旬、月）登记工人班组的生产活动情况（表6-15），又要根据建筑企业生产的特点，按产品对象（单位工程）设置台账，登记生产过程中有关活动资料，如工程完成情况台账（表6-16）；另一方面，台账内容的设置要满足报送企业内部统计报表的需要。

生产工人用工台账　　　　　　　　　　　表 6-15

单位：

班组名称							
在册人数	工人						
	其中：						
	学徒						
平均人数							
出勤工日数	生产用工	合计					
		小计					
	非生产用工	小计					
		出差					
		学习					
		开会					
		文体活动					
	停工工日	小计					
		气候影响					
		停水停电					
		待料					
		任务不足					
缺勤工日		小计					
		病假					
		事假					
		探亲假					
		工伤假					
		产假					
		旷工					
实际公休工日数							
实际作业工日数							
其中：公休日加班							
制度工日数							
日历工日数							
出勤率（%）							
制度工日利用率（%）							

工程任务完成情况统计台账　　　　　　　　　　　　　　　表 6-16

200　年　度

建设单位

工程名称

建筑面积

序号	分部（项）工程名称	预算工程量		预算价值		指标	自开工至上年底止完成	实际完成数						自开工至本年底止完成
								月		月		月		
		单位	数量	单价	合价			本期	累计	本期	累计	本期	累计	
						工程量								
						金额								
						工程量								
						金额								
						工程量								
						金额								

（2）工程处台账

工程处设置台账的目的，一方面要满足工程处本身汇总统计资料的需要，向公司报送企业内部报表，另一方面还要适应工程处管理的需要，向工程处领导提供资料。

工程处是企业内部独立核算的生产单位，它的台账内容比较广泛，包括生产进度、产品产量、产值、施工工期、产品质量、劳动时间利用情况、单位工程用工、原材料消耗情况、设备利用情况、劳动定额的执行情况以及有关技术经济指标的情况等表。

工程处台账要面向施工队，要能够反映工程处所属各施工队的生产活动情况。为了掌握各施工队的资料，需要设置按施工队分列的台账（表 6-17）和按建设项目分列的台账（表 6-18）。

按工程处分列的建筑施工任务完成情况台账　　　　　　　表 6-17

	工　程　处　合　计									××施工队				
	建设项目（个）		单位工程（个）		施工面积（m²）		竣工面积（m²）		施工产值（万元）		单位工程（个）		施工面积（m²）	…
	施工	竣工	施工	竣工	合计	其中：新开工	计划	实际	完成计划（%）	计划	实际	完成计划（%）	施工	竣工	合计	其中：新开工	…
一月																	
二月																	
三月																	
第一季度																	
四月																	
…																	
全年																	

按建设项目分列工程量、产值台账 表 6-18

(单位：万元)　　　　　　　　　　　200 年 月

序次	建设项目名称	工程性质	开竣工日期		自开工至上年底止累计完成	本年实际完成												
			开工	竣工		一月	二月	三月	四月	五月	六月	七月	八月	九月	十月	十一月	十二月	全年

(3) 公司台账

指公司各职能科室为进行业务管理的需要而设立的台账。企业一级的台账，实行谁管什么业务，谁负责整理和积累什么资料。企业各职能科室应根据工程处上报的有关内部报表设置相应的台账。有一种内部报表，原则上就要设置一种台账。例如，生产计划部门设置产品产量、产值等台账；材料部门设置原材料收、支、存等台账；劳动工资部门设置职工人数变动、劳动时间利用、劳动生产率、劳动定额执行情况、工资总额组成情况等台账；机械动力部门设置机械设备实有数量及其变动台账，机械完好、利用情况台账，机械修理台账等。除了上述专业部门设置的专业台账外，企业的综合统计部门为了自身的工作需要，也要建立相应的定期资料台账和历史资料台账。由此可见，企业一级的台账，是进行业务核算和统计核算的重要依据，也是统制统计报表的基础。在内容上，要比工程处所设置的台账更为广泛。

2. 按照统计台账的内容不同分类

按照统计台账的内容不同，可以分为综合性台账和专用台账

(1) 综合性台账

综合性台账是将各项有关指标按照时间顺序综合登记在一个表册上。这种台账可以从各项指标的发展变化及其联系中综合分析，发现问题，采取措施，总结经验，探索规律，更好地为企业服务。例如主要经济技术指标完成情况台账，这种台账可以按施工队、工程处或公司来设置，可以列出房屋竣工面积、建筑安装产值、工程质量、安全生产、全员劳动生产率、工程成本实际降低率、利润额、流动资金全季平均占用额和占用率等指标，反映企业或单位逐月、逐季各方面的成绩和问题，见表 6-19 所示。

主要技术经济指标完成情况台账　　　表 6-19

200　年

指标 月份	竣工面积(m^2)		建安产值(万元)		工程质量				安全生产				全员劳动生产率(元/人)		利润额(万元)		工程成本实际降低率(%)	流动资金全季平均占用额(万元)	流动资金占用率(%)
	计划	实际	计划	实际	评定总数(m^2/个)	其中:优良(m^2/个)	优良率(%)	轻伤(人次)	重伤(人次)	死亡(人)	负伤频率(‰)	计划	实际	计划	实际			
一月																			
二月																			
三月																			

续表

指标\月份	竣工面积(m²)		建安产值(万元)		工程质量				安全生产				全员劳动生产率(元/人)			利润额(万元)		工程成本实际降低率(%)	流动资金全季平均占用额(万元)	流动资金占用率(%)
	计划	实际完成计划(%)	计划	实际完成计划(%)	评定总数(m²/个)	其中：优良(m²/个)	优良率(%)	轻伤(人次)	重伤(人次)	死亡(人)	负伤频率(‰)	计划	实际完成计划(%)	计划	实际完成计划(%)				
第一季度																				
⋮																				
⋮																				
⋮																				
全年																				

（2）专用台账

专用台账是把某一项指标按照时间顺序系统地登记在一个表册上。如产品生产进度台账，原材料消耗台账，劳动时间使用台账、设备利用台账，都属于专用台账。

专用台账是进行专题分析的依据，是观察某项指标完成进度的依据。这种台账便于企业经营活动的某个方面进行具体分析，研究其发展变化的过程和原因，它也是汇总某项重要统计数字资料的依据。以劳动时间使用台账为例，其格式如表6-20所示。

生产工人劳动时间利用情况台账　　　　表6-20

分类\月份	日历工日	制度公休工日	制度工日	停工工日				缺勤工日				非生产性工日		实际作业工日		出勤率(%)	工日利用率(%)	备注
				合计	原材料缺乏	动力不足	……	合计	病假	事假	……	合计	其中：文体活动	合计	其中：公休日加班			
一月																		
二月																		
三月																		
第一季度																		
⋮																		
全年																		

3．按积累资料性质的不同分类

按积累资料性质的不同，统计台账可以分为定期统计资料台账和历史资料台账。

（1）定期统计资料台账

这种台账是系统地整理和积累定期统计资料的一种基本形式。主要在于反映企业生产经营活动的基本情况。它的特点是按日、按旬、按月、按季或按年随时登记，及时汇总。为检查企业生产计划执行情况，做好各项管理工作和编制各种统计报表，提供综合性统计资料。

(2) 历史资料台账

这种台账是自企业或单位建立以来有关生产经营活动的详细记载。它包括一系列反映企业概况、生产规模、水平、速度和比例关系的指标和分组；也包括企业发展中的重大变化。如企业所有制的改变，企业的合并与分立，企业的生产方向，生产结构和组织机构的变化等。见表6-21。

企业历史性资料台账，是各年生产经营活动情况的总结。它的主要资料来源于统计年报。要在一次性集中整理的基础上，使资料积累经常化。

建筑企业历史资料台账　　　　　　　　　　　　　　　　表 6-21

指标\年份	建设项目（个）		房屋建筑面积（m²）			产值（万元）		工程质量（m²/个）			劳动生产率（元/人）		成本降低率（％）	利润（万元）		流动资金占用额（万元）	流动资金占用率（％）
	施工	其中：新开工	竣工面积	施工面积合计	其中：新开工	竣工面积	总产值	建安产值	评定总数	其中：优良	优良率（％）	按总产值计算	按建安产值计算		计划	实际		

三、企业内部统计报表

企业内部报表，是根据原始记录或统计台账的资料汇总、编制的，施工队向工程处、工程处向公司有关职能部门报送统计资料，各职能部门之间相互提供统计资料，以及向企业各级领导提供统计资料，都是通过内部报表的方式进行的。

(一) 企业内部报表的作用

1. 企业内部报表是掌握情况、指挥生产的依据。企业的领导，要了解情况，组织指挥生产，就必须及时、准确地掌握产品产量、质量、生产进度、材料消耗、劳动生产率、成本利润等情况。这就要依靠企业内部报表提供各种统计数据，为企业组织生产、加强管理提供依据。

2. 企业内部报表为编制对外统计报表提供依据。各个企业都应该按照国家统一规定的表格形式、内容、程序按期上报统计报表，而编辑统计报表的资料大多数来自企业内部报表。从这个意义上说，企业内部报表是对外报表的基础。

3. 企业内部报表，为企业内部各职能部门进行业务核算和会计核算提供依据。各业务部门和财务部门进行业务核算和会计核算，需要利用企业内部报表的资料。如劳动工资部门计算劳动生产率，需要依据企业内部报表提供的产量资料；财务部门计算成本、利润时,同样需要企业内部报表所提供的有关产量、工资、材料、奖金等方面的资料。

(二)企业内部报表的种类

企业内部报表的种类很多,它反映的内容包括企业生产经营活动的各个方面。例如各种产品的产量、进度、质量,劳动时间利用情况,机械完好、利用情况,原材料收、支、存情况,以及成本、资金、利润等其他经济技术指标。

企业内部报表,按报送时间的长短,也可分为日报、旬报、月报等。对于主要的产品产量,要实行日(旬)报制(表6-22),以便及时掌握生产进度。而对于只需要观察一定时期内某些指标的执行结果,而并不需要经常掌握其情况的,如劳动时间利用情况,劳动定额执行情况,机械完好、利用情况,材料收、支、存情况,以及各项技术经济指标等,一般均采用月报形式(表6-23)。

建筑安装施工任务完成情况旬报　　　　　　　　　　　表 6-22

报送单位:　　　　　　　　200　年　月　日

序号	建设项目单位工程名称	工程性质	工程结构	开竣工日期		房屋建筑面积(m²)				建筑施工产值(万元)		自开工至本旬止形象进度完成情况
				开工	竣工	施工			竣工	本月本旬止累计完成	本旬完成	
						小计	其中:新开工	本月本旬止累计	本旬			

劳动定额执行情况月报　　　　　　　　　　　表 6-23

报送单位:　　　　　　　　200　年　月份

	定额工日数	实际工日数	定额完成程度(%)	按定额完成程度划分				
				100%以下	100%~110%	110%~120%	120%~130%	130%以上
甲	1	2	3=1/2	4	5	6	7	8
合计								
瓦工								
木工								
抹灰工								
钢筋工								
混凝土工								
⋮								
⋮								

(三)内部报表的编制问题

编制企业内部报表,必须按照报表制度的规定,做到准确、及时、全面,以便各级领导及时掌握情况。为了做到这一点,必须做好以下几项工作:

1. 做好编表前的准备工作

为了准确及时地编好报表,在上报报表之前,应提前做好准备工作。例如,统计月报应上报全月各种产品的产量、产值，在实行日报的单位中，应于月底前几日，先将本月一日起已有的资料汇总起来，到月底加上最后几日资料，即可迅速地汇总出全月的数字。否则一切工作都等最后一天来做，则需要时间与人力较多，很可能会影响上报时间。

2. 做好资料的审查工作

在编制报表过程中和编成报表之后，应对报表资料进行严密的审查。审查的目的是使报表中的资料能够达到全面和准确的要求，消灭差错于报出之前。审查工作主要从以下三个方面着手：

(1) 从统计制度方面进行审查　审查各种报表中各项指标是否齐全，各指标所包括的范围、名称、计算方法、排列次序、计量单位等是否合乎统计报表制度的规定。这关系到上级机关对报表资料的汇总工作和前后期资料的对比问题，因此，必须严格执行报表制度的统一规定。

(2) 从逻辑方面进行审查　在熟悉生产业务的基础上，审查各项指标的数字是否合乎本单位生产发展规律；与上期资料对比，与去年同期资料对比，观察有无突出的变化；与有相互联系的指标对比，观察有无矛盾的现象；本期初与上期末的数字是否相同等。如发现问题，要迅速查明原因，找出准确的数字来加以改正。

(3) 从技术方面进行审查　检查报表资料的过录、计算、汇总、抄写等方面有无差错。各数字加总是否等于合计数，数字书写方法是否清晰和合乎要求。

3. 编写文字说明

上报内部报表应同时附有简要的文字说明，其内容一般有：

(1) 有关报告期企业生产经营活动的主要活动情况及报表数字所不能反映的主要问题；

(2) 报告期生产及业务管理上存在的特殊问题；

(3) 统计计算上有必要说明的问题等。

在上报年度（或季度）报表的同时，有条件的，还应提出统计综合分析报告，但提出的时间可略迟于报表的上报时间。

4. 报请领导审核

统计报表编制完成后，要经本部门、本单位领导审查签章才能上报。部门和单位领导人应认真审查报表中所反映的情况是否属实，要防止只签章不审查的倾向。

报表上报后如发现错误，应用书面或电话向收表机关进行订正，并说明订正的原因，以维护统计报表的严肃性。

四、原始记录、统计台账、企业内部报表的关系

原始记录，统计台账以及企业内部报表之间存在着密切的关系。原始记录是统计台账和企业内部报表的基础。统计台账是介于原始记录和企业内部报表之间的账册，起着承前启后的作用。它将原始记录对个别事实的记录加以整理、归纳，按时间顺序登记在账册上，使统计资料系统化，条理化，为内部报表提供依据。企业内部报表是根据统计台账和其他有关资料编制的。企业内部报表资料带有综合性的特征。它是企业进行核算和内部管理的工具，同时又是编制对外报表的重要资料来源。可见，原始记录，统计台账，企业内部报表三个环节都很重要，三者互相制约、互相依赖，不论哪一个环节做得不好，都会影响统计资料的准确性和及时性。

练 习 题

一、简答题

1. 什么是建筑产品？建筑产品有哪些特点？
2. 建筑产品的基本分类如何？
3. 单位工程的形象进度如何表示？房屋建筑面积如何统计？
4. 什么是建筑业总产值？它的统计范围包括哪些方面？
5. 建筑业总产值包括哪几部分内容？建筑业总产值如何计算？
6. 什么是竣工工程产值？它的计算作用有哪些？
7. 什么是建筑企业总产值？建筑企业总产值如何计算？
8. 试述建筑产品质量评定的依据？建筑产品质量等级分为几种？等级标准如何确定？
9. 建筑产品质量统计指标有哪些？
10. 什么是原始记录？它有哪些特点和作用？
11. 什么是统计台账？它有哪些特点？
12. 统计台账有哪些种类？统计台账如何设置？
13. 什么是企业内部报表？企业内部报表有哪些？
14. 原始记录、统计台账和企业内部报表之间存在什么关系？

二、应用题

1. 某地区1997~2000年施工的大中型建设项目统计资料见表1所示。

表 1

	上年度跨入项目（个数）	停建复工项目（个数）	新开工项目（个数）	在本年施工建设项目中	
				已停建的项目（个数）	已竣工投产的项目（个数）
1997年	80	4	20	6	36
1998年	60	0	30	0	34
1999年	40	0	28	10	36
2000年	46	0	6	6	30

根据表1资料，试计算：

（1）各年施工建设项目个数和4年内累计施工建设项目个数；
（2）施工建设项目的动态指标（以1997年为基期）；
（3）各年建设项目竣工率和4年内累计建设项目竣工率。

2. 某工程处有下列资料，见表2所示。

表 2

	上期跨入本期的施工面积（m²）	本期新开工面积（m²）	本期竣工的面积（m²）	本期施工的面积（m²）
1月	5850	750	2450	
2月		2280	2800	
3月		2425	3940	

试计算：

(1) 请将表2内空白格数字计算填入；
(2) 一季度开工面积；
(3) 一季度竣工面积；
(4) 一季度累计施工面积；
(5) 计算一月、二月、三月及全季的竣工率。

3. 某施工单位有下列资料：

(1) 1998年跨入1999年的施工项目有金工车间建筑面积2800m² 已于5月份竣工；铸造车间2600m² 计划12月份竣工，实际比计划提前一个月竣工；

(2) 1#单身宿舍1500m²，计划1999年2月开工，12月份竣工，实际到年底主体结构尚未完成，列入跨年度计划，实际拖到次年5月竣工；

(3) 1999年5月开工的三层楼的单身宿舍，每层建筑面积800m² 已按计划在2000年4月竣工；

(4) 综合辅助车间2500m² 已按计划于1999年11月开工，计划2000年11月份竣工，实际至年末内部装修，水、电未完；

(5) 2000年3月开工建造的食堂450m² 按计划要求于8月份竣工；

(6) 2#家属宿舍3200m² 计划1990年2月开工，计划2000年11月竣工，实际于12月份竣工；

(7) 1999年5月份，托儿所500m² 正式开工，比计划规定（计划11月份竣工）晚1个半月竣工。

试计算1999年、2000年的竣工计划完成情况以及竣工率。

4. 某施工队有以下资料，见表3。

表3

工程名称	建筑面积(m²)	开、竣工日期		
		实际开工日期	计划竣工日期	实际竣工日期
金工车间	7200	1999年5月2日	2000年2月5日	2000年4月1日
铸工车间	4000	2000年3月4日	2000年11月1日	2000年12月5日
办公楼	15000	2000年10月2日	2000年11月2日	—
食 堂	2500	2000年3月1日	2000年11月1日	2000年11月15日
家属宿舍	4800	2000年4月2日	2000年12月8日	2000年12月20日
油 库	500	2000年7月12日	2000年11月8日	—

根据表3资料计算：1990年度的施工面积，计划竣工面积，实际竣工面积，房屋建筑竣工率，竣工计划完成程度（%）以及每千平方米竣工面积的施工工期。

5. 某施工单位报告月完成某宿舍楼的资料如表4所示。

表4

分项工程名称	单位	完成数量	预算价值（元）	分项工程名称	单位	完成数量	预算价值（元）
平整场地	m²	1130	0.16	M5水泥砂浆砖基础	m³	190	49.3
挖基槽	m³	480	1.8	防水砂浆防潮层	m²	120	2.09
C10混凝土	m³	190	68.9	基槽回填土	m³	180	0.87

试按照当地的取费标准，计算其施工产值。

6．某施工企业 2000 年实现利润 20 万元，上缴税金 22 万元，支付工资 85 万元，职工福利基金 9.35 万元，利息支出 7 万元，其他属于国民收入初次分配性质的支出为 12 万元。试计算该企业 2000 年的建筑业净产值。

7．已知某工程处所属三个施工队的施工产值资料如表 5 所示。

表 5

	本月				上月实际完成	本月与上月比较
	计划		实际完成	完成计划（%）		
	产值	比重（%）				
甲	1	2	3	4	5	6
一队	200			110	180	
二队		30	360	120	250	
三队	500				400	
合计		100				

试计算所缺数字，填入表 5 空白处。

8．根据某工地资料：

（1）建设厂房用钢筋混凝土柱子 5 个，在预制厂报废 1 个，损失 1500 元；

（2）购置水泵一台，开箱验收时，发现配套的 7kW 电机损坏，发生修理费 200 元；

（3）厂房工程施工过程中，因质量事故进行返工，损失材料费 23800 元，人工费 4800 元；综合费率为材料、人工费的 30%，在拆下材料中可重新利用的为 2800 元；

（4）一季度该工地完成施工产值 188 万元。

试计算该工地一季度的返工损失金额和返工损失率。

9．某建筑企业 2000 年末有如下统计资料。

表 6

单位工程	建筑面积（m²）	开、竣工日期		质量评定等级
		开工日期	竣工日期	
A	25000	1997.12.1	—	—
B	20000	1998.5.1	1999.12.31	优秀
C	18000	1998.10.1	—	—
D	15000	1998.10.1	1999.10.31	良好
E	24000	1999.3.1	—	—
F	8000	1999.4.1	1999.10.1	良好
G	12000	1999.5.1	1999.12.31	及格

根据上表资料，计算该建筑企业 1999 年度的下列指标：

（1）单位工程施工个数；

（2）本年新开工单位工程个数；

（3）单位工程竣工个数；

(4) 优良工程个数;
(5) 房屋建筑竣工面积;
(6) 本年新开工面积;
(7) 房屋建筑竣工面积;
(8) 优良工程建筑面积;
(9) 竣工单位工程平均日历工期。

10. 已知某单位建筑工程已完工,该工程按预算定额规定完成直接费 286 万元,按施工合同规定应取其他直接费 25 万元和其他费用 10 万元,按当地建筑工程费用定额规定计算建筑工程产值。

11. 已知某单位设备安装工程已完工,该工程按预算定额规定完成直接费 40 万元,其中人工费 12 万元,按施工合同规定应取其他直接费用和其他费用各 1 万元,按当地设备安装工程费用定额计算安装工程产值。

第七章 建筑业企业劳动工资统计

内容提要： 本章主要讲述建筑业企业从业人员总量、构成、变动情况及人数指标计算；劳动时间利用情况、劳动生产率、从业人员收入和保险福利费用统计以及劳动基层统计的工作程序。

建筑业企业劳动工资统计是建筑业统计的重要组成部分，它的基本任务是准确、及时、全面、系统地搜集整理和分析建筑业企业劳动工资统计资料，为各级管理部门进行管理决策提供服务。

第一节 建筑业企业从业人员统计

建筑业企业要从事施工生产活动，必须要有一定的劳动力作保证。充分、合理地组织建筑企业劳动力是提高劳动生产率、降低工程成本的重要途径。准确统计从业人数及构成，是检查企业劳动力配备是否合理的依据。

一、建筑企业从业人员的统计范围

建筑业企业从业人员，是指在建筑业企业中工作，并取得劳动报酬的全部人员。包括职工和其他人员两部分。建筑业企业从业人员指标反映了企业实际参加生产或工作的全部劳动情况。

（一）建筑业企业职工

1. 建筑业企业职工的概念

建筑业企业职工是指在国有经济、城镇集体经济、联营经济、股份制经济、外资和港、澳、台投资经济、其他经济类型的建筑企业及其附属机构工作，并由其支付工资的各类人员。

职工是从业人员指标中的一项，是从业人员的主要组成部分，判断一个从业人员是否为建筑企业职工，主要有两个标志：

（1）在建筑企业及所属机构工作；

（2）由本企业支付工资，且工资应为生活费的主要来源。如此说来，企业中的绝大部分劳动力都应统计为职工，但有两部分人需要扣除：首先是离退休再就业人员不能统计为职工，因为尽管有少数离退休再就业人员从企业取得的收入也相当高，但从总体上讲，这部分从业人员生活费主要来源是离退休金。其次，在建筑企业工作的港澳台人员和外籍人员也不能计入，这主要是与境内从业人员加以区别。

下列人员不能列入职工统计范围：

（1）实行个人承包经营不再由原建筑企业支付工资的人员；

（2）从单位领取原材料，在自己家中进行生产的家庭工；

(3) 发包给其他单位半成品加工、装配、包装等工作所使用的人员；发包给其他单位的拆洗缝补、房屋修缮、装卸、搬运、短途运输等工作所使用的人员；承包本单位工程或运输业务，其劳动力不由本单位直接组织安排的农村搬运工人、建筑队等人员等；

(4) 根据国务院国发〔1981〕181号文件规定，经省、自治区、直辖市批准从农村就近招用，参加铁路、公路、输油输气管线、水利等大型土石方工程工作，工作结束后立即辞退，不得调往新施工地区的瓦工；但其他以"民工"名义，从农村招收的参加一般建筑的人员，应列入"职工"中统计；

(5) 参加建筑企业生产劳动的军工和勤工俭学的在校学生，以及大中专、技工学校的实习生；

(6) 经单位批准停薪留职、保留企业职工身份的人员。如自费上大学，出国探亲及离开企业自谋出路等人员。

2．职工人数统计的原则

(1) 各单位的职工人数要本着"不重不漏"的前提进行统计，一般采取以下办法：

1) 坚持"谁发工资谁统计"。即不论是编制内还是编制外的人员，不论是计划内还是计划外的人员，不论是出勤人员还是未出勤人员，不论是正式人员还是试用人员，不论是在本单位工作还是临时借调到外单位工作的人员，只要是由本单位支付工资，就应该统计为该单位的职工。

2) 谁发基本工资谁统计。在经济搞活的情况下，有的人同时在两个或者两个以上的单位工作并领取工资，但一般情况下，只能在一个单位领取基本工资，则该人员由发放基本工资的单位统计。

3) 职工档案所在单位统计。如果按上述办法仍不能解决某职工由哪个单位统计时，可先确定该职工的档案在哪个单位，则该职工的档案所在单位应优先统计。

(2) 对于新招收的人员，从其报到参加工作之日起，不论是否发放了当月的工资，即应统计为本单位职工。对于自然减员、参军（包括参军后原单位仍发给部分生活费或者补贴的人员）、不带工资上学的人员，从离开之日起不再统计为本单位的职工。对于调往其他单位的人员，调离单位从停发工资之月起不统计为职工，调入单位从发放工资之月起统计为本单位职工。

(二) 其他从业人员

其他从业人员，指劳动统计制度规定不作职工统计，但实际参加各单位生产或工作并取得劳动报酬的人员。包括：

1．聘用和留用的离退休人员；

2．外方人员和港、澳、台方人员；

3．领取补贴的人员，即指由街道、里弄临时安排到单位劳动锻炼的待业青年和犯了错误开除公职留用察看的人员。但不包括在单位工作并领取劳动报酬的在校学生、兼职人员和从事第二职业的人员。

二、建筑业企业职工的分类

在劳动统计中，不仅要准确计算建筑业企业职工总数，还要按一定的标志进行分组统计，用于分析研究各组成部分的构成及变化。

1．按用工期限可分为

(1) 长期职工

长期职工指用工期限在 1 年以上（含 1 年）的职工。包括原固定职工、合同制职工、长期临时工以及国有企业使用的城镇集体所有制单位的人员和其他使用期限在 1 年以上的原计划外用工。

(2) 临时职工

临时职工是指用工期限不超过 1 年的职工。包括各企业根据国家有关规定招用的签订 1 年以内的劳动合同或者使用期不超过一年的临时性、季节性用工。

2．按劳动岗位可分为

(1) 工人

工人指从事建筑安装、附属辅助生产、多种经营和运输工作的工人，其中：

建筑安装工人，指在施工现场从事建筑安装工作和直接服务于施工过程的工人，包括参加现场建筑安装施工的工人，如瓦工、抹灰工等；在施工现场生产预制构件的工人；利用自有机械或者配合租赁机械进行施工的工人；施工现场的从事土石方、半成品、原材料运输的工人；从事施工前的障碍物拆除和清理或竣工后收尾工作的工人；从事大型和小型临时设施施工的工人；从事防雨、防寒、防湿、现场道路整修、工具修理、先进机具试制及新技术试验的工人；工地仓库工人；现场非标准设备制作工人；以及调动在途的建筑安装工人。

附属辅助生产工人，指一个大型施工现场、一个地区为建筑施工活动而设置的混凝土搅拌厂（站）、预制构件厂、大型砌块厂、木材加工厂、金属结构厂、机械修理和制造厂等单位的生产工人。

从事多种经营与运输工作工人，指专门从事建筑材料生产，或者利用边角余料从事小五金、小商品等生产的多种经营生产工人，以及从事现场以外运输和装卸工作的运输工人。

(2) 学徒

指在熟练工人指导下，在生产劳动中学习生产技术、享受学徒工待遇的人员。

(3) 工程技术人员

指担负工程技术工作和工程技术管理工作，并且有工程技术工作能力的人员，包括：取得工程技术职务资格，已被聘用或者任命工程技术职务，并担任工程技术工作的人员；无工程技术职务，但取得工程技术职务资格或者从大学、中专理工科毕业，并担任工程技术工作的人员；未取得工程技术职务资格或者无学历，但实际担任工程技术工作的人员；已取得工程技术职务资格或者大学、中专理工科系毕业，在企业中担任工程技术管理工作的人员。包括：总工程师、车间主任，以及在计划、生产、生产设备、检查、安全技术、设计、工艺、劳动定额、工具设备、动力、基建、环境保护等科室从事工程技术管理工作的人员。

工程技术人员中，不包括已取得工程技术职务资格或者大学、中专理工科系毕业，但未担任任何工程技术工作和工程技术管理工作的人员。

(4) 管理人员

指企业的厂长、经理以及在各职能机构、各级建筑施工组织（或附属辅助生产单位）中从事行政、生产、经济管理和政治工作的人员。包括长期（连续六个月以上）脱离生产岗位、从事管理工作的工人在内。

（5）服务人员

指服务于职工或者间接服务于生产的人员。包括：食堂工作人员、哺乳室、托儿所、幼儿园工作人员；文化教育（如职工文化技术教育站、图书馆、俱乐部）工作人员；卫生保健（如医务室、保健室）工作人员；保安警卫和消防人员；住宅管理和维修人员；勤杂人员（与生产有关的勤杂工算工人，不算服务人员），以及其他生活福利工作人员和社会性服务机构人员。

社会性服务机构人员：指某些与本企业生产无直接关系，但由企业举办的社会性服务机构的工作人员。如企业办的大中专院校、技工学校、中小学校；医院、商店、粮店、邮局、派出所等的工作人员。

（6）其他人员

指由本企业支付工资，但所从事的工作与本企业生产基本无关的人员。包括：农副业生产人员；出国援外和出国劳务人员；长期（连续六个月以上，下同）学习人员；长期病伤产假人员；长期派驻外单位工程人员；退养人员和厂内待业人员等。

在填报职工按岗位分组时要注意以下两点：

第一，对职工按劳动岗位分组，是按报告期（时点）职工实际所在的劳动岗位情况进行填报的，与职工的身份、学历等基本无关。如某职工是理工大学毕业，但现在是工人岗位，则不应统计为工程技术人员而应统计为工人。但有的职工可能只有初中文化程度，但现在从事工程技术管理工作，则不应统计为工人而应统计为工程技术人员。

第二，有的职工可能在两种及两种以上岗位工作，则按下面三个办法确定他（她）应被统计在哪一类岗位上。首先看哪一个岗位是主岗，哪一个是副岗。如果副经理兼总工程师，则应统计为管理人员，而不应统计为工程技术人员；其次按劳动时间较多的岗位统计；再次按工资类型统计，在按劳动时间仍不易区分时，则看他拿的是什么类型的工资。如某科长又是工程师，则看他拿的是科长的工资还是工程师的工资。

3. 职工按是否在岗分类

（1）在岗职工。指报告期（时点）在单位工作并领取工资的职工。

（2）不在岗职工。指报告期（时点）不在单位工作，但仍与单位保留劳动关系并由单位统计的职工。它包括下岗职工和内部退养职工。下岗职工是指实行劳动合同制以前参加工作的国有企业的正式职工（不含从农村招收的临时合同工），以及实行劳动合同制以后参加工作且合同期未满的合同制职工中，因企业的生产和经营状况等原因，已经离开工作岗位，并已不在本企业从事其他工作，但尚未与企业解除劳动关系、没有在社会上找到其他工作的人员。内部退养职工是指距法定退休年龄5年以内并已经离开原工作岗位的企业富裕人员，经职工本人自愿申请，企业领导批准，办理内退手续的人员。职工在内退期间由企业发给生活费，缴纳各种社会保险费用，待达到法定退休年龄时，按照规定办理退休手续。需要注意的是，内部退养职工仍作为职工进行统计，待正式办理退休手续后，再作减员处理。

4. 按工作性质分类

（1）生产人员。包括工人、学徒、直接从事生产活动的管理人员以及直接从事生产活动的工程技术人员。

(2) 非生产人员。包括管理人员、工程技术人员、服务人员和其他人员。

5. 按其他标志分类

(1) 按性别分组,对企业按照生产和工作需要合理安排劳动力有着重要的作用;

(2) 按年龄分组,对企业实现劳动力资源平衡,合理调配,培养和使用职工以及劳动力的更新有积极意义;

(3) 按工作年限分组,有助于研究职工从事工作的专业化程度,保障职工队伍的稳定性;

(4) 按文化程度分组,有助于研究职工所受教育的程度,落实提拔、调配和培养职工的计划;

(5) 按技术等级分组,可以反映职工的技术熟练程度及其构成变化情况;

(6) 按工种分组,可以反映企业的生产能力和劳动力分布的均衡程度。

三、建筑业企业从业人员统计指标

现行统计制度规定的从业人员统计指标有两种。一种是期末人数,一种是平均人数。

(一) 期末人数

从业人数按其性质来讲属于时点现象,因此,统计上需要经常反映某一个时点上的人数,因为人数在一定时期会经常变动,必须在一定时点上才能确定。为了避免重复和遗漏,我国统计制度规定,统一计算期末人数。

国家统计局规定的指标是"从业人员年末人数"。同时还要分别统计"职工年末人数"和"其他从业人员年末人数"。在"职工年末人数"中,还要分别统计女性年末人数、合同制职工年末人数、使用的农村劳动力年末人数、长期职工年末人数、临时职工年末人数以及按岗位分类的各类人员的年末人数。

报告期的期末人数说明企业本期人数变动的结果,反映下期可供使用的劳动力数量。计算期末人数的目的在于研究一定时点上各类人员的拥有数量、增减变化、分布情况和比例关系,是编制和检查从业人数计划、研究劳动力配备等情况和计算一定时点人均指标的依据。

但是,时点人数不能反映整个报告期内所拥有的劳动力数量。因此还需要计算平均人数,来说明报告期内实有人数。

(二) 平均人数

平均人数是指报告期内平均每天拥有的从业人数。常用的平均人数指标有月平均人数、季平均人数和年平均人数。

国家统计局规定的指标是"从业人员年平均人数"。同时还要分别统计职工年平均人数和其他从业人员年平均人数。在职工年平均人数中要单独反映长期职工年平均人数和临时职工年平均人数。

1. 月平均人数,即按报告月平均每天拥有的人数。其计算公式为

$$月平均人数 = \frac{报告月内每天实有人数之和}{报告月日历日数}$$

对人数变动很小的企业,其月平均人数可采用如下公式计算

$$月平均人数 = \frac{月初人数 + 月末人数}{2}$$

当企业人数的变动均匀时,用这种方法计算的月平均人数是符合实际的,否则它只能在某种程度上接近于实际拥有的平均人数。

在计算月平均人数时要注意
(1) 公休日和节假日的人数应按前一天的人数计算;
(2) 每日人数按在册人数计算,不能按出勤人数或者实际作业人数计算;
(3) 对新建立不满全月的企业,分子为建立后各天实有人数之和,分母仍按该月日历日数计算,而不能用该企业建立的天数。

【例7-1】 新成立的某建筑企业,从9月11日开工,每日实有人数为600人,计算该建筑企业9月份的月平均人数。

【解】 $$月平均人数 = \frac{600 \times 20}{30} = 400（人）$$

2．季平均人数,即报告季内平均每天拥有的人数。计算公式为

$$季平均人数 = \frac{报告季内各月平均人数之和}{3}$$

3．年平均人数,即报告年内平均每天拥有的人数。计算公式为

$$年平均人数 = \frac{报告年内各月平均人数之和}{12}$$

或 $$年平均人数 = \frac{年内各季平均人数之和}{4}$$

应该指出,季(年)内新成立的开工不满全季(年)的建筑企业,在按上式计算季(年)平均人数时,仍应用3(或者12)去除季(年)内各月平均人数之和。

平均人数指标可用来分析企业在一个时期内平均拥有人数的情况,也可用此数据来计算企业劳动时间利用情况和人均指标,如劳动生产率、平均工资等。

四、从业人数的变动统计

企业在生产经营过程中,从业人数总是处于变动之中,从企业来看,一方面由于发展生产的需要,不断地增加人员;另一方面,由于工作调动、参军、退休等原因而减少人员。为了反映从业人数变动的规模和程度,就需要对从业人数的增减变动进行统计。

从业人数的增减变动,是通过编制从业人数增减变动平衡表来反映的。如表7-1所示。

从业人数增加来源和减少去向平衡表　　　　　　　　　　　表7-1

	人数		人数
一、期初从业人数	800	三、本期减少的从业人员	40
二、本期增加从业人数	207	1. 离休、退休、退职人员	25
1. 从农村招收的人员	120	2. 开除、除名、辞退人员	2
2. 从城镇招收的人员	60	3. 调出人员	8
3. 录用的复员转业军人	2	4. 其他	5
4. 录用的大中专、技工学校毕业生	10	四、期末从业人数	967
5. 停薪留职复职人员	4		
6. 调入人员	8		
7. 其他	3		

建筑企业将报告期内增加的人数按来源分组,就可具体了解各种来源增加的人数;将报告期内减少的人数按去向分组,也可以具体表明各种去向的人数所占的比重,借以了解

人员减少的主要原因和对劳动政策的执行情况。

企业从业人数的增减变动存在下列平衡关系：

期初人数 + 本期增加人数 = 本期减少人数 + 期末人数

从业人数增减的绝对指标，能够反映企业人数增减变化的过程及其原因，但不能反映人数增减变动程度，所以，需要计算从业人数增减程度指标。其计算公式为

$$从业人数增（+）减（-）变动程度（\%）= \frac{期末人数 - 期初人数}{期初人数} \times 100\%$$

根据表 7-1 计算：

$$从业人数增减程度 = \frac{967 - 800}{800} \times 100\% = 20.88\%$$

第二节 劳动时间利用情况统计

在劳动力人数一定的条件下，充分合理地利用劳动时间，对提高劳动生产效率，降低工程成本具有重要意义。因此，劳动统计不仅要反映从业人数、职工的人数及其构成和变动，而且还要研究劳动时间的利用情况。

劳动时间利用情况统计的任务，在于反映劳动时间利用情况，查明劳动时间没有利用的原因，为挖掘劳动潜力，加强劳动管理提供资料。

生产工人在施工生产过程中起着主要的、直接的作用。着重研究生产工人劳动时间的利用情况，有更为重要的意义。

一、工人劳动时间的概念、构成及其核算方法

在劳动统计中，劳动时间通常是以"工日"和"工时"作为计量单位。1 个工人作业 1 天（8 小时）的时间算作 1 个工日，作业 1 个小时算作 1 个工时。

为了研究劳动时间的利用情况，还要明确劳动时间的概念、构成及其核算方法。

（一）日历工日数

日历工日数，是指报告期内每天（包括节假日）实有工人人数之和。它是建筑企业在报告期内拥有的劳动时间总数。在实际工作中，报告期的日历日数，也常用其平均人数乘日历日数计算。

（二）公休工日数、实际公休工日数和公休日加班工日数

公休工日数也称制度公休工日数，是指国家或者建筑企业规定的节假日等公休日中每天实有工人人数之和，在制度公休日中每天实际休息的工人人数之和，为实际公休工日数。在制度公休日中，如果工人未休息而加班，凡一个工人加班满一个轮班的，计算为一个"公休日加班工日"（加班不满一个轮班，按加点计算）。公休日加班工日数是实际作业工日的一个组成部分。

报告期内公休日数，也可用报告期平均工人数乘制度公休日数计算。公休日加班工日数，可根据加班记录汇总得到。用制度公休工日数减公休日加班工日数，就得实际公休工日数。

（三）制度工作工日数（简称制度工日数）

制度工作工日数是指报告期内国家（或者建筑企业）规定的制度工作日中每天实有工

人人数之和。制度工日数是制度规定应当利用的最大劳动时间总数。因此，把它作为考核分析劳动时间利用的基础。

报告期制度工日数，可用报告期平均工人数乘制度工作天数计算，也可按下列公式计算：

$$制度工日数 = 日历工日数 - 制度公休工日数$$

或　制度工日数 = 日历工日数 - 实际公休工日数 - 公休日加班工日数

（四）出勤工日数和全日缺勤工日数

出勤就是到班，工人到班后不论是否工作或者工作时间长短，都算出勤。出勤工日数是报告期制度工作日中每天出勤工人人数之和。它是建筑企业在报告期内实际可能利用的劳动时间总数。它等于制度工日数减全日缺勤工日数。

缺勤，是指按制度规定工人应当到班参加生产，但由于建筑企业单位工人本身的原因（如病假、产假、事假、探亲假、工伤假、旷工等）未能到班，缺勤满一个轮班的称为全日缺勤。全日缺勤工日数是报告期内每天全日缺勤工人人数之和。

出勤工日数和全日缺勤工日数，均可根据考勤记录逐步汇总得到。两者之和应等于报告期制度工日数。因此，出勤工日数等于制度工作工日数减全日缺勤工日数。

（五）全日停工工日数

全日停工工日数是指在制度规定的工作日内出勤后，由于原材料缺乏、电力不足、等待图纸、设计变更、气候影响等原因未能工作的工日数之和。工人停工后被调做其他非生产性工作，仍应作停工工日计算。但是，由于事先预知的原因（如计划停电），建筑企业将工作日与公休日调换使用，工人在工作日休息不算停工，以后在公休日工作也不算加班。

全日停工工日数可根据工人考勤记录逐级汇总得到。

（六）全日非生产工日数（也称公假工日数）

全日非生产工日数是指工人虽已出勤，但由于执行国家义务或者从事其他非生产活动，如参加选举、防汛、抗旱、开会、听报告、参观、学习等，而未参加本单位生产的工日数之和。非生产工日数是出勤工日，但不作为实际作业工日，也不作为全日停工工日。

（七）制度内实际工作工日数

制度内实际工作工日数，是指在制度规定工人应参加生产的时间内，工人实际工作的工日数。其计算公式为：

制度内实际工作工日数
= 日历工日数 - 制度公休工日数 - 全日缺勤工日数 - 全日停工工日数 - 全日非生产工日数 = 出勤工日数 - 全日停工工日数 - 全日非生产工日数

（八）实际工作工日数

实际工作工日数，是指报告期内每天实际参加生产的工人人数之和，而不管工人在各天中工作时间的长短。它包括制度内实际作业工日数和公休日加班工日数。用公式表示如下：

实际作业工日 = 公休日加班工日数 + 制度内实际工作工日数

（九）实际工作工时数

实际工作工时数，指工人在报告期内以工时为单位计算的净劳动时间。它能比较精确地反映生产工人实际用于生产上的劳动时间总量。

非全日缺勤、非全日停工、非全日非生产的时间，就是以工时为单位计算的未被利用的劳动时间。其计算公式如下：

实际工作工时数

＝实际工作工日数×劳动日标准长度－非全日缺勤工时数－非全日停工工时数－非全日非生产工时数＋加点工时数

为了便于了解各种劳动时间的联系，可绘制以下劳动时间构成图（见图7-1）。

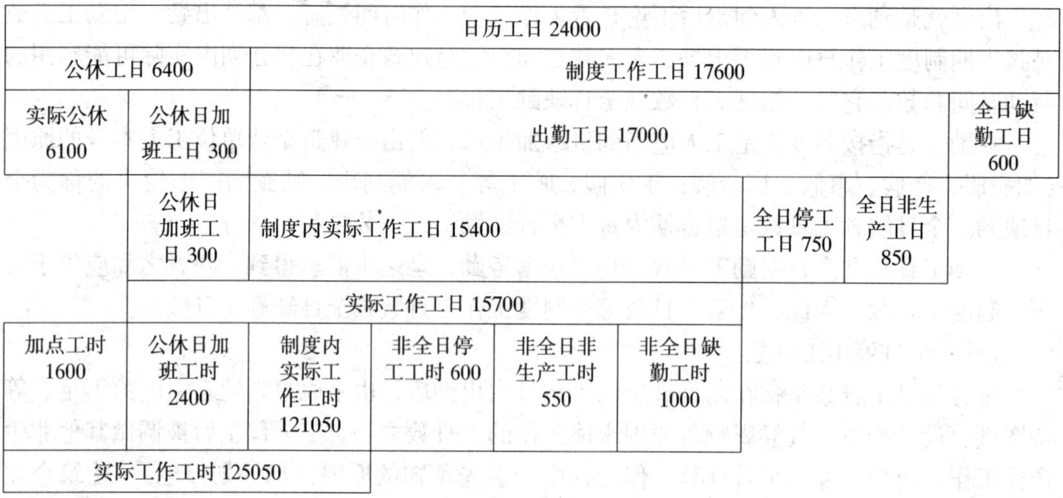

日历工日 24000						
公休工日 6400		制度工作工日 17600				
实际公休 6100	公休日加班工日 300	出勤工日 17000				全日缺勤工日 600
	公休日加班工日 300	制度内实际工作工日 15400			全日停工工日 750	全日非生产工日 850
		实际工作工日 15700				
加点工时 1600	公休日加班工时 2400	制度内实际工作工时 121050	非全日停工工时 600	非全日非生产工时 550	非全日缺勤工时 1000	
实际工作工时 125050						

图7-1 某企业6月份劳动时间构成图

【例7-2】 某建筑企业2000年6月份生产工人平均人数为800人，该月有8个公休日，根据6月份考勤记录汇总的有关资料如下：

公休日加班300工日，加点1600工时；

全日缺勤600工日，非全日缺勤1000工时；

全日停工750工日，非全日停工600工时；

全日非生产850工日，非全日非生产550工时。

试据此绘制该企业6月份劳动时间构成图。

【解】 根据上述资料计算工人劳动时间构成指标如下：

日历工日数＝日历日数×平均生产工人数

＝30×800＝24000（工日）

制度公休工日数＝公休日数×平均生产工人数

＝8×800＝6400（工日）

制度工作工日数＝制度工作日数×平均生产工人数

＝22×800＝176000（工日）

出勤工日数＝制度工作工日数－全日缺勤工日数

＝17600－600＝17000（工日）

制度内实际工作工日数＝出勤工日数－全日停工工日数－全日非生产工日数

＝17000－750－850＝15400（工日）

$$实际工作工日数 = 制度内实际工作工日数 + 公休日加班工日数$$
$$= 15400 + 300 = 15700（工日）$$

实际工作工时数 = 实际工作工日数×劳动日标准长度 + 加点工时数 − 非全日缺勤工时数 − 非全日停工工时数 − 非全日非生产工时数

$$= 15700 \times 8 + 1600 - 600 - 550 - 1000 = 125050（工时）$$

根据以上计算，绘制劳动构成图如图 7-1 所示。

二、工人劳动时间利用情况指标

（一）出勤率

出勤率指工人实际出勤到岗的时间占制度工作时间的比例，是研究工作时间利用的一项基本指标。其计算公式为

$$出勤率 = \frac{出勤工日（工时）数}{制度工日（工时）数} \times 100\%$$

$$按工日计算的出勤率 = \frac{17000}{17600} \times 100\% = 96.59\%$$

$$按工时计算的出勤率 = \frac{17000 \times 8 - 1000}{17600 \times 8} \times 100\%$$

$$= \frac{135000}{140800} \times 100\% = 95.88\%$$

通过计算出勤率指标，可以摸清其变动规律，为编制生产计划和充分使用劳动时间提供依据。

要提高劳动时间的利用程度，首先要提高出勤率。出勤率愈高，可能被利用的劳动时间将愈多。因此，要提高出勤率，应分析各种缺勤原因，努力减少全日缺勤和非全日缺勤现象。

缺勤率是缺勤时间占制度时间的比例，它反映制度时间内应利用而未被利用的时间比重，其计算方法是用 1 减出勤率求得。

（二）出勤时间利用率

反映制度内实际工作工日（工时）数与出勤工日（工时）数的比率。其计算公式为

$$出勤时间利用率 = \frac{制度内实际工作工日（工时）数}{出勤工日（工时）数} \times 100\%$$

$$出勤工日利用率 = \frac{15400}{17000} \times 100\% = 90.59\%$$

$$出勤工时利用率 = \frac{121050}{17000 \times 8 - 1000} \times 100\% = 89.67\%$$

出勤时间利用率，说明工人出勤时间被利用的程度，它受停工时间和非生产时间的影响。要提高出勤时间利用率，就要尽可能减少停工和非生产时间。

（三）制度工作时间利用率

它是制度内实际工作的工日（工时）数与制度工作工日（工时）数之间的比率。其计算公式为

$$制度工作时间利用率 = \frac{制度内实际工作的工日（工时）数}{制度工作工日（工时）数} \times 100\%$$

$$制度工日利用率 = \frac{15400}{17600} \times 100\% = 87.5\%$$

$$制度工时利用率 = \frac{121050}{17600 \times 8} \times 100\% = 85.97\%$$

制度工作时间利用率，反映制度工作时间实际利用的程度，它受停工时间、非生产时间和缺勤时间多少的影响。要提高制度时间利用程度，必须进一步查找原因，尽可能减少停工时间、非生产时间和缺勤时间。

（四）加班加点比重

企业为了完成生产任务，有时会要求工人加班加点工作。加班加点过多，会影响工人身体健康，容易造成事故，影响施工质量，为了分析加班加点原因并加以控制，需要计算加班加点比重。其计算公式为

$$加班加点比重 = \frac{加班加点工日（工时）数}{制度工日（工时）数} \times 100\%$$

$$加班比重 = \frac{300}{17600} \times 100\% = 1.7\%$$

$$加班加点比重 = \frac{300 \times 8 + 1600}{17600 \times 8} \times 100\% = 2.84\%$$

（五）平均作业天数

它反映在报告期内平均每个工人实际工作了多少天。其计算公式为

$$报告期平均作业天数 = \frac{实际工作工日数}{平均工人数}$$

$$= \frac{15700}{800} = 19.63 \text{ 天／人}$$

表明该建筑企业 6 月份平均每一工人工作 19.63 天。如果扣除加班的因素，则

$$制度内平均作业天数 = \frac{制度内实际作业工日数}{平均工人数}$$

$$= \frac{15400}{800} = 19.25 \text{ 天／人}$$

三、劳动时间平衡表的编制与运用

为了全面反映建筑企业生产工人的全部劳动资源的利用情况，分析未被利用的原因，以便改善劳动管理，充分利用劳动资源，可以在劳动时间核算的基础上编制劳动时间平衡表。

劳动时间平衡表由劳动资源与劳动消耗两个部分组成。左边部分是劳动资源，它是以制度工日或工时总数为基础，作为最大可能工作时间。右边是劳动消耗，除列出制度内实际工作工日或工时外，还要对未使用的时间加以分类，并按其发生的具体原因逐项列出。为了便于分析，还可计算出每个项目在制度工作工日或工时中的比重。

编制劳动时间平衡表时对加班加点时间可以作为补充资料列在平衡表之外。因为这部分时间是超出制度劳动时间总数范围的时间，如列在表内就会使劳动资源与劳动消耗无法平衡。

【例 7-3】 现根据上例资料，编制该企业 2000 年 6 月份劳动时间平衡表（表 7-2）如下：

此外，加班工日：300 工日。

根据表内资料可作如下分析：

1. 分析劳动时间未被充分利用的原因

分析劳动时间未被利用的原因,可从各种未利用时间占制度工作时间的比重入手。一般地说,比重较大者即为主要原因。该企业未利用时间中全日缺勤占3.41%,其中病假占1.99%;全日非生产占4.83%;全日停工占4.26%,其中原料不足占2.77%。

建筑企业生产工人劳动时间平衡表　　　　表7-2

2000年6月

劳动资源		劳动消耗		
项目	数量	项目	数量	比重(%)
1. 日历工日	24000	1. 制度内实际工作工日	15400	87.5
减:制度公休工日	6400	2. 全日缺勤工日	600	3.41
		其中:(1) 产假	60	0.34
		(2) 病假	350	1.99
		(3) 事假	120	0.68
		(4) 工伤假	30	0.17
		(5) 矿工	40	0.27
		3. 全日非生产工日	850	4.83
		4. 全日停工工日	750	4.26
		其中:(1) 原料不足	400	2.27
		(2) 动力不足	80	0.45
		(3) 设备事故	180	1.02
		(4) 设计变更	90	0.51
2. 制度工日	17600	合计	17600	100.00

进行这种分析时,要特别注意对停工时间的分析。因为停工时间是企业可以利用而未利用的劳动时间,是损失了的劳动时间。上例资料表明该企业6月份停工750工日,所占制度工日比重较大。

2. 分析劳动时间未被利用而造成的损失

对未被利用的时间,可以计算以下两个指标,用以说明劳动时间未被利用的严重程度,从而引起企业领导和职工的注意。

(1) 由于工日未被利用而损失的劳动力 = $\dfrac{\text{报告期未被利用的工日数}}{\text{报告期每个工人制度工作天数}}$

$= \dfrac{2200}{22} = 100$ 人(相当于100人全月没有工作)

设平均每工日产值为80元,则可以计算

(2) 由于时间未能充分利用而造成的减产额 = 平均每工日产值 × 未能利用工日数

$= 80 \times 2200 = 176000$ 元

3. 分析加班(加点)情况

在建筑企业中,有时一方面存在着制度时间未被充分利用,另一方面又存在着加班加点的现象。因此必须注意对加班加点的分析,一般是计算加班(加点)比重指标,以反映加班(加点)的情况。

4. 分析劳动时间未被利用的潜力

为了反映劳动时间未被利用的潜力,可将表内资料与本企业历史较好水平的资料以及与同类型企业劳动时间平衡表资料进行对比,从而发现本企业的薄弱环节,查明原因,提出措施,以便进一步提高劳动时间的利用程度。

第三节 劳动生产率统计

劳动生产率是表明劳动者在一定时间内生产社会产品的能力,是以产品产量与其相应的劳动消耗量的比值来表示的。建筑业劳动生产率是以从业人员在单位时间内所创造的价值量或者实物量来表示的。

不断提高建筑业劳动生产率水平,对于降低工程成本,提高经济效益具有重大意义。因此建筑业劳动生产率统计的主要任务是要反映一定时期的劳动生产率水平,检查劳动生产率计划和劳动定额的执行情况,分析劳动生产率的变动及其原因,总结经验并研究进一步提高劳动生产率的途径。

一、劳动生产率的表示方法

（一）用单位时间所生产的产品数量表示,即

$$劳动生产率 = \frac{产品产量}{劳动时间}$$

采用这种方法时,所计算的指标数值愈大,劳动生产率愈高,两者成正比。因此一般称之为劳动生产率的正指标。由于这种方法可以直接反映劳动生产率水平,所以在各级计划和统计工作中被广泛采用。

（二）用生产单位产品所耗用的劳动时间表示,即

$$劳动生产率 = \frac{劳动时间}{产品数量}$$

采用这种方法时,所计算的指标数值愈小,劳动生产率水平愈高,两者成反比。因此相应地称为劳动生产率的逆指标。这种方法主要是在制订劳动定额和检查劳动定额执行情况时采用。

以上两种劳动生产率的表示方法,只是表现形式不同,并无本质上的差异。因为增加单位时间内的产量与减少单位产量的劳动消耗,从经济上看,效果是相同的,从数学关系上看,两者互为倒数。即

$$\frac{产品产量}{劳动时间} = \frac{1}{\frac{劳动时间}{产品产量}}$$

二、建筑业企业劳动生产率及其计算

计算建筑业劳动生产率的产品产量指标,一般采用实物量（实物工程量、竣工面积）以及价值量（总产量、增加值）指标。劳动消耗量指标一般有建筑企业的全部从业人员（或职工）人数、建筑业企业全部从业人员（或职工）中扣除其他人员人数、建筑安装工人人数。时间口径有月、季、年、工日、工时等。

（一）以实物量计算的劳动生产率

1. 按房屋建筑竣工面积计算的劳动生产率

它是按建筑企业全部从业人员（或建筑安装工人）及其全年竣工面积所计算的劳动生产率,其计算公式为

$$年人均房屋建筑竣工面积 = \frac{年内完成的房屋竣工面积之和}{平均人数}$$

式中分母是指建筑业企业报告期实有的,与建筑施工活动有关的人员的平均人数。

由于房屋建筑的施工工期长,如果计算所用的时间太短,竣工面积往往不能代表该时期所完成的工程量,所以该指标的时期长短一般以年计。

该指标可以明确具体地反映劳动生产率的高低,并可对年内竣工的所有房屋进行综合计算,而不论这些房屋的用途或者结构是否相同,因此,它可在一定程度上综合地反映建筑企业的劳动生产率水平。

但是建筑企业除承担房屋建筑任务外,往往还承担非房屋建筑的生产任务,而非房屋建筑则不用面积表示。因此"年人均房屋竣工面积"也不能全面反映施工企业的劳动生产率水平;而且完成的非房屋建筑愈多,它所反映的劳动生产率愈低。其次"竣工面积"只是施工企业全年施工的房屋建筑面积的一部分。当施工面积已定时,竣工率愈低,其竣工面积将愈少,但施工企业的劳动生产率不一定因之而愈低。而另一方面,年内竣工的房屋,又可能并非全是本年的"产品"。因此,即使仅就房屋建筑而言,该指标也不能确切反映该施工单位的劳动生产率水平。

【例 7-4】 某建筑企业 2000 年全部职工平均人数为 1200 人,其中从事社会性服务机构的年平均人数为 120 人,其他人员年平均有 6 人,全年完成房屋竣工面积为 47256m²,计算该企业年人均房屋竣工面积。

【解】 年人均房屋竣工面积 $= \dfrac{47256}{1200-120-6} = 44 \text{m}^2/\text{人}$

2. 按工种工程计算的实物劳动生产率

这是从事某些主要工种工程的建筑安装工人,按其完成的实物工程量所计算的劳动生产率。他们所耗用的劳动时间,可以用实作工日数表示,也可以用平均人数表示。其计算公式为:

$$工人工种劳动生产率 = \dfrac{报告期实际完成的某种工程量}{完成该工种工程量的实际工作工日(工时)数}$$

或

$$工人工种劳动生产率 = \dfrac{报告期实际完成的某种工程量}{完成该工种工程量的平均工人数}$$

以上用实际工作工日(工时)数计算的劳动生产率是日(时)劳动生产率,它反映了按工日(工时)计算的纯劳动时间内的劳动效率;用平均工人数计算的是按月、季、年等的劳动生产率,除反映纯劳动时间内劳动效率的高低外,还受报告期内制度工作时间利用程度的影响。用公式表示如下:

$$月(季、年)劳动生产率 = \dfrac{报告期实际完成的某种工程量}{完成该工种工程的月平均工人数}$$

$$= 日劳动生产率 \times 月(季、年)平均工作日数$$

$$= \dfrac{报告期实际完成的某种工程量}{实际工作工日数} \times \dfrac{实际工作工日数}{月(季、年)平均人数}$$

$$= 时劳动生产率 \times 平均工作日长度 \times 月(季、年)平均工作日数$$

式中 $$日劳动生产率 = \dfrac{产品产量}{实际工作工日数}$$

$$时劳动生产率 = \frac{产品产量}{实际工作工时数}$$

【例 7-5】 某抹灰队 2000 年 6 月份完成普通抹灰 12000m²，抹灰的平均工人数为 40 人，实际作业工日数为 1050 工日，实际作业工时数为 7350 工时，计算相应劳动生产率。

【解】
$$时劳动生产率 = \frac{12000}{7350} = 1.6327 \text{m}^2/\text{工时}$$

$$日劳动生产率 = \frac{12000}{1050} = 11.43 \text{m}^2/\text{工日}$$

$$实际平均工作日长度 = \frac{实际工作工时数}{实际工作工日数} = \frac{7350}{1050} = 7 \text{ 小时}$$

$$日劳动生产率 = 时劳动生产率 \times 实际平均工作日长度$$
$$= 1.6327 \times 7 = 11.43 \text{m}^2/\text{工日}$$

$$月劳动生产率 = \frac{12000}{40} = 300 \text{m}^2/\text{人}$$

$$实际工作月长度 = \frac{实际工作工日数}{平均工人数} = \frac{1050}{40} = 26.25 \text{ 天}$$

$$月劳动生产率 = 时劳动生产率 \times 实际平均工作日长度 \times 月实际工作日数$$
$$= 1.6327 \times 7 \times 26.25 = 300 \text{m}^2/\text{人}$$

（二）以价值量计算的劳动生产率

1. 建筑业企业全员劳动生产率

它是按建筑企业全部从业人员（或职工）计算的劳动生产率。其计算公式为

$$建筑业全员劳动生产率 = \frac{报告期建筑业总产值}{报告期全部从业人员（或职工）平均人数}$$

2. 建筑安装工人劳动生产率

它是按建筑业总产值计算的建筑安装工人劳动生产率指标。其计算公式为

$$建筑安装工人劳动生产率 = \frac{报告期建筑业总产值}{报告期建筑安装平均人数}$$

式中分母的建筑安装人员平均人数包括学徒在内。

在计算建筑业劳动生产率时，应注意下列问题：

（1）在计算劳动生产率时，必须遵循可比性原则，即使用的产品数量和劳动时间在时间上、空间范围上必须一致。

（2）计算建筑业各项劳动生产率时，分母为建筑企业实有的、与建筑施工生产活动有关人员的平均人数。非本企业人员，如外单位借入人员、农工、个体劳动者等均应包括在内。但不包括企业内部从事社会性服务的人员，如企业办的学校、医院、商店、粮店、邮局、派出所等的工作人员；也不包括由企业支付工资，但从事的工作与本企业生产基本无关的工作人员，如出国援外人员和出国劳动人员，长期学习人员（连续 6 个月以上）、长期病假人员、派驻外单位工作人员。

计算建筑业劳动生产率的平均人数是以人员在哪里工作就在哪里统计为原则，不是以谁发工资谁统计为原则。

（3）本企业借调到外单位的人员，在计算劳动生产率时，借入单位应统计借入人数，借出单位则扣除借出人数。

(4) 计算劳动生产率时,不能按体力强弱、技术熟练程度或者工效高低来折算实有人数。例如学徒工,不得因其效率低而采用二折一或者三折一的折算方法,有一个人就应统计为一个人;也不能将工作时间超过八小时的按超过时间折算增加人数的方法来折算实有人数。

【例 7-6】 某建筑企业 2001 年完成建筑业总产值 6000 万元,全年企业从业人员平均人数 850 人,其中社会性服务机构的人员全年平均为 40 人;出国援外和出国学习人员平均人数是 10 人;从外单位借入技术工人 20 人参加生产劳动;本企业从事建筑安装人员的平均人数为 640 人,计算相应劳动生产率。

【解】 建筑业全员劳动生产率 $= \dfrac{6000}{850+20-40-10} = 7.32$ 万元/人

建筑安装工人劳动生产率 $= \dfrac{6000}{640+20} = 9.09$ 万元/人

三、劳动定额的执行情况

(一) 劳动定额的表现形式

劳动定额和劳动生产率一样,也有两种表现形式。一种是用单位时间内应当生产的产品产量表示,通常称为产量定额;另一种是用生产单位产品产量应当消耗的劳动时间表示,通常称为时间定额,也称之为工日定额。

(二) 建筑业劳动定额的特点

1. 劳动定额的划分比《建筑安装工程预算定额》更细

为了正确核算劳动力需要量和考核各工种工人的劳动效率,建筑业的劳动定额不是按《建筑安装工程预算定额》所列的分部分项工程来规定,而是按其施工过程来规定。

2. 劳动定额多是对工人班组制订

由于建筑安装工程中各施工过程所需要的劳动量较大,需要若干人分工协作,通常是由一定数量的工人组成班组去共同施工,因而其中每个工人所完成的产量就难以单独计算。所以劳动定额通常不是对单个工人制订,而是对工人班组制订。

(三) 劳动定额执行情况的检查

为了考核各工人班组完成劳动定额的情况,评定其劳动生产率的高低,需要计算劳动定额完成程度和节约(超支)工日数的指标。

1. 一种施工过程劳动定额执行情况的检查

一种施工过程劳动定额的完成情况,可以按产量定额考核,也可以按时间定额考核。

$$产量定额完成程度 = \dfrac{实际完成产量}{定额完成产量} \times 100\%$$

$$= \dfrac{实际完成产量}{每工日产量定额 \times 实作工日数} \times 100\%$$

多完成(+)或不足(-)的产量 = 实际完成产量 - 定额完成产量

或 $$时间定额完成程度 = \dfrac{定额工日数}{实作工日数} \times 100\%$$

$$= \dfrac{工日定额 \times 实际完成产量}{实作工日数} \times 100\%$$

节约(+)或超支(-)工日数 = 定额工日数 - 实作工日数

【例 7-7】 某瓦工组报告期完成砌内墙 400m³,假设定额规定每 m³ 需用 1.45 工日,每工日砌墙 0.6896m³，而实作工日为 520 工日。计算产量定额完成程度与时间定额完成程度。

$$产量定额完成程度 = \frac{400}{0.6896 \times 520} \times 100\% = \frac{400}{358.59} \times 100\% = 111.5\%$$

$$多完成的产量 = 400 - 358.59 = 41.41 m^3$$

【解】
$$时间定额完成程度 = \frac{1.45 \times 400}{520} \times 100\%$$

$$= \frac{580}{520} \times 100\% = 111.5\%$$

$$节约工日数 = 580 - 520 = 60 \text{ 工日}$$

两种方法计算结果相同。

2．多种施工过程劳动定额完成情况的检查

当工人班组进行多种施工过程时，由于每一施工过程的生产定额不同，其产量不能直接相加。所以只能按时间定额去综合考核其定额完成情况。

$$生产定额完成程度 = \frac{定额工日数}{实作工日数} \times 100\%$$

$$= \frac{\Sigma 各施工过程完成工程量 \times 工日定额}{实作工日数} \times 100\%$$

节约（＋）或超支（－）工日数 = 定额工日数 － 实作工日数

【例 7-8】 某瓦工组在报告期内完成的工程量及所用时间资料如表 7-3 所示，计算其劳动定额完成程度。

某瓦工组在报告期内完成的工程量及所用时间　　　　表 7-3

分项工程名称	实际完成工程量（m³）	实际作业工日数（工日）	工日定额（工日）	额定工日数（工日）	定额完成程度（%）
甲	(1)	(2)	(3)	(4)=(1)×(3)	(5)=(4)÷(2)
砖基础	120	140	1.323	158.76	113.4
1 砖及 1 砖以上内墙	70	105	1.566	109.62	104.4
1 砖及 1 砖上外墙	90	145	1.637	147.33	101.6
零星砌体	30	70	2.435	73.05	104.4
合计	—	460	—	488.76	106.3

【解】 $$劳动定额完成程度 = \frac{488.76}{460} \times 100\% = 106.3\%$$

$$节约工日数 = 488.76 - 460 = 28.76 \text{ 工日}$$

通过以上计算表明，该瓦工组平均超额 6.3%，节约 28.26 个工日，完成了定额。

第四节　从业人员劳动报酬和职工工资外收入统计

一、从业人员劳动报酬及其构成统计

（一）从业人员劳动报酬的概念

从业人员劳动报酬是指各建筑企业在一定时期内直接支付给本企业全部从业人员的劳动报酬总额，包括职工工资总额和本企业其他从业人员劳动报酬两部分。

（二）职工工资总额及构成统计

1. 职工工资总额

是指企业在一定时期内直接支付给本企业职工的劳动报酬总额，包括计时工资、计件工资、奖金、津贴和补贴、加班加点工资和其他工资。职工工资总额是计算国内生产总值的基础性指标，也是研究分配政策、居民个人收入、居民购买力的主要依据。

2. 职工工资总额计算的原则

（1）职工工资总额的计算原则应以直接支付给职工的全部劳动报酬为依据。企业支付给职工的劳动报酬以及其他根据有关规定支付的工资，不论是计入成本的还是不计入成本的，不论是以货币形式支付的还是以实物形式支付的，均应列入工资总额的计算范围。

（2）企业在统计月、季、年的工资总额时，均应按实发数计算，但对逢节日提前预发的工资，仍统计在应发月的工资总额。因补发调整工资影响当月工资总额变动较大时，应在统计表中加注说明，对跨年度发放的奖金和工资都应统计在实发的年度内。

3. 职工工资总额不包括的项目

（1）根据国务院发布的有关规定颁发的创造发明奖、国家星火奖、自然科学奖、科学技术进步奖和支付的合理化建议和技术改进奖以及支付给运动员在重大体育比赛中的重奖；

（2）有关劳动保险和职工福利费用方面的费用，具体有职工死亡丧葬费及抚恤费、医疗卫生费或者公费医疗费用、职工生活困难补助费、集体福利事业补贴、工会文教费、集体福利费、探亲路费等；

（3）有关离休、退休、退职人员待遇的各项支出；

（4）支付给聘用或者留用的离休、退休人员的各项补贴；

（5）劳动保护各种支出，具体有工作服、手套等劳保用品、解毒剂、清凉饮料，以及对接触有毒物质、矽尘作业、放射线作业和潜水、沉箱作业、高温作业等 5 类工种所享受的由劳动保护费开支的保健食品待遇；

（6）稿费、讲课费及其他专门工作报酬；

（7）出差伙食补助费、误餐补贴、调动工作的旅费和安家费；

（8）对自带工具、牲畜来企业工作的职工所支付的工具、牲畜等补偿费用；

（9）实行租赁经营单位的承租人的风险性补偿收入；

（10）对购买本企业股票和债券的职工所支付的股息（包括股金分红）和红利；

（11）劳动合同制职工解除劳动合同时由企业支付的医疗补助费、生活补助费等；

（12）因录用临时工而在工资以外向提供劳动力单位支付的手续费或者管理费；

（13）支付给家庭工人的加工费和按加工订货办法支付给承包单位的发包费用；

（14）支付给参加企业劳动在校学生的补助；

（15）计划生育独生子女补贴；

（16）不在岗职工部分生活费，即由中央财政支付的下岗职工生活保障费用和当地劳动社会保障部门返还的失业保险金。

4. 职工工资总额构成

（1）计时工资

指按计时工资标准和工作时间支付给个人的劳动报酬。包括：

1) 对已做工作按计时工资标准支付的工资；

2) 新参加工作职工的见习工资（学徒的生活费）；

3) 根据国家法律、法规和政策规定，因病、工伤、产假、计划生育假、婚丧假、事假、探亲假、定期休假、停工学习、执行国家或者社会义务等原因按计时工资标准或者计时工资标准的一定比例支付的工资；

4) 实行岗位技能工资制的单位，支付给职工的技能工资和岗位（职务）工资；

5) 合同制职工按规定缴纳的不超过本人标准工资30%的退休养老基金、职工受处分期间的工资、浮动升级的工资等；

6) 根据国务院关于机关工作人员和事业单位工作人员工资制度改革方案的规定，列入机关工改范围的单位，其计时工资包括机关工作人员的职务工资、级别工资、基础工资，工人的岗位工资、技术等级（职务）工资；

列入事业工改范围的单位，其计时工资包括各类专业技术人员和管理人员的专业技术职务工资、艺术专业职务工资、体育基础津贴、等级工资，职员职务工资、技术等级工资、等级工资，工人的技术等级（职务）工资、等级工资；

中小学教师、护士在新的专业技术职务工资标准的基础上提高10%的部分也列入"计时工资"项内。

(2) 计件工资

指对已做的工作按计件单价支付的劳动报酬。包括：

1) 实行超额累进计件、直接无限计件、限额计件、超定额计件等工资制，按劳动部门或者主管部门批准的定额和计件单价支付给个人的工资；

2) 按工作任务包干方法支付给个人的工资；

3) 按营业额提成或者利润提成办法支付给个人的工资。

计件工资可划分为计件标准工资和计件超额工资两部分。

计件标准工资是指实行计件工资的单位，按照批准的计件单价和规定的劳动定额或者工作量支付给工人的劳动报酬。即在一定时期内职工完成的定额乘以单价后的工资。在一般情况下（即工作物等级与标准工资等级相同时），计件标准工资与标准工资相等。当工作物等级高于标准工资等级时，计件标准工资则高于标准工资。

计件超额工资是计件工资的一部分，指计件工人超额完成定额任务后所得的工资。即计件工人实得的全部计件工资减去应得的计件标准工资后的数额。某些企业的工人由于从事生产的工作物等级高于本人工资等级，因而其计件标准高于本人标准工资，其计件超额工资也应是全部工资减去应得的计件标准工资后的数额。

(3) 奖金

指支付给职工的超额劳动报酬和增收节支的劳动报酬。包括：

1) 生产奖　包括超产奖、质量奖、安全（无事故）奖、考核各项经济指标的综合奖、提前竣工奖、外轮速遣奖、年终奖（劳动分红）等；

2) 节约奖　包括各种动力、燃料、原材料等节约奖；

3) 劳动竞赛奖　包括发给劳动模范、先进个人的各种奖金和实物奖励；

4) 机关事业单位各类人员的年终一次性奖金、机关工人的奖金、体育运动员的平时训练奖；

5）其他奖金　包括从兼课酬金和业余医疗卫生服务收入提成中支付的奖金、运输系统中堵漏保收奖、学校教师的教学工作量超额酬金，从各项收入中以提成的名义发给职工的奖金，运动员、教练员的年度训练奖、教练员的输送成绩奖，从各项收入中以提成的名义发给职工的奖金等。

（4）津贴和补贴

是指为了补偿职工特殊或者额外的劳动消耗和因其他特殊原因支付给职工的津贴，以及为了保证职工工资水平不受物价影响支付给职工的物价补贴。

1）津贴

第一，补偿职工特殊或者额外劳动消耗的津贴及岗位津贴；

第二，保健性津贴，包括卫生防疫和医疗卫生津贴、科技保健津贴以及其他特殊保健津贴等；

第三，技术性津贴，包括特级教师补贴、科研课题津贴、研究生导师津贴、工人技师津贴、中药老药工津贴、特殊教育补贴、高级知识分子特殊津贴（政府特殊津贴）等；

第四，年功性津贴，包括工龄工资、工龄津贴、教龄津贴和护士工龄津贴及运行岗位工龄津贴等；

第五，地区津贴，包括艰苦边远地区津贴、地区附加津贴和边远地区知识分子津贴；

第六，其他津贴，包括直接支付给个人的伙食津贴、合同制工人的工资性补贴、上下班交通补贴、洗理卫生费、书报费、工种粮补贴。

2）补贴

为了保证职工工资水平不受物价上涨或者变动影响而支付的各种补贴，如副食品价格补贴（含肉类等价格补贴）、粮油、蔬菜等价格补贴、煤价补贴、房贴、水电补贴、房改补贴、特区津贴以及提高煤炭价格后部分地区实行的民用燃料和照明价格补贴等。

对于1993年机关、事业单位工资套改后，原按国家和地方规定发放的物价、福利性补贴及自行建立的津贴，扣除已纳入工资的64元以外的部分也应计入"津贴和补贴"项目。

当前，有两项补贴在统计中尤其应注意：

第一，住房补贴。目前全国发放形式大体有四种，统计方法也有区别：给一大笔钱让职工一次性买商品房，这部分钱不应统计在工资中；提高房租同时增加住房补贴，这部分补贴无论何种标准，均应统计在工资中；个人在工资中扣缴住房公积金，单位代交同数量的公积金存入个人账户，个人扣缴的部分仍应统计在工资中，单位代交的部分不应统计在工资中；还保持低房租低补贴，这部分补贴也应统计在工资中。

第二，伙食补贴。目前全国发放形式多种多样，表现为：增加伙食补贴，跟着工资发放，应统计在工资中；不给伙食补贴，但免费（或象征性收一元钱）供应一顿午餐，应折算成货币统计在工资中；增加伙食补贴，但不通过正常财务渠道与工资一起发放，应通过整顿财务纪律使其统计到工资中。

（5）加班加点工资

指对法定节假日和公休日工作的职工，以及在正常工作日以外延长工作时间的职工按规定支付的加班工资和加点工资。

（6）其他工资

指其他根据国家规定支付的工资。如附加工资、保留工资以及调整工资补发的上年度工资等。需注意的是，工资总额应包括单位为职工建立的养老保险基金、住房和医疗基金等个人账户中从个人工资中扣减的部分。

5．职工工资外收入

指职工在工资总额以外从本单位内以及单位外得到的各种现金和实物。包括：

1）保险福利费用，即企业在工资总额以外实际支付给本单位全部职工个人的劳动保险和福利费用。包括丧葬抚恤救济金、生活困难补助、各种非工资性补贴（如托儿补助费、计划生育补助、冬季取暖补贴、防暑降温费等）以及实行公费医疗制度的单位直接支付给职工个人的医药费等。

2）劳动保护费用，指职工从企业得到的由劳动保护费开支的保健食品待遇、解毒剂、清凉饮料及夏季冷饮费等。

3）按规定未列入工资总额的各种劳动报酬，包括创造发明奖、国家星火奖、自然科学奖、科学技术进步奖、合理化建议奖和技术改进奖、运动员在重大体育比赛中的重奖、稿费、翻译费、讲课费、课题费、第二职业收入、兼职收入，以及各单位利用业余时间组织职工进行生产、咨询服务、科研、设计和其他活动，从得到的收入中支付给职工的现金和实物，单位之间业务往来收取的回扣、好处费、手续费收入中给职工个人的提成等。

4）实物折款，指职工个人从单位内外得到的，按规定未列入工资总额和保险福利费用的各种实物折款。折价方法按当时的市场零售价折算。

5）财产性收入，指职工从银行或者企业获得的存款利息、债券利息、股息和股金分红等。

6）转移性收入，指职工从职工以外其他阶层人员中得到的赠与收入、亲友搭伙费、遗产收入以及从各种以意外事故中得到的补偿和由于各种灾害从非赢利机构得到的捐赠收入等。

7）其他收入，指在上述各项以外职工得到的其他现金收入，包括实行租赁经营单位承租人的风险性补偿收入，职工的误餐补贴，出国置装费以及职工从出差补助和调动工作的旅费和安家费中净结余的现金等。

（三）其他从业人员劳动报酬

指企业在一定时期内直接支付给本单位其他从业人员的全部劳动报酬。包括支付给聘用离退休人员、外方人员、港澳台人员和领取补贴人员等的劳动报酬总额。

二、职工收入指标统计

（一）职工平均工资

指建筑企业的职工在一定时期内平均每人所得到的货币工资总额。它表明一定时期职工工资收入的高低程度，是反映职工工资水平的主要指标。其计算公式为

$$职工平均工资 = \frac{报告期实际支付的职工工资总额}{报告期职工平均人数}$$

平均工资可按全部职工计算，也可按各类人员分别计算。但无论就哪种范围计算，都必须遵守工资总额与平均人数计算口径一致的原则。分子是某一时期资料，分母也必须是同一时期的资料。因此，分母只能用平均人数，而不能用期末人数。同时，时期也必须一致。否则，就不能正确地反映平均工资水平。

根据统计研究任务的不同，平均工资一般分为时、日、月、季、年的平均工资，但通常是计算月平均工资，也可以计算季或年平均工资。

（二）职工平均实际工资

指扣除物价变动因素后的职工平均工资，其计算公式为

$$职工平均实际工资 = \frac{报告期职工平均工资}{报告期职工消费价格指数}$$

上式中职工消费价格指数是反映城市居民家庭用于各类生活消费和服务项目价格水平相对变动趋势及程度的经济指数。

（三）职工平均工资指数

指报告期平均工资与基期平均工资的比率，反映不同时期职工货币工资水平变动的情况。其计算公式为

$$职工平均工资指数 = \frac{报告期职工平均工资}{基期职工平均工资} \times 100\%$$

（四）职工平均实际工资指数

是反映职工实际工资的变动方向和变动程度的指数，表明职工实际工资水平提高或者降低的程度。其计算公式为

$$职工平均实际工资指数 = \frac{报告期职工平均工资指数}{报告期居民消费价格指数} \times 100\%$$

【例 7-9】 某建筑企业有关统计资料如表 7-4 所示，计算 2000 年职工平均实际工资指数。

某企业有关统计资料　　　　　　　　表 7-4

	1999 年	2000 年
全部职工工资总额（元）	11628000	13860000
全部职工平均人数（人）	1020	1050
本市居民消费价格指数（%）（同期价格上年为 100）	98.6	99.4

【解】 根据上列资料计算：

① 1999 年职工平均工资为 11628000÷1020 = 11400 元

2000 年职工平均工资为 13860000÷1050 = 13200 元

② 2000 年职工平均实际工资

2000 年职工平均实际工资为 13200÷99.4% = 13279.28 元

③ 根据上述口径计算 2000 年职工平均工资指数（以 1999 年为基年）。

2000 年职工平均工资指数为 13200÷11400 = 115.79%

④ 按上述计算口径计算 2000 年职工平均实际工资指数（以 1999 年为基年）

$$2000 年职工平均实际工资指数 = \frac{115.79\%}{99.4\%} \times 100\% = 116.49\%$$

或为 $\frac{13279.68}{11400} \times 100\% = 116.49\%$

（五）职工工资外收入比重统计

它是反映职工工资外收入与总收入对比关系的指标。其计算公式为

$$职工工资外收入比重 = \frac{职工工资外收入额}{职工工资总额 + 工资外收入额} \times 100\%$$

(六) 其他指标统计

(一) 下岗职工生活费

下岗职工生活费指用人单位支付给下岗职工的生活补贴费用。根据国家对下岗职工的有关政策，下岗职工生活费应包括中央财政拨付的下岗职工生活保障费、当地劳动社会保障部门返还的失业保险金和企业自筹的费用等。

(二) 内部退养职工生活费

内部退养职工生活费指接近正常退休年龄，但因各种原因退出工作岗位并办理了内退手续的职工，在正式办理退休手续前，按月从单位领取的生活费。

第五节　保险福利费用统计

一、职工保险福利费用统计

职工保险福利费用是指企业在工资以外支付给职工个人以及用于集体的社会保险和福利费用的总称。

(一) 职工社会保险费用总额指标统计

职工社会保险费用总额指标，是指企业实际为职工缴纳的各种社会保险费用。包括企业上交给社会保险机构的费用和在此费用之外为职工支付的补充保险或者储蓄性保险。具体包括职工养老保险、医疗保险、失业保险、工伤保险以及计划生育保险等费用。

(二) 职工福利费用总额指标

指企业在工资以外实际支付给职工个人以及用于集体的福利费用的总称。主要包括企业支付给职工的冬季取暖费（也包括实际支付给享受集体供暖的职工个人部分）、医疗卫生费、计划生育补贴、生活困难补助、文体宣传费、集体福利设施和集体福利事业补贴费以及丧葬抚恤救济费、防暑降温费、支付职工探亲路费等等。该指标资料来源于两方面，一是企业净利润分配中公益金里用于集体福利设施的费用；二是职工福利费（不包括上缴给社会保险机构的医疗保险费用）。

二、离退休、退职人员及其保险福利费用统计

(一) 期末离休人员人数

期末离休人员人数是指在1949年9月30日以前参加革命工作，符合1982年国务院发布的"关于老干部离职退养的几项规定"的离休条件的人员，包括本期和本期以前离职退养的干部人数；不包括建国前参加革命工作，退休前在工人岗位上工作的退休工人和已经死亡的人数。

(二) 期末退休人员人数

指职工因养老或者因工致残、因病致残完全丧失劳动能力，退出原工作岗位，按国家规定的退休条件报告期末办理了退休手续的人员人数；不包括退休后改办手续转为干部的人数和已经死亡的人数。

(三) 期末退职人员人数

指不具备退休条件的职工，经医院证明（或经劳动鉴定委员会确认）完全丧失劳动能

力退离工作岗位，符合国家规定的退职条件报告期末已办理了退职手续的人员人数；不包括已死亡的人数。

（四）离退休、退职人员平均人数指标

指报告期每天平均拥有的离退休、退职人员的人数，反映了报告期离退休、退职人员人数的一般规模和总水平。其计算方法同职工平均人数。

（五）离休、退休、退职人员保险福利费用总额指标

指社会保险机构或者企业实际支付给离休、退休、退职人员的保险福利费用的总称。包括退职生活费、医疗卫生费、交通费补贴、丧葬抚恤救济费、冬季取暖补贴、离退休人员的易地安家费、生活困难补助费、护理费、书报费、洗理费、少数民族补贴以及由老干部活动经费开支的旅游费用等。

第六节 建筑企业劳动统计的工作程序

建筑企业劳动统计的工作程序是原始记录、统计台账和统计报表。建立和健全原始记录、利用统计台账和统计报表，对准确、系统地搜集和积累资料，加强劳动管理具有重要意义。

一、劳动统计原始记录

（一）劳动统计原始记录的概念

劳动统计原始记录是指通过一定的形式对企业劳动经济活动所作的最初记录。它是反映建筑企业劳动经济活动的第一手材料，是未经加工整理的材料。

（二）劳动统计原始记录的特点

1．记录内容广泛性。它涉及劳动经济活动的各个方面，如劳动、工资、保险福利、劳动保护等方面，内容十分广泛。

2．记录时间经常性。劳动经济活动随时在进行，这就要求原始记录要经常地进行登记。

3．记录项目具体性。原始记录是对发生的劳动经济活动的具体事实进行的直接记载。

4．记录工作群众性。由于原始记录内容广泛，不能只靠少数人来做，必须依靠广大职工来完成记录的填制和管理工作。

（三）劳动统计原始记录的作用

1．原始记录是劳动统计工作的基础，是取得科学劳动统计资料的来源，是贯彻执行统计报表制度的基本资料。例如，职工人数是经常变动的，有因调入和新就业而增加的职工；有因调出或自然减员而减少的职工，反映职工增加或者减少的记录表、通知单等是编制"职工增减变动情况"统计报表的基础。

2．原始记录是进行科学劳动管理的依据。劳动管理工作包括编制劳动定员和劳动定额，合理使用劳动力资源，节约和挖掘劳动潜力，编制劳动计划等。原始记录准确及时地反映了这些情况，为上级决策和管理提供了依据。

3．原始记录是进行劳动经济核算的依据。劳动经济核算的目的是降低人工成本，提高劳动生产率。劳动统计的原始记录，如职工的工资奖金记录、保险福利记录、工时利用记录以及停工记录等为劳动经济核算提供了依据。

（四）劳动统计原始记录的内容

原始记录的内容，应根据劳动管理工作的需要和劳动统计报表制度的要求来决定，一般从两方面说明原始记录的内容。

1．原始记录的一般内容

（1）原始记录的名称和编号。企业按各原始记录所反映的活动内容，确定它们的名称，为便于管理，还应加编号。

（2）活动内容的记载。这是原始记录内容的主体部分，反映了活动发生的具体情况，通常是设置一些指标，用数字或者符号来记载。

（3）计量单位。在利用数字表明具体情况时，要加上计量单位。

（4）填写时间。制作原始记录的时间也是这项活动发生的时间。

（5）填表人及责任人签章。

2．原始记录的内容

一般应该设置以下几方面的原始记录。

（1）劳动管理方面的原始记录，包括职工卡片、职工到职通知单、职工离职通知单、职工调动通知单、职工考勤表、职工奖励表等。以职工到职通知单为例说明其原始记录形式。见表7-5。

职 工 到 职 通 知 单 表7-5

年　　月　　日　　　　编号

工号	姓名	出生年月	文化程度	政治面貌	行政职务	技术职称	参加工作时间	到职日期	技能工资	岗位工资	备注

负责人：　　　　　　　　　　　　　　　填表人：

（2）工资管理方面的原始记录，包括职工工资表、职工工资变动单、职工加班加点通知单等。

现以工资变动单为例说明原始记录的形式，见表7-6。

职 工 工 资 变 动 单 表7-6

年　　月　　日　　　　编号

工号	姓名	原岗位工资等级	现岗位工资等级	现岗位工资额	增资额	起薪时间	备注

负责人：　　　　　　　　　　　　　　　填表人：

有的原始记录同时涉及到两个方面的管理，如职工考勤表，是劳动管理方面的原始记录，反映了职工的劳动时间利用情况；有时也是工资管理方面的记录，是计算职工工资的一个依据。

（五）设置劳动统计原始记录的原则

（1）从本企业实际出发

建立原始记录，首先是为了满足本企业劳动管理的需要，因此，必须从本企业生产经营管理的特点出发，同时，要保证满足填报统计报表的需要。一般地说，两者是一致的。所不同的是本企业所要求的内容比统计报表的要求更广泛、更具体。从时间上看，本企业比统计报表要求的更及时、更频繁。

（2）满足各种核算的要求

建立劳动统计原始记录，不仅为了满足劳动统计核算和整个统计核算的需要，而且要考虑到会计核算和业务核算的需要，为此，劳动统计部门在建立原始记录时，要与有关部门共同协商，从原始记录的内容、计算方法、记载时间以及传递程序等方面满足各种核算的需要。

（3）要通俗易懂、便于使用

原始记录内容要简明扼要，通俗易懂，便于大家掌握。

二、劳动统计台账

（一）劳动统计台账的概念

劳动统计台账是根据劳动统计工作的要求而设置的一种汇总资料和积累资料的表册。它是对原始记录依时间先后顺序经常整理的结果。

（二）劳动统计台账的作用

1. 有利于统计资料的整理。为编制劳动统计报表做好资料的准备工作，保证统计报表及时填报。

2. 有利于统计资料的积累。由于它是对原始记录系统的、连续的登记，所以它是系统地积累统计资料的重要形式。

3. 有利于统计资料的分析。在随时登记过程中，可及时发现问题，便于加强统计资料分析。

（三）劳动统计台账的种类

劳动统计台账的种类是根据劳动管理工作的内容来划分的，主要有职工名册台账、职工人数增加台账、职工人数减少台账、职工人数分类台账、从业人员期末人数及平均人数台账、从业人员劳动报酬台账、全部职工奖金构成情况台账、全部职工津贴和补贴构成情况台账、职工社会保险及福利台账、劳动时间利用台账、劳动生产率台账等。现以表7-7、表7-8、表7-9、表7-10、表7-11说明台账的特点和设计格式。

职工人数分类情况统计台账 表7-7

	1月	2月	3月	4月	5月	6月	7月	8月	9月	10月	11月	12月
合计												
工人												
学徒												
工程技术人员												
管理人员												
服务人员												
其中：社会性服务人员												
其他人员												

从业人员期末人数和平均人数统计台账　　　　　　　　　　　　　表 7-8

	1月份		2月份		1~2月	3月份		1~3月	……	12月份		1~12月
	期末人数	平均人数	期末人数	平均人数	平均人数	期末人数	平均人数	平均人数	…	期末人数	平均人数	平均人数
从业人员												
1．职工												
长期职工												
临时职工												
2．其他从业人员												
聘用离退休人员												
外籍人员												
领取补贴人员												

从业人员劳动报酬统计台账　　单位：元　　　　　　　　　　　　表 7-9

	1月	2月	1~2月	3月	1~3月	4月	1~4月	…	12月	1~12月
从业人员劳动报酬										
（一）职工工资总额										
1．计时工资和计件标准工资										
2．奖金和计件超额工资										
3．津贴和补贴										
其中：物价补贴										
4．加班加点工资										
5．其他工资										
（二）其他从业人员劳动报酬										
平均劳动报酬　从业人员										
职工										
其他从业人员										

全部职工奖金构成情况台账　　　　　　　　　　　　　　　　　表 7-10

	1月	2月	1~2月	3月	1~3月	…	12月	1~12月
奖金金额								
（一）生产业务奖								
1．超产奖								
2．质量奖								
3．安全奖								
4．								

续表

	1月	2月	1~2月	3月	1~3月	…	12月	1~12月
5.								
（二）节约奖								
其中：燃料原材料节约奖								
（三）劳动竞赛奖								
（四）机关事业单位奖励工资								
（五）其他奖金								
1.兼课酬金								
2.业务医疗卫生提成奖								
3.								

生产工人劳动时间利用情况台账　　　　表7-11

月份＼分类	日历工日（工日）	制度公休工日（工日）	制度工日（工日）	停工工日（工日）				缺勤工日（工日）				非生产工日（工日）		实作工日（工日）		出勤率（％）	工日利用率（％）
				合计	原材料缺乏	动力不足	…	合计	病假	事假	…	合计	其中文体活动	合计	其中公休加班		
1月																	
2月																	
3月																	
第一季度																	
……																	
全年																	

（四）设置统计台账应注意的问题

1.便于填写统计报表。台账的种类、各种台账的内容、指标的意义、计量单位和计算方法应与统计报表的要求一致，以保证统计报表的准确、及时上报。

2.便于企业管理需要。

3.台账的种类和具体格式，应根据企业情况而定。

三、劳动统计报表

1.劳动统计报表的概念

劳动统计报表是以一定的原始记录为依据，按统一的表式和调查项目，统一的报送时间、报送程序，自下而上地逐级定期提供基本统计资料的一种重要的调查方式。

2.劳动统计报表的种类

按其报送对象不同分为企业内部报表和对外报表。

按其报送周期不同分为年报、季报、月报、旬报、日报。

详见企业内部月度报表 7-12、对外年度报表 7-13。

劳动定额执行情况月报

表 7-12

报送单位　　　　　　　　　　　　　年　月

	定额工日数（工日）	实际工日数（工日）	定额完成程度（%）	按定额完成程度划分				
				100%以下	100%～110%	110%～120%	120%～130%	130%以上
合计								
瓦工								
抹灰工								
…								

劳 动 情 况

表 7-13

200　年　　　　　　　表号：C104 表

企业法人代码：□□□□□□□□-□　　　　　　制表机关：国家统计局

企业详细名称：　　　　　　　　　　　　　文号：国统字（1993）254 号

指 标 名 称	计量单位	代码	本年实际	指 标 名 称	计量单位	代码	本年实际
甲	乙	丙	1	甲	乙	丙	1
一、从业人员年末人数	人	02		三、职工人数变动			
其中女性	人	03		（一）增加人数	人	22	
1. 职工	人	04		1. 从农村招收	人	23	
合计中：女性	人	05		2. 从城镇招收	人	24	
合同制职工	人	06		3. 录用的复员转业军人	人	25	
使用的农村劳动力	人	07		4. 录用的毕业生	人	26	
按用工期限分组：				5. 调入人数	人	27	
长期职工	人	08		其中：由外省、自治区、直辖市调入	人	28	
临时职工	人	09		6. 其他	人	29	
按劳动岗位分组：				（二）减少人数	人	30	
工人和学徒	人	10		1. 离休、退休、退职	人	31	
工程技术人员	人	11		2. 开除、除名、辞退	人	32	
管理人员	人	12		3. 终止、解除劳动合同	人	33	
服务人员	人	13		4. 调出人数	人	34	
其中：社会性服务人员	人	14		其中调到外省、自治区、直辖市	人	35	
其他人员	人	15		5. 其他	人	36	
2. 其他从业人员	人	16		四、从业人员劳动报酬	元	37	
二、从业人员年平均人数	人	17		1. 职工工资总额	元	38	
1. 职工	人	18		其中：计时和计件标准工资	元	39	
长期职工	人	19		奖金和计件超额工资	元	40	
临时职工	人	20		津贴和补贴	元	41	
				其中：物价补贴	元	42	
2. 其他从业人员	人	21		2. 其他从业人员劳动报酬	元	43	

单位负责人：　　　　统计负责人：　　　填表人：　　　报出日期：

3. 原始记录、统计台账和统计报表之间的关系

原始记录是统计台账和统计报表的资料来源;统计台账是对原始记录的数字加以分类和登记;统计报表是以原始记录和台账为根据,逐级汇总定期编制的,是统计资料汇总的成果。

练 习 题

一、填空题

1. 建筑业企业从业人员是指在_____中工作,并取得_____的全部人员。包括_____和_____两部分。

2. _____是从业人员的主要组成部分。

3. 职工人数要本着"不重不漏"的前提进行统计,一般采取以下办法:_____、_____、_____。

4. 对于新招收的人员,从其_____之日起,不论是否发放了当月的工资,即应统计为本单位职工。

5. 建筑企业职工按用工期限可分为_____和_____。

6. 建筑企业职工按是否在岗可分为_____和_____。

7. 在劳动统计中,劳动时间通常是以_____和_____作为计量单位。

8. 日历工日数是指报告期内_____之和,它是建筑企业在报告期内拥有_____总数。

9. 报告期平均作业天数等于_____除以_____。

10. 建筑业劳动生产率是以从业人员在单位时间内所创造的_____或者_____来表示的。

11. 计算建筑业劳动生产率采用的产品产量指标,一般采用_____以及_____劳动消耗量指标一般有_____、_____、_____等。

12. 劳动定额一般有两种形式:一种是_____;另一种是_____。

13. 职工工资总额的构成为_____、_____、_____、_____、加班加点工资和其他工资。

14. 职工保险福利费用是指企业在工资以外支付给_____以及用于的社会保险和福利费用的总称。

15. 建筑劳动统计的基本程序是_____、_____和_____。

16. 劳动原始记录的作用表现为:一是_____的基础,是取得科学劳动统计资料的来源,是贯彻执行_____的基本条件;二是进行科学的依据;三是进行劳动_____的依据。

17. 劳动原始记录的内容包括两个方面:一是_____,二是_____。

18. 劳动统计台账是根据劳动统计工作的要求而设置的一种汇总资料和积累资料的_____。

19. 劳动统计报表按其报送对象可分为_____和_____。

20. 劳动统计报表按报送周期不同为_____、_____、_____、旬报和日报。

二、单项选择题

1. 建筑企业职工按劳动岗位可分为（　　）。

A. 长期职工、临时职工

B. 工人、学徒、工程技术人员、管理人员、服务人员、其他人员

C. 在岗职工、不在岗职工

D. 生产人员、非生产人员

2. 某施工企业在2000年4月1日成立后，各月的人数均为1000人，则年平均人数为（　　）。

A.1000人　　B.750人　　C.500人　　D.无法确定

3. 制度工日数是（　　）。

A. 企业在报告期内拥有劳动时间总数

B. 是制度规定应当利用的最大劳动时间

C. 是一个工人工作一天的时间

D. 制度内实际工作的工日数

4. 出勤率是（　　）。

A. 出勤工日数与日历工日数之比

B. 缺勤率的倒数

C. 出勤工日数与制度工日数之比

D. 是研究工作时间实际利用程度的一项指标

5. 制度内实际工作工日数与制度工日数之比是（　　）。

A. 工日出勤率　　　　　　　　B. 制度工日利用率

C. 平均作业天数　　　　　　　D. 制度工时利用率

6. 报告期内产品产量除以劳动消耗量是（　　）。

A. 劳动生产率的正指标　　　　B. 劳动生产率的逆指标

C. 总量指标　　　　　　　　　D. 相对指标

7. 下列各项不属于职工工资总额的是（　　）。

A. 奖金　　　　　　　　　　　B. 津贴

C. 福利费　　　　　　　　　　D. 加班加点工资

8. 职工工资总额计算的原则是（　　）。

A. 必须是计入成本的劳动报酬

B. 必须是以货币形式支付的劳动报酬

C. 均应以实发数为计算原则，但逢年过节提前预发的工资应该统计在应发月

D. 跨年度发放的奖金应统计在应发年度内

9. 下列不属于津贴的有（　　）。

A. 岗位津贴　　B. 保健性津贴　　C. 住房补贴　　D. 年功性津贴

10. 职工平均工资属于（　　）。

A. 平均指标　　B. 总量指标　　C. 相对指标　　D. 均不是

三、简答题

1. 什么是建筑企业从业人员？包括几部分？

2. 判断一个从业人员是否为企业职工的标准是什么？

3．职工人数统计的原则是什么？

4．职工按工作岗位分为几类？

5．其他从业人员包括哪些？

6．劳动生产率有几种表示方法？

7．如何对劳动定额执行情况进行检查？

8．职工工资总额由哪几部分构成？

9．劳动统计原始记录的作用？

10．劳动统计台账的作用？

四、应用题

1．某建筑企业 2000 年末从业人员人数如下：

（1）生产工人 620 人

其中：长期脱离生产岗位从事管理工作 2 人；

长期从事工程技术管理工作人员 4 人；

长期病假人员 1 人。

（2）学徒工 40 人

其中：长期脱产学习人员 3 人。

（3）在技术性较强的各职能机构工作的工程技术人员 36 人

（4）正、副经理 5 人

其中 有技术职称管理生产技术工作的人员 2 人。

（5）在各职能机构、各级施工组织中从事行政、生产、经济管理和政治工作的人员 52 人

（6）食堂工作人员 20 人

（7）图书馆工作人员 4 人

（8）医务室工作人员 13 人

（9）保卫、消防人员 6 人

（10）聘用的离退休人员 6 人

（11）外方人员 4 人

根据上述资料进行分组整理并填入下表内。

某建筑企业 2000 年末从业人员统计表

分组 人数	职　工						其他从业人员	从业人员
	工人	学徒	工程技术人员	管理人员	服务人员	其他人员		
人数（人）								

2．某建筑企业 2002 年 4 月份生产工人平均人数为 600 人，该月有公休假日 8 个，根据该月考勤记录汇总的有关资料如下：

公休日加班 500 工日，加点 800 工时；

全日缺勤 380 工日，非全日缺勤 880 工时；

其中 全日缺勤工日中因产假 80 工日；病假 180 工日；事假 120 工日；

全日停工 650 工日，非全日停工 200 工时；

其中 全日停工因原料不足 420 工日；动力不足 80 工日；设备故障 60 工日；设计变更 50 工日；气候原因 40 工日；

全日非生产 320 工日，非全日生产 500 工时。

试根据上述资料计算：

(1) 各劳动时间构成指标；

(2) 工日出勤率、工时出勤率。

(3) 出勤工日利用率、出勤工时利用率；

(4) 制度工日利用率、制度工时利用率；

(5) 加班比重；

(6) 该月平均作业天数；

(7) 按工日编制劳动时间平衡表，并分析劳动时间利用情况。

3．某瓦工队 20 个人 5 天共完成砌筑工程 120m³，计算劳动生产率的正指标、逆指标。

4．某施工企业 2001 年各月末人数资料如下：

	1月末	2月末	3月末	4月末	5月末	6月末	7月末	8月末	9月末	10月末	11月末	12月末
职工人数	800	810	812	806	810	813	813	810	840	860	880	900
其中:社会性服务机构	60	60	62	65	70	68	64	64	66	70	76	78
其他人员	2	2	4	4	4	4	6	6	6	6	6	6

2000 年底有职工人数 790 人，其中，社会性服务机构有 50 人；其他人员有 2 人。

假设该企业全年完成房屋竣工面积 35000m²，试计算年人均房屋竣工面积。

5．某建筑企业瓦工组 2000 年 10 月完成砌筑工程 504m³，平均工人数是 30 人，实际作业 720 个工日，其中非全日缺勤 45 工时，非全日停工 68 工时，非全日非生产 20 工时，加点 1240 工时。

试计算（1）该瓦工组工人的时劳动生产率、日劳动生产率和月劳动生产率；

（2）实际工作月长度、实际平均工作日长度。

6．某建筑公司 1998 年完成施工产值 4000 万元，全年从业人员平均人数为 560 人，其中该企业办小学有教工人员 24 人；医院有医务人员 35 人；长期出国人员 5 人；从事建筑安装的工人有 496 人。

试计算该年企业全员劳动生产率和建筑安装工人劳动生产率。

7．某抹灰队 20 人 10 天完成的抹灰工程量、实际用工数及其工日定额见下表。

分项工程名称	实际完成工程量 (m²)	工日定额 (工日/m²)	实际用工数 (工日)
墙面普通抹灰	1200	0.10	100
墙面中级抹灰	440	0.15	60
墙面高级抹灰	280	0.16	40
合计	—	—	200

试计算定额完成程度以及节约的工日数。
8. 对下列原始记录进行表格设计：
(1) 职工卡片；
(2) 职工考勤表；
(3) 职工工资表；
(4) 职工加班加点通知单。

第八章 建筑业企业机械设备统计

本容提要：本章主要讲述建筑机械设备统计的范围、分类；机械设备的数量、能力、装备程度、完好情况、利用情况等方面的统计；最后讲述基层统计的工作程序。

建筑产品的生产过程，也是机械设备发挥作用的过程，没有或降低机械设备的使用，生产效率会大大降低，所以，随着建筑市场竞争的加剧，采用机械化施工，不仅可以节省人力、提高生产效率，而且对降低成本、缩短工期、提高经济效益、提高竞争能力也具有重要意义。

机械设备统计的主要任务，就是正确、及时地反映机械设备的数量、能力、状态、利用等方面的情况，为改善企业设备管理、提供准确的报表提供依据。

第一节 建筑机械设备统计的范围与分类

一、建筑机械设备统计的范围

建筑机械设备统计的范围是建筑业企业在册的全部自有机械设备，即企业作为固定资产已验收入账的全部机械设备。设备统计的各项指标均按设备的所有权范围进行统计。凡属本企业所有，不论是自用、出租和借给外单位的，也不论是在用、在修、在途或在库，包括封存、不配套以及待报废的设备都应进行统计。但从外单位借入或租入的设备，因资产非本单位所有，不予统计。

建筑机械设备统计的范围包括分布在企业内的施工机械、运输机械和加工与维修设备。建筑业企业只要属于上述范围的设备都应进行管理统计。建筑业行业主管部门目前主要考核二十种主要机械设备，具体名称见表8-1。

主要机械设备目录 表8-1

	机械名称	计量单位	能力
1	单斗挖掘机	台	m^3
	其中：$1m^3$以上	台	m^3
2	推土机	台	kW
	其中：74kW及以上	台	kW
3	铲运机（成套）	台	m^3
	其中：自行式铲运机	台	m^3
4	履带式起重机	台	t
	其中：15t及以上	台	t
5	轮胎式起重机	台	t
	其中：16t及以上	台	t
6	汽车式起重机	台	t

续表

	机 械 名 称	计量单位	能 力
	其中：40t 及以上	台	t
7	塔式起重机	台	t
	其中：80t/m 及以上	台	t
8	载重汽车	辆	t
	其中：8t 及以上	辆	t
9	自卸汽车	辆	t
	其中：8t 及以上	辆	t
10	拖车车组（20t 及以上）	辆	t
	其中：60t 及以上	辆	t
11	装载机	台	t/m³
	其中：挖掘式装载机	台	t/m³
12	混凝土搅拌机	台	m³
13	专用车辆		
	其中：散装水泥车	台	t
	混凝土拌运车	台	t
	混凝土泵车	台	m³
14	空压机（6m³ 以上）	台	m³
15	打桩机		
	其中：柴油打桩机	台	
	振动打桩机	台	
16	压路机	台	
17	卷扬机	台	
	其中：5t 以上	台	
18	机动翻斗车	台	
19	锻压设备	台	
20	金属切削机床	台	t

二、建筑机械设备的分类

建筑机械设备种类繁多，分布甚广，用途各异，为了计算和研究建筑企业机械设备的数量和能力以及它们的构成情况，以满足计划管理的需要，必须对机械设备按一定的标志进行分类。常用的分类有以下几种：

（一）按机械设备的用途分类

1．土石方机械，如挖掘机、铲运机、推土机、压路机等；

2．起重机械，如履带式起重机、轮胎式起重机、汽车式起重机、塔式起重机、卷扬机等；

3．运输机械，如载重汽车、自卸汽车、拖车车组、机动翻斗车、散装水泥车等；

4．混凝土钢筋机械，如混凝土搅拌机、混凝土输送泵、混凝土搅拌车等；

5．其他机械，如打桩机、各种专业工程机械、金属加工及维修机械等。

建筑机械设备按用途分类，目的在于加强设备管理，计算其数量和能力，分析研究各类机械设备在数量上、能力上能否满足施工要求和配套平衡，以便及时发现矛盾，采取必要措施，以保证施工任务的完成。

（二）按机械设备技术状况分类

1．完好机械设备。指报告期末技术完好的在用、在途、在库、封存、出租及外借的机械设备，包括使用中停工维修（一天以内）的机械设备。封存机械设备是指超过 6 个月不用于生产施工，经上级主管机关批准封存的机械设备。

完好的机械设备，一般需要具备下面三个条件。

(1) 设备性能好，设备运转无超温、超压、异响、失灵等现象，能按设计能力正常工作；

(2) 设备运转正常，零部件齐全，磨损腐蚀不超过技术规定标准，主要的计量仪表和供水、供电、润滑系统正常；

(3) 燃料、油料等消耗正常，基本没有漏油、漏气、漏水、漏电等现象。

2．在修机械设备。指报告期末正在修理的机械设备。

3．待修机械设备。指报告期末等待修理的机械设备。

4．不配套机械设备。指因机械设备本身不配套（如缺乏动力或其他部分）而不能投入使用的机械设备。

5．待报废的机械设备。指因机械设备损坏严重，达到报废条件，经技术鉴定准备报废的机械设备。

这种分类的目的在于反映和分析期末各类机械设备的技术完好状况，为有计划地挖掘机械设备潜力，促进建筑业生产发展提供依据。

(三) 按机械设备的分布状况分类

1．施工机械设备：是指在施工现场直接用于工程施工的各种机械设备，如各种起重机、挖掘机、推土机等；

2．附属辅助生产机械设备：是指附属辅助生产单位使用的各种机械，如金属加工的各种机械设备；

3．运输机械设备：是指运输机构用于场外运输的各种机械设备，如各种载重汽车、平板拖车等（不包括现场施工和附属生产用的运输机械设备）；

4．其他机械设备：是指上述三种机械设备以外的各种机械设备。

以上的分类标志是按机械的分布，而不论机械的用途如何，如混凝土搅拌机在施工现场使用就列入施工机械设备，在附属辅助生产单位使用就列入附属辅助生产机械设备。

第二节 建筑机械设备的数量、能力和装备程度统计

一、建筑机械设备的数量统计

建筑机械设备的数量是机械设备统计的基本指标。它是计算和分析施工单位机械设备能力、装备程度及完好、利用程度的依据。

统计机械设备数量的目的，在于掌握建筑企业的机械设备实有情况，作为编制计划、安排施工任务、配备劳动力以及设置修理点、配备保修设备等的主要依据。

反映建筑企业机械设备数量的主要统计指标有：

1．机械设备的实有台数：它是一个时点指标，反映报告期末（即最后一天）的机械设备台数。它包括在用、在修、在途、在库、出租以及待报废的全部机械设备，但不包括借入和租入的机械。该指标可以就全部机械设备统计，也可以分类统计各类机械台数。

2．机械设备的平均台数：它是一个时期平均指标，反映报告期内每天平均拥有的机械台数。在实际生产活动中，建筑企业在一定时期内所拥有的机械设备会因各种原因而经常有所增减变动。因此只计算一个时点上的机械台数，不能完全反映建筑企业在一定期内实际拥有的机械设备情况，所以需要计算机械平均台数，为分析研究机械设备的利用情况

提供依据。计算公式：

$$月度机械平均台数 = \frac{月初实有台数 + 月末实有台数}{2}$$

实际工作中，如机械数量增减变化不大，可简化计算方法，公式为

$$报告期机械平均台数 = \frac{报告期内每日拥有机械台数之和}{报告期日历日数}$$

例如：某建筑企业4月1日有10台卷扬机，4月11日增加5台，4月26日调走8台。

则：月末实有台数 = 10 + 5 − 8 = 7 台

$$4月份平均台数 = \frac{10 \times 10 + 15 \times 15 + 7 \times 5}{30} = 12 台$$

二、建筑机械设备能力统计

正确地计算机械设备的数量，虽然能够反映建筑企业在一定时期或时点上拥有机械设备的规模，但它不能确切地说明该建筑企业机械设备能力的大小。因为在施工生产中所装备的同类机械设备有大、中、小之分，如同是一台单斗挖掘机，有的铲斗容量是$1m^3$，有的是$0.5m^3$，有的是$0.25m^3$，这说明有时数量相同，但其能力的差距很大。因此，在正确计算机械设备数量的基础上，必须同时计算机械设备能力，分析研究能力的利用情况。

机械设备能力是指各种机械设备能够承担实物工程量的能力。机械设备能力的计算，一般是根据机械的工作部分的容量、承载能力、单位时间的生产效率或动力部分的功率计算。如挖掘机、混凝土搅拌机等按工作部分的容量计算能力；起重机、载重汽车等按工作部分的起重量计算能力；推土机、电焊机等按动力部分的功率计算能力；空气压缩机是按单位时间生产量计算能力。机械设备能力是以设计能力为准，如由于革新、改造而超过了原设计能力，或由于机械陈旧需降低能力使用，则应根据主管机关批准的查定能力计算，而不应按机械在使用过程中实际发挥的生产能力计算。

在计算机械设备能力时，不仅要计算单台机械设备的能力，还要计算同类机械设备的总能力和平均能力。

1. 机械设备总能力。是指报告期末最后一天同一种类机械设备的设计能力（或查定能力）之总和。它是反映建筑企业各类机械承担生产任务的总能力。计算公式为：

某类机械总能力 = Σ（某种机械设备台数 × 该种机械设备单台设计能力）

例如：某建筑企业2000年末实有单斗挖掘机18台，其中斗容量$1m^3$的8台，$0.5m^3$的6台，$0.25m^3$的4台。则

2000年末挖掘机总能力 = $1 \times 8 + 0.5 \times 6 + 0.25 \times 4 = 12m^3$

2. 机械设备平均能力。是指报告期内平均每天拥有的同类机械的设备能力。其计算公式为：

$$机械设备平均能力 = \frac{报告期每天拥有的机械设备实有能力之和}{报告期日历日数}$$

注：节假日的实有能力以其前一天的能力计算。

例如：某建筑企业4月1日有混凝土搅拌机10台，其中$0.4m^3$的有8台，$1m^3$的有2台，4月11日增加5台，其中$0.4m^3$的有3台，$1m^3$的有2台，4月26日调走$0.4m^3$的8台。则

4月份混凝土搅拌机的平均能力 = [(0.4×8+1×2)×10+(0.4×11+1×4)×15 + (0.4×3+1×4)×5]/30 = 6.8m³

3.机械设备年生产能力。是指各类机械设备在一个年度内减去必要的保养、修理时间和不可避免的中间停歇时间后，在最大限度充分利用的情况下，一年内可能完成实物工程量的能力。通常是以机械设备的年产量表示。规定各类机械设备全年应该完成的生产量称为机械年产量定额（或定额年产量），此外还有实际年产量。两者之差为应挖掘的潜力。

（1）某类机械实际年生产能力

其计算公式如下：

某类机械实际年生产能力

= Σ（某种机械台数×该种机械设计能力）×单位设备能力年平均完成工程量

= 某类机械设备总能力×单位设备能力年平均完成工程量

式中：单位设备能力年平均完成工程量，是指单位设备能力在一定条件下实际达到的生产水平，通常称为实际单产，它一般是根据实际资料来确定。

通过该指标的计算为编制下年度施工计划提供依据。

根据前例某建筑企业挖掘机数量和能力资料，假设每 m³ 能力年平均实际完成工程量是 90000m³，则

$$挖掘机年实际生产能力 = 12 \times 90000 = 1080000 \text{（m}^3\text{）}$$

（2）核定机械设备年产量定额

主要是根据机械年工作台班和平均台班产量水平来确定的。

机械年工作台班，是指各类机械设备在一年内应该完成的作业台班数。年工作台班的确定，一般是根据年度日历日数，减去法定的节假日数与必要的保养、修理以及不可避免转移停歇天数，再考虑机械的作业班次，在各种因素综合分析的基础上，来确定机械年工作台班定额。

机械平均台班产量，是指机械在平均每个台班时间的生产量。一般是根据机械的设计能力，减去班内机械保养和不可避免的临时性间歇时间，在充分发挥效能的基础上，来确定平均台班产量水平。在方法上一般采用技术测定与对前期统计资料分析相结合，以及群众的先进操作方法等，综合研究后确定的平均先进台班产量定额。

仍以前例中某建筑企业 2000 年年末实有挖掘机的数量和能力资料为例。在一班制作业的条件下，2000 年每台机械年工作 200 个台班，平均台班产量为：1m³ 铲斗容量为 600m³，0.5m³ 铲斗容量为 400m³，0.25m³ 铲斗容量为 240m³，挖掘机年产量定额见表 8-2。

挖掘机年产量定额表　　　　　　　　　　　　　　　　表 8-2

能力单位：m³

机械规格（单台能力）	台数	总能力	核定每台机械年平均工作台班	核定平均台班产量	年生产量定额
1	8	8	200	600	960000
0.5	6	3	200	400	480000
0.25	4	1	200	240	192000
合计	18	12	—	—	1632000

从上表看出，核定挖掘机年产量定额为1632000m³，是全年可以承担的施工任务，它是编制下年度生产计划的主要依据之一。

年产量定额－生产能力＝1632000－1080000＝552000（m³），这是该挖掘机的潜力。

三、建筑机械设备装备程度统计

建筑机械设备是建筑企业进行生产活动的主要劳动资料，用先进技术把劳动者武装起来，不断提高其机械装备水平，这对于减轻工人的劳动强度，节约劳动消耗和提高劳动生产率，都具有重要的意义。

反映建筑业企业机械装备规模、程度和效果的主要指标有：

1. 机械设备总功率

机械设备总功率是指列入建筑企业固定资产的机械设备的总动力数。以"kW"表示。

建筑机械设备要在施工生产中发挥作用，需要有一定的动力来带动它运转。因此，通过计算建筑企业所使用的机械设备总功率，可以间接反映建筑企业拥有机械设备的规模。根据现行制度还应计算施工机械设备的总功率。为下期制定施工计划和计算动力装备率提供依据。

机械设备总功率也是按设计能力或查定能力计算的。它是动力装备率的重要基础资料，当计算某类或全部机械设备总功率时，不仅要包括机械设备本身所使用的动力，还应该将虽不属机械的组成部分，但是为这些机械设备服务的单独动力设备（如电焊机）包括在内。电焊机、变压器、锅炉则不计算动力。

机械设备总功率也是反映机械设备的实物量指标。它可以计算期末机械设备的总功率，也可以计算报告期内机械设备的平均总功率。

2. 年末自有机械设备价值

是综合反映建筑企业全部机械设备的价值指标。它是企业在一定时点（一般采用报告期末）或一定时期（报告期平均值）列入固定资产的各种机械设备价值的总和。注意不应包括非生产用的机械设备。为了计算方便，一般采用报告期末机械设备的总价值。

机械设备价值可按需要分别计算原值和净值。机械设备原值是指本单位在获得全新机械设备时所实际支付的全部价值；机械设备净值是指机械设备经过使用、磨损后实际存有的价值，即原值减去折旧后的净值。

原值以货币表现机械设备总量，而净值反映了机械设备的实际价值量，即尚未转移到产品上去的价值。机械设备的净值与原值对比可以反映企业拥有机械设备的新旧程度。

3. 技术装备率

又称技术装备系数或技术装备程度，它是建筑企业在报告期末自有机械设备的净值与年末全部职工人数（或全部工人人数）的比值。计算公式为

$$技术装备率（元/人）＝\frac{年末自有机械设备净值}{年末全部职工人数（或全部工人人数）}$$

计算技术装备率，其分子应该为全年平均净值，但由于资料来源及计算较困难，目前采用年末机械设备净值来计算。

按设备净值计算的技术装备率可反映每一职工或工人平均拥有的生产设备的现有价值。按设备净值计算的机械设备总额，是反映建筑企业全部机械设备尚未转移到工程中去的价值量，实际上是反映了建筑企业机械设备的周转情况。以净值为基数计算的技术装备

率是研究机械设备周转速度和规划机械设备更新的主要依据。

4．动力装备率

又称动力装备系数或动力装备程度，它是建筑企业自有机械动力数与全部职工人数（或全部工人人数）的比值。其计算公式为

$$动力装备率（kW/人）=\frac{年末自有机械总动力数}{年末全部职工人数（或全部工人人数）}$$

根据观察的目的不同，可以分别按全部职工、全部工人或建筑安装工人来计算动力装备率。

计算动力装备率指标，可以反映出建筑企业平均每个职工或工人所分摊的机械设备的动力数。其数值越高，说明职工或工人被动力所装备的程度越高；反之则越低。从侧面也可以反映出，动力装备率的不断提高对于减轻工人的劳动强度、节约劳动消耗和提高劳动生产率具有重要的意义。

应该指出，技术装备率和动力装备率，其本身并不说明机械装备程度的高低。而只有与本企业历史同类指标或本行业中其他企业同期指标相比才能反映装备水平的提高。

5．装备生产率

是指建筑企业报告期自行完成总产值与报告期末自有机械设备净值的比值。它是衡量企业装备效果的重要指标。其计算公式为

$$装备生产率（元/元）=\frac{全年自行完成产值}{年末全部机械设备净值}$$

建筑安装施工活动是建筑企业的主要生产活动，为了综合反映建筑施工活动的装备水平，还可以根据报告期完成的施工产值和报告期末施工机械计算装备施工生产率。其计算公式为

$$装备施工生产率（元/元）=\frac{全年自行完成施工产值}{年末施工机械净值}$$

【例 8-1】 某建筑企业 2000 年完成施工产值 5250 万元，年末职工总人数 4000 人，其中工人人数 3200 人，年末施工机械设备净值 800 万元，总功率 4992kW。试计算该企业的技术装备率、动力装备率和装备生产率。

【解】

$$技术装备率（全员）=\frac{8000000}{4000}=2000\ 元/人$$

$$技术装备率（工人）=\frac{8000000}{3200}=2500\ 元/人$$

$$动力装备率（全员）=\frac{4992}{4000}=1.248\text{kW}/人$$

$$动力装备率（工人）=\frac{4992}{3200}=1.56\text{kW}/人$$

$$装备生产率=\frac{52500000}{8000000}=6.56\ 元/元$$

第三节　建筑机械设备完好情况统计

建筑机械设备经常保持完好的技术状况，是顺利完成施工生产计划的保证，所以在机

械设备管理过程中，应搞好机械设备完好情况的统计，以便尽可能提高机械设备的完好率，其方法是缩短修理、保养及设备的报废更新时间和提高维修质量。

反映建筑机械设备完好状况的指标是机械设备完好率，根据企业管理的要求、统计分析研究的任务不同，可以分别计算机械设备数量完好率、机械设备台日完好率、机械设备台时完好率。

一、机械设备数量完好率

机械设备数量完好率，通常用报告期末完好机械设备台数与实有机械设备台数的比率来表示。其计算公式为

$$机械设备量完好率（\%）=\frac{期末完好机械台数}{期末实有机械台数}\times 100\%$$

式中按台数计算的机械完好率，可以反映建筑企业在期末机械设备的完好状况，它可以作为安排下期机械设备使用和维修保养工作的重要依据。但它不能反映整个报告期机械设备的完好程度，也不能用来分析本期机械设备使用对施工生产活动的保证作用。为了研究机械完好状况与施工生产活动的关系，还需要按台日数来计算机械完好率。

二、机械台日完好率

通常用报告期制度内完好台日数与制度内台日数的比率来表示的。如遇有法定节假日加班时，在计算机械台日完好率时，分子、分母均应加上法定节假日实际加班的台日数，这样可以更好地反映机械的完好状况。其计算公式为

$$机械台日完好率（\%）=\frac{报告期制度内完好台日数（+加班台日数）}{报告期制度台日数（+加班台日数）}\times 100\%$$

式中　机械完好台日数——在一定时期内机械本身配套、技术状况完好、随时可以投入施工生产的台日数。完好台日数包括修理不满一天的机械。

例如：某施工队4月份有挖掘机10台，公休假日8天，制度内完好台日数为205台日，公休假日加班16台日，其制度台日数为（$10\times 30 - 10\times 8$）=220台日，则

$$挖掘机台日完好率 = \frac{205+16}{220+16}\times 100\% = 93.64\%$$

三、机械台时完好率

通常用报告期制度内完好台时数与制度台时数的比率来表示的。如遇法定节假日加班、加点时，则分子、分母同时加上实际加班、加点台时数。其计算公式为

$$机械台时完好率（\%）=\frac{报告期制度内完好台时数（+加班、加点台时数）}{报告期制度台时数（+加班加点台时数）}\times 100\%$$

制度台时数是指在报告期内机械的制度台日数与规定每天的工作小时数的乘积。目前我国实行8小时工作制，若双班作业制，可再乘以2。

制度内完好台时数是指在制度台时数内机械处于完好状态下的台时数之和。其计算方法是从制度台时数中减去修理、保养（包括大、中、小修和各级保养）、待修以及在送修过程中所占的台时数。

例如：某建筑企业4月份有挖掘机10台，公休假日8天，每天一班制，在厂修理40台时，保养150台时，待修50台时。则

$$机械设备台时完好率 = \frac{10\times 22\times 8 - (40+150+50)}{10\times 22\times 8} = \frac{1520}{1760} = 86.36\%$$

第四节 建筑机械设备利用情况统计

建筑机械设备是建筑企业进行建筑生产活动的重要条件,充分地、合理地利用企业现有的机械设备,最大限度地发挥每台设备的作用,对于加速施工进度,提高劳动生产率,降低生产成本,提高企业经济效益具有重要意义。因此,经常了解和分析机械设备的利用情况,是加强企业管理的重要课题。

机械设备利用的直接效果是实物工程量的增加,实物工程量的增加受机械设备利用的数量、时间、能力三方面的影响。因此,机械设备利用情况统计的主要任务,是从数量、时间、能力等方面来反映各种机械设备的利用情况,发现问题,总结经验,为有计划地安排生产提供依据。

一、机械设备的数量利用统计

要了解机械设备的利用情况,首先应掌握建筑企业所拥有的全部机械设备是否已充分使用。同样数量的机械设备,在各企业所起的作用不一定相同。因此,为了挖掘机械设备的潜力,在统计上需要将建筑企业在一定时期实际使用的机械设备台数跟实有机械台数及完好机械台数进行对比,以反映企业机械利用情况。

1. 实有机械数量利用率

指报告期实际使用的机械台数与实有机械台数之比。它表明实有机械的利用程度。其计算公式为

$$实有机械数量利用率(\%) = \frac{报告期实际使用的机械台数}{报告期实有机械台数} \times 100\%$$

实际使用的机械台数,是指报告期参加过施工生产活动的机械台数,而不管它在报告期参加生产活动的时间长短。

实有机械数量利用率的高低,除了因机械管理与施工组织不善而使机械未被完全利用外,还受在修、待修以及待报废机械数量多少的影响。由于机械的定期保养与修理对延长机械的寿命是十分必要的,机械设备的报废也是不可避免的,因此对由于修理保养和报废而影响机械数量的利用程度不能一律认为是未被利用的潜力,而应当进行具体分析。

这一指标只能粗略地说明机械设备利用的好坏情况,为了进一步说明设备数量的利用情况,还要计算完好机械数量利用率。

2. 完好机械数量利用率

指报告期实际使用的机械台数与完好机械台数之比。它表明完好机械的利用程度。其计算公式为

$$完好机械数量利用率(\%) = \frac{报告期实际使用的机械台数}{报告期完好机械台数} \times 100\%$$

这一指标的分子分母之差,说明完好机械中未参加施工生产活动的机械台数。这是机械设备的潜力,应结合生产情况予以应用,防止闲置。

例如:某建筑企业在2000年4月有各种机械设备76台,其中在修5台,待修2台,待报废1台,不配套1台,在本月参加作业的54台。

$$实有机械数量利用率 = \frac{54}{76} \times 100\% = 71.05\%$$

$$完好机械数量利用率 = \frac{54}{76-5-2-1-1} \times 100\% = \frac{54}{67} \times 100\% = 80.6\%$$

完好机械设备应在施工生产中充分发挥作用，而上例完好设备中有 19.4% 即 13 台没投入使用，这是机械的潜力。

二、机械设备的时间利用统计

通过上述对机械设备数量利用程度的计算，只能粗略地说明机械设备在数量上的利用情况，但它不能说明每台机械设备在一定时期内参加施工生产活动时间的长短。因此还需要将机械设备的数量与实际使用的时间联系起来，研究机械设备的时间利用情况，也就是研究机械设备的台日或台时的利用情况。

反映机械设备时间利用情况的主要指标是机械设备的台日利用率和台时利用率。它们的计量单位是台日（或台班）、台时。现行制度规定一般按台日作为计量单位，但配有专门司机的机械设备应按台时考核其利用程度。

1．机械设备台日利用率

为了正确研究机械设备时间利用情况，需要搞清楚以下几个基本概念：

（1）日历台日数

是指报告期内每天实有机械台数（不论其技术状况与工作状况如何）的总和，即报告期内机械设备平均台数与日历日数相乘之积。

（2）节假日台日数

指报告期内国家规定的节假日中每天实有机械台数的总和，即报告期内机械设备平均台数乘节假日数。全年内节假日天数一般按 111 天计算。

（3）制度台日数

指报告期内按规定应参加生产活动的台日数，即日历台日数减节假日台日数。

（4）停工台日数

指报告期内因检修、拆迁安装、转移、气候影响、缺乏燃料等，整天未参加施工生产活动的台日数。

（5）加班台日数

指报告期内节假日数中加班作业的台日数。

（6）实作台日数

指报告期内机械设备实际出勤进行施工生产活动的台日数，而不论该机械设备在一日内参加施工生产时间长短，都算做一个实作台日。它包括节假日加班台日数，即

实作台日数 = 日历台日数 - 节假日台日数 - 停工台日数 + 加班台日数

（7）实作台时数

指报告期内机械设备实际作业的台时数。不包括试车运转或一般调动运转时间，但包括生产进行中必要的空转时间与加班加点台时数。

【例 8-2】 某吊装施工队 5 月份有起重机 48 台，节假日 9 天，实际停工 250 台日，节假日加班 40 台日；非全日停工台时数 1500 台时，加点 35 台时，实行一班制。试分析其机械设备的时间利用情况。

【解】 日历台日数 = 48×31 = 1488 台日

节假日台日数 = 48×9 = 432 台日

制度台日数 = 1488 - 432 = 1056 台日　或
　　　　　= 48 × (31 - 9) = 1056 台日

停工台日数 = 250 台日

加班台日数 = 40 台日

制度内实作台日数 = 制度台日数 - 停工台日数 = 1056 - 250 = 806 台日

实作台日数 = 806 + 40 = 846 台日

非全日停工台时数 = 1500 台时

加点台时数 = 35 台时

实作台时数 = 846 × 8 + 35 - 1500 = 5303 台时

上述各指标间相互关系，见图 8-1 所示。

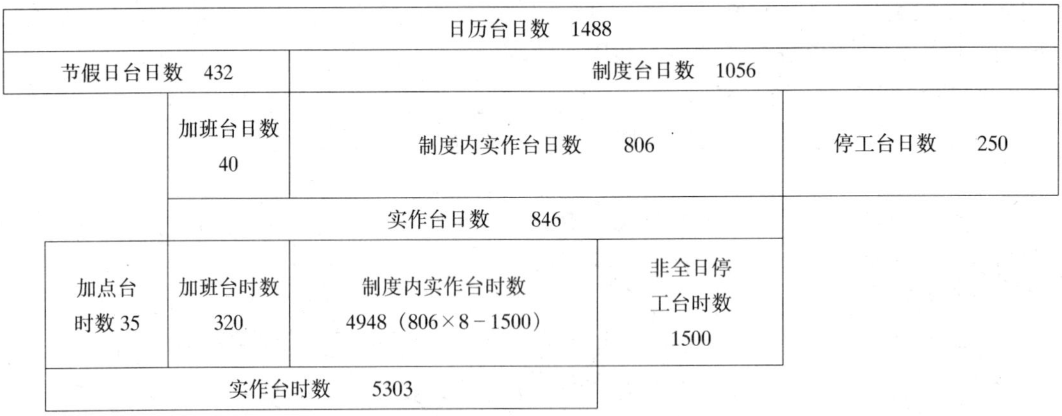

日历台日数 1488				
节假日台日数 432	制度台日数 1056			
	加班台日数 40	制度内实作台日数 806		停工台日数 250
		实作台日数 846		
加点台时数 35	加班台时数 320	制度内实作台时数 4948（806×8-1500）	非全日停工台时数 1500	
	实作台时数 5303			

图 8-1　某施工队机械设备利用示意图

通过对上述几个有关时间概念的了解，可以在此基础上计算机械设备台日利用率。其计算公式为

$$机械设备台日利用率（\%）= \frac{报告期制度内实作台日数（+节假日加班台日数）}{报告期制度台日数（+节假日加班台日数）} \times 100\%$$

机械台日利用率数值越大，则说明机械设备的利用程度就越高；反之，则低。由此可见，机械台日利用率指标的高低对施工生产影响很大。当进行统计分析时，如发现台日利用率低，应深入现场调查机械停工的原因，以便抓住薄弱环节，提出改进措施，以保证施工生产的顺利进行。分子、分母之差表明机械未充分利用而损失的台日数。如果再乘以每个台日的产量，则可说明如果机械设备得到充分利用可以增产的潜力。

按上例计算：

$$起重机台日利用率 = \frac{806 + 40}{1056 + 40} = \frac{846}{1096} \times 100\% = 77.12\%$$

该吊装队所拥有 48 台起重机的台日数中，只利用了 77.26%，还有 22.74% 的台日数未被利用，共损失台日数为 1096 - 846 = 250 台日。假如该单位实行一班制，起重机平均每个台班产量为 80t，则由于台日利用不充分，而损失的产量为 250 台班 × 80t/台班 = 20000t。

2. 机械设备台时利用率

机械设备的实作台日数是根据机械实际出勤情况来计算的，但是只要机械设备实际出勤参加了施工生产活动，不论其一天内参加生产时间长短，都算作一个实作台日，因此台日利用率并不能完全反映机械设备在台日内的时间利用情况。对于配有固定专业司机的大、中型机械设备，需要进一步计算机械台时利用率。其计算公式为

$$机械设备台时利用率（\%）=\frac{报告期制度内实作台时数（+加班加点台时数）}{报告期制度台时数（+加班加点台时数）} \times 100\%$$

式中 制度台时数 = 制度台日数 × 制度规定每天工作小时数

仍根据上例资料计算：

$$起重机台时利用率 = \frac{5303}{1056 \times 8 + 40 \times 8 + 35} \times 100\%$$
$$= \frac{5303}{8803} \times 100\% = 60.24\%$$

从上式可以看出，该吊装队机械设备台时利用很不充分，只利用了60.24%，还有39.76%的台时未被利用，共损失了8803-5303=3500台时。台时利用率为什么低于台日利用率呢？这说明机械设备虽然出勤了，但实际工作时间很不充分，平均每天工作时间只有6.27台时（5303/846），比制度规定的时间少1.73天。因此，在实际中应结合具体情况，调查台时利用不充分的原因，以便有针对性地采取措施。

三、机械设备能力利用统计

建筑机械设备，是指在单位时间内完成实物工程量的能力。设备能力的大小是以单位时间内能完成实物工程量的多少来表示的，一台机械设备在单位时间内能完成的工程量多，其能力就大，反之就小。反映机械设备能力利用情况的统计指标是机械设备能力利用率。

1. 机械设备台班（台时）能力利用率

机械设备台班（台时）能力利用率是按单位时间内的机械实际产量与定额产量对比求出的，它可以综合反映建筑企业的机务管理水平。机械设备投入施工生产，能按定额的规定完成或超额完成生产任务，是施工单位管好用好机械的最终目的。因此，机械台班（台时）能力利用率指标是反映机械使用效果的重要指标。其计算公式为

$$机械台班（台时）利用率（\%）=\frac{报告期某种机械平均每台班（台时）实际产量}{报告期该种机械台班（台时）定额产量} \times 100\%$$

式中 台班（台时）定额产量反映了机械的理论能力，也称理论单产，它是机械设备在各种因素都充分利用的情况下，单位时间内能完成的最大工程量。可以根据设备的生产率（查阅机械技术性能）来确定。其计算公式为

报告期该种机械台班定额产量 = 机械设计能力 × 生产效率

机械平均台班（台时）实际产量反映了机械的实际能力，也称实际单产，它是机械设备在一定条件下，在单位时间内实际完成的工程量。其计算公式为

$$报告期机械平均每台班（台时）实际产量 = \frac{报告期内某种机械实际完成的工程量}{报告期内某种机械实作台班（台时）数}$$

【例8-3】 某建筑企业2000年3月有一台WY-160国产单斗挖掘机，其斗容量为$1.6m^3$，生产效率为$280m^3/h$，实作台班23个，实作台时161台时，全月完成的土方工程量为$32000m^3$，假设实行一班制，计算其机械台班能力利用率。

【解】 WY-160挖掘机台时定额产量＝280m³/台时

台班定额产量＝台时定额产量×8＝280×8＝2240（m³/台班）

$$台时能力利用率（\%）=\frac{32000 \div 161}{280} \times 100\% = 70.98\%$$

$$台班能力利用率（\%）=\frac{32000 \div 23}{2240} \times 100\% = 62.11\%$$

通过以上计算说明该挖掘机台时能力利用率不高，还有29.02%的能力未被充分利用，这是该挖掘机的潜力。用分子减分母为（32000/161）－280＝－81.24（m³）。如果实际单产达到定额产量的水平，挖掘机在3月份可多完成的土方工程量为

$$81.24 \times 161 = 13079.64（m^3）$$

台班能力利用率更低，其原因是平均每个台班作业时间只有7小时（161/23），还有37.89%的台班能力未被充分利用。用分子减分母为（32000/23）－2240＝－848.7（m³）。如果实际单产达到定额产量，挖掘机在3月份可多完成土方工程量为

$$848.7 \times 23 = 19520.1（m^3）$$

第五节 建筑机械设备统计的基本程序

建筑企业机械设备统计工作的质量，不仅直接涉及到机械设备的管理问题，同时也直接关系到施工计划的执行，以及行业指标的汇总整理，因此搞好各种、各类机械设备的基层统计，对及时、准确地搜集资料、整理资料、分析资料、编制统计报表具有重要意义。

机械设备统计的基本程序是：原始记录、统计台账、统计报表。

一、机械设备的原始记录

机械设备的原始记录是通过一定的表格形式，对建筑企业有关机械设备活动情况所做的最初文字和数字记录。原始记录的内容所涉及的范围是十分广泛的，主要包括以下几个方面：

1. 属于资产管理的原始记录

（1）机电设备、固定资产验收单

它是建筑业企业验收新增机械设备的记录（见表8-3）。

（2）固定资产调拨转账通知单

它是机械设备变更使用单位的记录（见表8-4）。

（3）机械设备报废申请单

它是鉴定和审批报废机械设备的技术记录（见表8-5）。

2. 属于机械设备使用的原始记录

（1）机械设备运转原始记录

它是机械设备在施工生产过程中运转的台时、产量及发生故障等情况的记录（见表8-6）。

（2）机械例保卡

它是机械设备使用过程中各主要零部件损坏情况的技术记录（见表8-7）。

3. 属于机械设备维修的原始记录

（1）机械设备大、中修理技术性能鉴定单

它是机械设备在大、中修前进行技术鉴定的记录(见表8-8)。

(2)机械设备保养、修理任务单

它是机械设备在保养、修理中耗用的工时和材料、零配件的记录(见表8-9)。

二、机械设备的统计台账

大量分散的原始记录,必须加以整理汇总,才能成为统计分析、统计报表的资料和内容,因此统计台账就是系统积累数据而设置的登记账册,主要有以下几种:

1．主要机械分类账(见表8-10)、机械设备明细账(见表8-11)、主要机械设备实有数增减表(见表8-12)。

它们是根据机械设备验收、调拨、报废等原始记录汇总而生成的台账和台表。

2．机械设备使用情况汇总表

它是根据机械设备使用原始记录汇总而成(见表8-13)。

三、机械设备的统计报表

机械设备统计报表分为月报和年报两类。

1．属于月报,也可汇总季报半年报和年报。主要报表有:

(1)机械设备月度发生额对照表

它根据机械设备分类账而设置,所不同的是增设了折旧。用来反映报告期内机械设备的净值情况(见表8-14)。

(2)主要机械设备实有、完好、利用情况表

它是根据机械设备使用情况汇总表汇总而成。能计算各类主要机械的完好率、利用率和有效利用率。称为"三率"表(见表8-15)。

2．属于年报,但也可按季报、半年报填报的报表主要有:

建筑业企业技术装备情况表,能综合反映建筑业企业的机械设备原净值、总功率、技术装备率、动力装备率和装备生产率等(见表8-16)。

由此看来,原始记录、统计台账、统计指标计算及报表、统计分析之间存在着密切关系,机械设备统计中所收集的基本数字资料,归根到底都来自原始记录,台账是积累统计资料的手段,报表是反映统计资料的方式,统计分析利用统计资料指导设备管理。几个环节中只要有一个环节做得不好,都会影响整个统计工作的质量。

表8-3

发票	字第　号
供应单位	

机电设备、固定资产验收单

供货单位：　　　　　填报日期：　　　　验收单　　　　　　　　　字　号

名称	规格	单位	数量	总价	制造厂名	单位统一编号
公司(盖章) 资产负责人 经办人			公司、部(盖章) 资产负责人 经办人		备注	

固定资产调拨转账通知单　　　　　　　　　　表 8-4

填表日期：

调入单位		联系人		电话			地址		
调出单位									
设备编号	设备名称	规格	单位	数量	原值	已提折旧	净值	备　注	
调拨依据						双方转账日期		年　月　日	
调出单位	企业负责人		财务负责人		公章：	调入单位	企业负责人	财务负责人	公章：
	资产负责人		经办人				资产负责人	经办人	

机械设备报废申请表　　　　　　　　　　　表 8-5

编　号：
填报日期：

统一编号	名称	规格	单位	数量	耐用年限	已用年限	价值（元）			
							原值	已提折旧	净值	估计残值
主要附属设备技术状况								存放地点		
填报单位意见	报废原因及三结合初步意见：					主管企业审查意见	技术鉴定：			
	单位公章：	主管					单位公章：	主管部门		
		初签						动力部门		
		填报						财务部门		
	主管局审查意见：						建设厅审批意见：			

机械设备运转原始记录　　　　　　　　　　　表 8-6

填报单位：　　　　　　　　　　　年　　月

日期	单位工程	工作内容	运转台时		产量	发生故障		机抄工签章	使用单位签章
			班内	班外		内容	时间		

说明：●法定节假日　　汇总：制度台班………………实作台时………………
　　　○停电　　　　　　　　完好台班………………故　　障………次………时
　　　N 运输　　　　　　　　实作台班………………产　　量………
　　　▲其他　　　　　　　　加班台班………………
　　　X 机械损坏

公司机械例保卡

表 8-7

设备名称		规格型号		编号								
日期	限位	保险	联轴器	减速器	制动器	绳筒	轨道	钢丝绳	润滑	清保	电器	损坏情况简要记录	值勤签证

例行保养要求：

1. 限位：保险，灵活可靠
2. 联动器：有无

年　月　日

机械设备大、中修理技术性能鉴定表（申请单）

表 8-8

填报单位　　　　　　　　　　　　　　　　　　　　　　　　年　月　日

机械编号		机械名称		厂型规格		（二）最后一次报检验资料
机械使用年限（公里或台时）		已使用年限（公里或台时）		已大修次数		
上次大、中修理时间		上次修理类别		大、中修间隔期		（三）在周期中更换的主要配件
这次申请修理类别		计划送修时间		预计尚可运转（公里或台时）		（四）在修理中的注意事项中要求解决的关键问题
（一）需修项目及技术鉴定						
部系总成	修别	目前技术状况				（五）间隔期的延长或达不到的原因
						单位鉴定意见
						公司审批意见

机械设备保养、修理任务单 表 8-9

送修单位： 生产班组：
送修日期： 任务编号：

机械名称		厂型		统一编号	
项目和要求					

日程部系总成	工作内容	定额工时	实际工时	执行人

固定资产机械设备分类账 表 8-10

日期	凭证	摘要	增加数			减少数			结存数		
			台数	总能力	金额	台数	总能力	金额	台数	总能力	金额

固定资产机械设备明细台账 表 8-11

单位： 类别： 统一编号： 机械名称：
规　格：

日期	机械序号	注销日期	摘要	启用日期	制造厂名	型号	能力（功率）	原值	累计数			机械分布状况	
									台数	总能力	金额		

主要机械设备实有数增减表 表 8-12

年　　月

+/-	设备编号	机械名称	制造企业	原值（元）	功率（kW）	增减原因

注：每台一行，增加数以"＋"表示；减少以"－"表示。
单位负责人： 填表人： 填表日期：

××月份机械设备使用情况汇总表

表 8-13

填报单位名称：

序号	机械设备名称	机械规格	机械编号	使用情况					备注
				实作台日数	实作台时数	实际完成产量		机械维修台日	
						单位	数量		

统计负责人：　　　　　　　　　　　　　　　　　　　　　　　　　　　　　　　　　　　　制表：

机械设备月度发生额对照表

表 8-14

年　　月

账面发生额＼项目	上月结转数				本月增加数			本月减少数			本月提存折旧(元)	本月减少折旧(元)	本月结余数			
	台数(台)	总功率(kW)	原值(元)	已提折旧(元)	台数(台)	总功率(kW)	原值(元)	台数(台)	总功率(kW)	原值(元)			台数(台)	总功率(kW)	原值(元)	累计已提折旧(元)
总计																
其中：																
施工机械																
运输设备																
生产设备																

213

主要机械设备实有、完好、利用情况表

表 8-15

机械设备名称	年末实有机械设备总台数			年末总能力		报告期制度台日数		报告期实作台日		报告期				报告期总产量		效率		报告期机械设备动态			
	合计	小计	其中完好	其中封存	能力	计量单位	合计	其中完好	合计	其中公休日加班	完好率（%）	利用率（%）	故障（台时/台）	有效利用率（%）	计量单位	产量	计量单位	单位平均台数产量	本期平均台数（台）	本期新增台数（台）	本期减少台数（台）	本期平均能力
甲	1	2	3	乙	—	4	5	6	7	8	9	10	11	12	13	丙	14	丁	15	16	17	18	19
合计					—											—							
1. 单斗挖掘机						m^3										m^3		m^3/m^3					
其中 1m^3 以上						m^3										m^3		m^3/m^3					
2. 推土机						kW										—		台班/台					
其中 74kW 及以上						kW										—		台班/台					
3. 铲运机						m^3										—		台班/台					
其中自铲式铲运机						m^3										—		台班/台					
……																						

统计负责人： 填表人： 报出日期：

建筑企业技术装备情况表

表 8-16

表号：建筑 7 表
制表机关：建设部
文号：建综 (1991) 678 号

企业名称	年末自有机械设备总台数（台）	年末自有机械设备价值（万元）		年末自有机械设备总功率（kW）		年末机械设备增加原值（万元）	年末机械设备减少原值（万元）	年末全部职工实有人数（人）		技术装备率（按设备净值计算）（元/人）		动力装备率（按设备净值）（kW）	
		原值	净值	总功率	其中：施工机械功率			合计	其中：工人	全部职工	其中：工人	全部职工	其中：工人
	1	2	3	4	5	6	7	8	9	10=3/8	11=3/9	12=4/8	13=4/9
甲													
总计													

214

练 习 题

一、填空题

1. 建筑机械设备是指企业_____的全部机械设备；机械设备的数量是按_____的范围进行统计的。
2. 法定节假日的机械台数按_____的台数计算。
3. 机械设备通常是以_____为准。
4. 建筑机械设备能力统计的主要指标有：_____、_____、_____。
5. 机械设备作业时间的计量单位是：_____、_____。

二、多项选择题

1. 机械设备数量和能力统计指标（　　）。
   A. 是机械设备统计的基本指标　　B. 是计算其他派生指标的前提
   C. 都是时期指标　　D. 都是实物指标
2. 机械能力（　　）。
   A. 通常是以设计能力为准
   B. 通常以机械使用过程中实际发挥的能力为准
   C. 也可按主管部门批准的查定能力计算
   D. 是指机械在单位时间完成工程量的能力
3. 完好机械具备的条件是（　　）。
   A. 设备性能良好
   B. 设备运转正常
   C. 原料、燃料、油料等消耗正常
   D. 正在生产过程中使用的设备
4. 反映机械设备潜力的指标有
   A. 实有机械数量利用率
   B. 完好机械数量利用率
   C. 机械台日利用率
   D. 机械设备台时利用率

三、简答题

1. 机械设备按技术状况分为几类？有何意义？
2. 机械设备按用途分为几类？有何意义？
3. 机械设备数量、能力及装备程度指标有哪些？
4. 机械设备完好率指标有几个？如何计算？
5. 机械设备利用率指标有哪些？如何计算？
6. 企业统计工作基本程序是怎样的？

四、应用题

1. 某建筑企业1999年年初有强制式混凝土搅拌机资料如下。
   2月1日购入$0.15m^3$的2台；8月1日报废$0.25m^3$的1台，出售$0.35m^3$的3台；10月1日又购入$0.25m^3$的2台。试计算：

(1) 年末混凝土搅拌机实有台数；

型　号	出料容量（m³）	台数（台）
JQ150	0.15	4
JQ250	0.25	8
JQ350	0.35	6

(2) 年末混凝土搅拌机总能力；
(3) 年内平均台数；
(4) 年内平均能力。

2. 某建筑企业2000年4月有各种卷扬机14台，公休假日8天，制度内完好台日数为275台日，公休日加班20台日，试计算该月卷扬机的台日完好率。

3. 某建筑企业2001年平均拥有0.6m³的单斗挖掘机8台，全年实作台班1800台班，实作台时12600台时，实际完成土方工程量1386000m³；该挖掘机生产效率为130m³/h，该单位实行一班制。试计算：

(1) 挖掘机台班能力利用率；
(2) 挖掘机台时能力利用率。

4. 某建筑企业2001年末有机械设备资料如下。

机械设备名称	单台功率（kW）	年末台数（台）	总净值（万元）	本年实作台日数（台日）	
				制度内	加班
单斗挖掘机	110	4	25	750	150
推土机	100.6	2	12	350	70
轮胎式起重机	68	3	16	500	55
卷扬机	100	6	3	1200	200
混凝土搅拌机	5.5	8	6	1400	150
合计	—			4200	625

年末全部职工人数为400人，其中全部工人人数为330人；全年完成建筑业总产值3000万元；全年日历天数为365天，法定节假日数为111天。假定全年机械设备未增减变动。试计算：

(1) 年末自有机械设备总台数；
(2) 年末自有机械设备总功率；
(3) 年末自有机械设备净值；
(4) 技术装备率；
(5) 动力装备率；
(6) 生产装备率；
(7) 机械台日利用率。

5. 调查一个建筑企业技术装备情况，机械实有、完好、利用情况，按要求编制年度报表。

第九章 建筑业企业原材料、能源消费与库存统计

内容提要：本章主要讲述建筑业企业在施工生产活动中原材料、能源的分类情况及消费量的统计，以及为了保证施工生产的顺利进行而进行的储备量的建立。

建筑业企业的物质生产活动，是多种原材料、能源物质形态的转化过程。伴随着建筑产品的形成，原材料，能源也不断发生消耗。由于材料费在建筑产品造价中占有很大的比重（20%左右），因此，对原材料、能源消费情况的统计分析，成为建筑施工企业保证工程成本达到合理水平的一个重要手段。

同时，受到建筑产品生产连续性而材料供应间断性的影响，在施工生产活动中建立必要的库存与储备是保证施工生产顺利进行的重要条件之一。因此，本章主要是从原材料及能源的收入量、消费量、消耗量、消耗定额的执行情况及原材料、能源储备定额的制定等几个方面反映其消费与库存的情况。

第一节 原材料、能源统计范围及分类

一、原材料、能源统计的概念

原材料，能源统计是指建筑业企业在施工生产过程当中对原材料、能源的采购、保管、储备、消耗等各种情况所作的数量方面的综合计算、分析等工作的总称。

二、原材料、能源的统计范围

原材料、能源的统计工作主要应体现在原材料、能源在收入、储备和消耗三个方面的数量表现。将实际与计划进行比较，分析各方面对施工生产的保证程度及材料使用的合理程度。

三、原材料、能源的分类

建筑业企业的原材料、能源是建筑生产活动的劳动对象，也是进行施工生产活动的物质基础。在日常的施工生产活动中对原材料、能源进行统计，可以帮助我们了解其各方面的情况，可以为材料管理人员加强核算，降低成本，提高原材料、能源的管理水平提供直接的依据。

由于建筑施工生产活动中用到的原材料、能源种类繁多，且在核算中的重要程度也有所不同。因此，应当作出适当的分类，把握原材料、能源的特征及管理的重点。

（一）按在施工中的作用分类

1．主要材料

主要材料是指直接用于工程（产品）上，构成工程（产品）实体的各种原材料、能源，这种材料通常一次性消耗且价值相对较大，如水泥、木材、钢材等主要材料。

2．结构件

结构件是指经过安装后能构成工程实体的各种加工件,它由建筑材料加工而成,如钢构件、木构件等。

3．机械配件

机械配件是指维修机械设备所需的各种零件和配件,如活塞、轴承等。

4．周转材料

周转材料是指在工程中多次使用且不构成工程实体的工具性材料,如钢模板、脚手架等。

5．低值易耗品

低值易耗品通常指单位价值在规定限额以下,或使用期在一年以内的劳动资料,如工具、管理用具、玻璃器皿,以及在生产经营过程中内部周转使用的包装容器等。

6．其他材料

其他材料是指不构成工程（产品）实体,但有助于工程（产品）形成,或便于施工生产进行的各种材料,如燃料、油料等。

（二）按原材料、能源自然属性分类

1．非金属材料,如砂、石、水泥、木材沥青等；

2．金属材料,如钢材、铜、铝等。

（三）按建筑材料的经济价值分类

这是运用 ABC 分析法对建筑材料进行管理所用的分类方法。即将建筑材料分为 A 类材料,B 类材料和 C 类材料三大类。

A 类材料一般是指品种少（占总品种的 5%～20%）,但价值高（占总价值的 70%～90%）的材料,是重点管理的对象。如钢材、木材、水泥等。

B 类材料是指材料的品种和价值均处于中等水平的材料,该类材料品种一般占材料总品种的 25%～40%,价值占材料总价值的 10%～25%,是一般管理的对象。

C 类材料是指品种繁多,但价值量却较少的材料。该类材料品种一般占总品种的 50%～70%,但价值只占总价值的 5%～15%,对这种材料只作非重点管理即可。如一些零星材料、易损件等。

（四）按建筑材料的管理权限分类

国家对全部物资实行三级管理体制,即分为统配物资、部管物资和地方管理物资三大类。现阶段,随着市场经济的建立,材料价格的逐步放开,绝大部分建筑材料已进入市场交易。

（五）按建筑材料在建筑物中所起作用分类

可将建筑材料分为两大类。一类是承重结构用材料,如砖、石、混凝土等；另一类是特殊用途材料,如耐火砖、防锈漆、吸音板等。

第二节　原材料、能源收入量统计

一、原材料、能源收入量

（一）原材料、能源收入量的概念

原材料、能源收入量也称进货量,是反映建筑业企业在一定时期内购入原材料、能源的总数量。

在原材料、能源采购过程中，不论采用哪种渠道，都应保证建筑安装工程生产的需要。

（二）原材料、能源收入量统计原则

应遵循"谁收入、谁统计"的原则，即以实际达到施工现场或仓库经有资质的质量检验部门验收合格，并且经过施工现场的工程监理工程师签证验收并入库的原材料、能源为核算标准。

但应注意不包括以下几种情况：已支付货款的在途物资；原材料、能源已达到施工现场或仓库，但尚未办理验收入库手续的，不能计入收入量；虽经验收但发现物资亏损或不符合质量要求的，不能计入收入量，应由负责物资采购的一方负责，重新采购并验收合格入库后再作为收入量统计；外单位寄存、委托保管的原材料、能源不能计入收入量。

二、原材料、能源的来源渠道

在原材料、能源收入量的统计中，除了正确地计算各种材料、能源的收入总量外，还应当按材料的不同供应渠道进行分组，研究不同来源材料的数量和比例。现阶段大致存在以下几种主要方式：

（一）国家合同直达到货

是指根据国家物资分配计划和省、直辖市、自治区分配计划签订合同，从产品生产厂、国家物资局储运公司、产品管理处等直达到货的物资和从外贸部门直接调入的国外进口物资。

（二）项目业主自行采购供料

在市场经济条件下，随着建筑材料价格的放开，供货信息渠道的充足和完善，也为了更好地保证材料的质量，从而保证工程的质量。现阶段，这种形式的材料供应方式在材料采购当中比重逐步增大。

（三）上级机关调入

指从上级主管部门供应机构、地方物资部门供应的物资，不论是否按计划指标进行调拨，均应计入。

（四）委托承建商组织采购

是指承建商在业主委托的条件下，自行采购的原材料、能源。

（五）其他方式

是指从上述来源以外的其他单位调剂、调换物资的收入。

需要注意的是，上述几种原材料、能源的来源渠道，随着建筑市场的发展和完善，业主自行采购或委托承建商采购将会成为主要的方式。但不论从哪种方式获得的原材料、能源，一方面在采购过程中应尽量降低采购成本，另外必须保证质量，这样才能更好地保证工程的质量，这是最重要的。

三、原材料、能源收入计划执行情况的检查

建筑业企业原材料、能源收入计划，是组织材料物资供应的依据。因此，在施工生产进行过程中，材料的供应应该做到保质、按量、及时。而这些情况可以用原材料、能源收入计划的执行情况来反映。

原材料、能源收入计划执行情况的检查，就是将报告期实际收入量与计划收入量进行对比，反映原材料、能源的供应对施工生产的保证程度。由于原材料、能源的种类繁多，所以一般只对主要材料分析其收入计划的执行情况。通常从以下三个方面进行分析和研究。

(一) 检查收入量是否充足

检查收入量是否充足，需要根据材料需用量计划检查同种原材料、能源的实际总收入量是否按计划规定完成。

原材料、能源的需用量计划，是根据施工进度计划和材料消耗定额编制的，可以用公式表示为：

$$\frac{材料物资}{需用量} = \frac{材料消耗}{定额} \times \frac{计划完成}{工程量}$$

【例 9-1】 某工区某月计划砌 $1\frac{1}{2}$ 砖外墙 $2000m^3$，根据定额规定，每 $10m^3$ 砖砌体用砖量为 5.335 千块，水泥 518.7kg，中砂 $2.87m^3$，生石灰 158.08kg。计算其材料需用量。

【解】 $2000m^3$ 的 $1\frac{1}{2}$ 砖外墙各种材料需用量为：

红砖需用量：$5.335 \times \frac{2000}{10} = 1067$ 块

水泥需用量：$518.7 \times \frac{2000}{10} = 103.74t$

砂子需用量：$2.87 \times \frac{2000}{10} = 574m^3$

生石灰需用量：$158.08 \times \frac{2000}{10} = 31.62t$

上述例子所计算的需用量是保证施工生产顺利进行的各种材料的最低用量，是必须完成的。不然的话，原材料、能源的供应量不能保证，就会造成工程施工的中断，影响进度，增加成本。因此，供应量的充足是保证施工继续进行的基本条件。

(二) 检查材料物资收入的品种是否齐备

建筑产品是由各种建筑材料按一定的生产工艺组合而成的。因此，在材料、物资供应过程中，除了要保证材料供应总量达到要求以外，还应保证品种规格的齐备性，否则，虽然供应总量充足，但品种短缺，仍然会造成停工待料，妨碍施工生产的正常进行。而且，在核算过程中，要更好地把握主要材料的品种齐备性，兼顾其他材料。

【例 9-2】 某施工单位某季度"三材"供应情况如表 9-1 所示。

某施工单位某季度"三材"供应情况　　　　表 9-1

材料名称	材料规格	单位	计划供应	实际供应	计划完成（%）
甲	乙	丙	1	2	$3 = \frac{2}{1}$
钢材	$\phi 6$	t	30	36	120.0
钢材	$\phi 8$	t	20	22	110.0
钢材	$\phi 12$	t	8	4	50.0
木材	红松	m^3	80	65	81.3
水泥	32.5 级	t	120	80	66.67
水泥	42.5 级	t	100	120	120.0

根据表9-1的资料对该施工单位季度"三材"收入量情况作分析。

【解】 1．钢材收入总量已按计划完成，$\frac{计划完成}{相对数} = \frac{36+22+4}{30+20+8} = \frac{62}{58} = 106.9\%$，其中 $\phi 6$、$\phi 8$ 两种型号的钢材超额完成计划，分别超计划完成20%、11%，但 $\phi 12$ 钢材的供应量明显不足，只完成计划的50%，应该根据实际情况分析其中原因，保证供应；

2．木材的供应没有按计划完成，只完成计划的81.3%，还差18.7%尚未完成，应该引起注意，保证供应；

3．水泥的供应从总量上看没完成计划，$\frac{120+80}{100+120} = 90.91\%$，主要是由于32.5级水泥供应不足造成的（只完成计划的67%），应该引起重视，采取相应措施，保证供应。

（三）检查原材料，能源收入是否及时

这是监理工程师和施工单位在材料供应中同样应重视的一个问题。

第三节 原材料、能源消费量统计

前面提到，建筑产品是由建筑材料经过加工组合而构成的，所以说建筑产品的形成过程，同时也是材料的消耗过程；同时，由于材料费占工程造价的比重又很大，所以在施工生产中，合理使用材料，努力降低消耗，直接关系到产品成本的降低和经济效益的提高，也意味着可以用同样多的材料完成更多的工程任务。所以，通过材料消耗量的统计，反映其超耗和节约情况，也为管理者有效控制工程投资提供了依据。

一、建筑原材料、能源消费量

（一）建筑原材料、能源消费量的概念

建筑原材料、能源消费量，是指在一定时期内建筑业企业实际消费的全部材料数量。其计算的范围主要包括：

1．工程直接消费的原材料、能源；

2．本单位（包括附属辅助生产单位）为工程自行制作的预制品及施工现场的非标准设备消费的原材料、能源；

3．施工现场临时设施消费的原材料、能源；

4．施工单位经营维修用料，如施工机械、设备维修、施工单位房屋、仓库维修用料等；

5．地质勘探所消费的材料以及其他不属于上述各项消费的材料。

消费量按"谁消费、谁统计"的原则以实际消费量来统计计算。

（二）建筑原材料、能源消费量的核算

对于主要材料，要以实计算，严格控制其消费水平，这是控制建筑安装工程成本的关键。

对于非主要材料，如果所需数量较多但材料消费占总消费量的比重又较小的话（如大堆材料），则可以用下列公式进行推算：

本期消费量 = 期初库存量 + 本期收入量 − 本期拨出量 − 期末库存量

二、原材料、能源消耗量

（一）原材料、能源消耗量的概念

原材料、能源消耗量,是指在一定时期内实际耗用于建筑产品生产过程的全部材料数量,它是材料消费量的主要组成部分。

计算建筑原材料、能源消耗总量必须以产品(即单位工程或建设项目)为对象,其基本范围包括:

1. 建筑工程中直接耗用的材料;
2. 为本企业承包工程加工制作金属结构、预制构件和非标准设备等所耗用的材料;
3. 为现场施工服务的暂设工程和临时设施所耗用的材料;
4. 现场仓库保管、场内运输和操作过程所损耗的材料。

但不包括施工工具、施工机械维修等耗用的材料及施工现场以外储运过程中损耗的材料。

(二)原材料、能源消耗量的计算

凡是进入第一道生产工序,改变了原来的形态或性能,或者已经投入使用,即作为消耗量统计。在实际工作中,一些具体情况规定如下:

1. 已办理领料手续或实际已领出的材料,如果未投入施工生产,而存放在现场或车间,应算作库存量,不能计入消耗量;
2. 在施工中重复使用的材料(如模板),在第一次使用时即计入消耗量,以后回收使用不再重复计算;
3. 用于返工工程的材料,应计入消耗总量;
4. 某些材料已投入使用,但其形态或性能未发生改变,也应作为消耗量统计,如机械设备使用的润滑油;
5. 需要加工改制后使用的材料,如钢材改型,原木加工等,如果是自行加工,之后不再入库的,应计入消耗量;若重新入库再领用的,只能统计为加工拨出量;
6. 受外单位委托、来料加工制作或外销的金属结构、预制构件和非标准设备等耗用的材料,不能计入消耗量。

正确计算材料消耗量,是编制和检查材料消耗计划,核算单位产品材料消耗水平,检查材料消耗定额情况的依据。

材料消耗量的计算,具体有以下几种方法可供参考:

1. 根据领料单确定消耗量

公式如下:

报告期某种材料的消耗总额=报告期领料总数-报告期退料总数

2. 根据分部、分项工程实际完成工程量和材料配合比推算材料消耗量

公式如下:

分部、分项工程某种材料消耗量=分部、分项工程实际完成工程量×单位工程量某种材料消耗量×某种材料配合比

3. 采用平衡推算法计算材料消耗量,适用于砖、砂、石等大宗材料的消耗量的计算

公式如下:

材料消耗量=期初库存量+本期收入量-期末库存量-本期拨出量

三、原材料、能源消耗定额执行情况的检查

材料消耗定额,就是指在合理使用和节约材料的条件下,生产质量合格的单位建筑产

品所必须消耗的一定品种、规格的建筑材料、半成品、构件、配件、燃料以及不可避免的损耗量等的数量标准。

在建筑产品形成过程中,由于材料费占到了建筑工程造价70%左右的比重,因此,在建筑产品形成过程中,对于建筑施工企业而言,其项目业主和监理工程师都应对原材料、能源,尤其是工程中用到的主要材料的消耗情况,进行严格的控制,尽可能使其消耗量控制在一个比较合理的水平上。

检查原材料、能源消耗情况,主要是用合格建筑产品原材料、能源的实际消耗量与定额消耗量进行对比,来反映其节约或浪费的程度。用计算公式可以表达为:

$$材料消耗定额完成程度(\%) = \frac{合格建筑产品材料实际单耗}{消耗定额} \times 100\%$$

单位产品原材料超耗(+)或节约(-) = 合格建筑产品材料实际单耗 - 消耗定额

材料消耗(+)或节约(-)总量 = (合格建筑产品材料实际单耗 - 消耗定额) × 报告期合格建筑产品产量

由于各种材料使用情况不同,考核材料消耗的方法也不一样。现就几种情况分别说明如下:

(一)检查某项工程某种材料消耗定额执行情况

$$定额指数 = \frac{合格单位工程平均实际材料消耗量}{单位工程定额消耗量} \times 100\%$$

【例9-3】 某住宅砌砖工程,每立方米定额耗砖514块,实际已完成砌砖500m³,用砖250000块,计算相关定额指数。

【解】 每m³砌砖实际耗砖量 $= \frac{250000}{500} = 500$ 块/m³

则,定额指数 $= \frac{500}{514} \times 100\% = 97.28\%$

证明实际耗砖量比定额节约了2.72%,节约用砖量为500 - 514 = -14块/m³,即每m³节约用砖14块。

(二)检查多项工程某种材料消耗定额执行情况

这里需要有一个综合的过程,即

$$定额指数 = \frac{\Sigma 某项工程某种材料消耗量}{\Sigma(某项工程该种材料消耗定额 \times 某项工程实际已完工程量)} \times 100\%$$

上述定额指数,说明一种材料用于多种工程的材料节约或浪费的程度;同时,也可以从分子与分母的差额中找出节约或浪费的绝对量。

【例9-4】 某工程砌砖基础、砖外墙、暖气沟三个分项工程资料如表9-2所示。

某工程分项工程资料表　　　　表9-2

分项工程名称	单位	完成工程量	定额单耗(块)	实耗量(块)
砖基础	m³	500	514	250000
外墙	m³	800	523	462600
暖气沟墙	m³	750	539	390000

根据上述资料,计算砖基础、外墙、暖气沟墙三个分项工程红砖定额指数。

【解】 红砖定额指数 $= \frac{250000 + 462600 + 390000}{(500 \times 514 + 800 \times 523 + 750 \times 539)} \times 100\% = \frac{1102600}{1079650} \times$

$100\% = 102.13\%$

根据计算,红砖实耗超出定额 2.13%,超耗 1102600 - 1079650 = 22950(块)

(三)检查一项工程使用多种材料消耗定额的执行情况

由于一项工程当中使用多种建筑材料,其计量单位会出现不一致的现象。因此,不能将其直接汇总,而应将实物量换算成价值量后再进行计算,即

$$定额指数 = \frac{\Sigma(某种材料预算单价 \times 材料实耗量)}{\Sigma(某种材料的预算单价 \times 材料应耗量)}$$

【例 9-5】 现以表 9-3 资料说明其计算方法。

表 9-3

材料名称	计量单位	消耗数量		预算价格 (元)
		应耗	实耗	
红砖	块	520000	510000	0.082
水泥	t	255500	253000	0.125
粗砂	m³	300	280	56.24

【解】 $$定额指数 = \frac{510000 \times 0.082 + 253000 \times 0.125 + 280 \times 56.24}{520000 \times 0.082 + 255500 \times 0.125 + 300 \times 56.24} \times 100\%$$

$$= \frac{89192.2}{91449.5} \times 100\% = 97.53\%$$

从计算结果来看,该工程三种材料消耗量实际节约了

$$100\% - 97.53\% = 2.47\%$$

节约的绝对量为

$$89192.2 - 91449.5 = -2257.3 \text{ 元}$$

注意,在计算中,由于有些材料的价格会随时间的变化而变化,形成材料预算价格与实际市场价格的差异(即材差),因此,为了使计算结果更加准确,还应注意材差的调整,使计算的结果更准确。

(四)检查多项工程使用多种材料消耗定额的执行情况

在这种情况下,可以采用下列公式计算定额指数:

$$定额指数 = \frac{\Sigma P M_1 Q}{\Sigma P M_2 Q}$$

式中 P——预算单价;

Q——已完工程量;

M_1——实际单耗;

M_2——定额单耗。

【例 9-6】举例如表 9-4 资料所示。

【解】 砖外墙、砖烟囱的材料消耗定额指数

$$= \frac{815 \times (510 \times 0.109 + 48 \times 0.23 + 12 \times 0.063) + 240 \times (600 \times 0.109 + 53 \times 0.23 + 12 \times 0.063)}{815 \times (533.5 \times 0.109 + 51.87 \times 0.23 + 13.34 \times 0.063) + 240 \times (609 \times 0.109 + 54.39 \times 0.23 + 13.99 \times 0.063)}$$

$$= \frac{54919.6 + 18803.04}{57801.4 + 19145.3} = \frac{73722.64}{76946.7} = 0.958 = 95.8\%$$

由计算结果可知,砖外墙与砖烟囱材料消耗量实际比计划节约了 4.2%,节约的材料费为

$$73722.64 - 76946.7 = -3224.06 \text{ (元)}$$

需要注意的是，这个结果也应进行材差的调整。

表 9-4

工程名称	工程量		材料		材料单耗		预算单价（元）
	单位	数量	名称	单位	实际	定额	
砖外墙	m³	815	红砖	块	510	533.5	0.109
			水泥	kg	48	51.87	0.23
			生石灰	kg	12	13.34	0.063
砖烟囱	m³	240	红砖	块	600	609	0.109
			水泥	kg	53	54.39	0.23
			生石灰	kg	12	13.99	0.063

第四节　原材料、能源储备量统计

建筑业企业的施工生产活动，是连续不断地进行着的，而原材料、能源却受到多种条件的影响不可能随时随地地供应，也就是说要有一定的供应间隔期。所以，为了保证施工生产的顺利进行，材料管理部门需要在供应间隔期内建立材料的库存储备量。但是库存储备量的确定又不是随意的，需要根据材料消耗定额和预计完成的工程量来确定。这样，就形成了原材料、能源库存量、储备量的统计工作。

一、原材料、能源库存量统计

（一）原材料、能源库存量统计的概念

所谓库存量统计，是指独立核算的建筑业企业在报告期初（或期末）实际结存的原材料、能源数量方面的计量工作。

这个数量对于同种材料来说可以用实物量或价值量来表示；对于不同种类的材料来讲，更多的是以价值量来体现库存的总水平。

（二）原材料、能源库存量统计的原则

遵循"谁支配，谁统计"的原则。

也就是说，凡是企业拥有支配权的原材料、能源，不论其存放在何处，都要作为本企业库存统计；反之，不属于企业支配的原材料、能源，即使存放在本企业仓库，也不能作为库存统计。

（三）原材料、能源库存量指标的计算

原材料、能源的库存量指标就是期末（或期初）库存量，期末（或期初）库存量指标的取得有两种方法：盘点法和平衡推算法。

平衡推算法是根据材料收入量，库存量和支出量之间的关系进行推算，其推算公式为：

期末库存量＝期初库存量＋本期收入量－本期支出量（耗用＋调出）

平衡推算法所取得的库存量的正确性受收入和支出量正确性的影响，同时也未考虑储存过程中的损耗。因此，为了避免账面与实际情况不符的情况在一定时点上（如年末、季末、月末）和特殊需要时，还可以通过实地盘点来取得库存量的资料。通过盘点可能会发现账面与实际不符，出现盘盈和盘亏。这时均以实际盘点数为准，并根据盘盈或盘亏来调

整推算的数字,其公式如下:

期末库存量=期初库存量+本期收入量-本期支出量(消耗+调出)±盘盈或盘亏数量

二、原材料、能源储备量统计

原材料、能源库存量一般是期末统计的,是一个时点上的数据;而原材料、能源的储备量,则是表明一定时期的库存数量(也就是供应间隔期之间的数量),以保证施工生产对于各种原材料、能源数量的需要。而这一库存数量的确定,一般用原材料、能源的储备定额来确定。

(一)原材料、能源储备定额

原材料、能源的储备定额,就是指为保证施工生产的正常进行,在一定条件下材料储备的数量标准。

建立材料储备定额,就是要找到能保证施工生产正常进行的合理储备量。材料储备过少,自然不能满足施工生产的需要,造成工程中断,工期延长,成本增加;但储备过多,又会造成资金积压,不利周转。因此,一个合理储备量的确定对施工生产的顺利进行及流动资金占用的核算都是十分重要的。

(二)原材料、能源储备定额的分类及计算

原材料、能源的储备定额,一般分为正常储备、季节储备和保险储备三种类型,通常是以每种原材料、能源对施工生产需要的保证天数为标准来确定的。

1. 正常储备(经常储备)

正常储备是指为保证施工生产的正常需要而必须保持的原材料、能源储备水平。

正常储备定额的制定:

正常储备定额=平均每天材料需要量×储备天数

式中:平均每天需要量=$\dfrac{\text{计划期材料需要量}}{\text{计划期的日历天数}}$;

储备天数——是根据两次进货的间隔天数来确定的。

正常储备的示意图如图 9-1 所示。

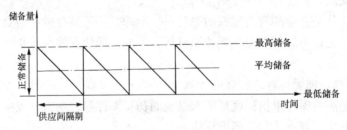

图 9-1 正常储备示意图

2. 保险储备

保险储备是为了预防材料在采购、交货及运输过程当中发生误期或施工生产消耗量突然增大时,不致使生产中断而建立的储备。由于保险储备是为了应付特殊情况而建立的,因此它与正常储备量不同,在施工生产进行过程中是一个常量,但并不意味这个常量中的材料不被使用,因为材料是有有效期的,所以保险储备仅是指量上的固定而已,也即材料本身是不断周转使用的,然后用新的材料不断补充,正常情况下是保持在一定数量水平上的。

保险储备定额的制定:

保险储备定额＝允许最大误期×平均每天材料需要量

式中:平均日需要量＝$\dfrac{\text{计划期材料需用量}}{\text{计划期日历天数}}$

平均误期时间＝$\dfrac{\Sigma \text{误期时间} \times \text{误期时期前一期到货量}}{\Sigma \text{误期时期前一期到货量}}$

保险储备定额示意图如图9-2所示。

由图中可以看出,保险储备是在施工生产发生材料供应误期及材料消耗突然增大等特殊情况下材料储备的最低标准。保险储备和正常储备之和称为最高储备。

原材料、能源低于保险储备,是供应即将中断的信号;而高于最高储备,则是物资开始积压的信号。因此,施工现场的材料管理人员,应注意对这两个指标的控制。

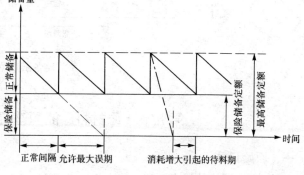

图9-2 保险储备示意图

3. 季节储备

季节储备就是为了防止季节性生产中断造成待料而建立的储备(如砂、石、在洪水季节无法生产,不能保证供应,需建立季节储备)。

季节储备一般是在中断供应之前积累,供应中断前夕达到最高值,供应中断后逐步消耗直到恢复供应。

季节储备定额的制定:

$$C_z = T_z \cdot H_r$$

式中　C_z——季节储备定额;

T_z——季节中断间隔期;

H_r——平均日耗量。

T_z的确定,应在深入调查、掌握不同地区季节供应规律的基础上确定。

季节储备定额示意图如图9-3所示。

三、原材料、能源储备定额执行情况的检查

就是将实际储备量(库存量)与储备定额对比,反映超储积压或储备不足的情况,在检查过程当中,一般是对比储备对生产的保证天数来计算的。

保证天数＝$\dfrac{\text{期末某种材料库存量(或储备量)}}{\text{该种材料平均日耗量}}$

此外,在对比过程当中,还应联系材料进货时间、施工生产和物资供应的实际情况进行。使计算结果更符合实际情况。

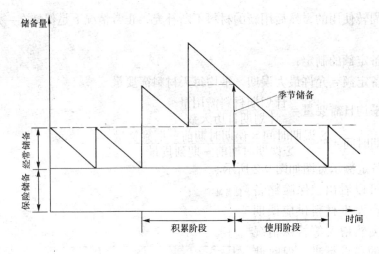

图 9-3 季节储备示意图

第五节 原材料、能源基层统计程序

一、原始记录

（一）原始记录的概念

建筑业企业原材料、能源的原始记录是建筑业企业在原材料、能源采购、运输、保管、使用中的最初记载。它是基层工作人员在材料管理过程中积累的第一手资料，也是建筑业企业从事材料管理的基础。这些原始记录有原材料或能源的供货发票、委托加工发货单、入库凭证、领料单、销售材料发料单等。

（二）原始记录的特点

1. 广泛性

它主要反映了原材料、能源从购入到消耗的全过程，在这一过程中，还应区分不同类别的材料加以反映。

2. 具体性

主要体现在要如实地记载从购入到消耗全过程当中的实际情况。

3. 经常性

这主要是由于原材料、能源采购、消耗活动的经常性所引起的。

4. 群众性

主要是指涉及到这一过程的全体人员实际上都要参与原始资料的提供工作，尤其是材料在消耗过程中材料管理人员对材料消耗情况的统计工作。

（三）原始记录的作用

1. 原材料、能源的原始记录是反映原材料、能源从购入到消耗整个过程的基础；
2. 原材料、能源的原始记录是企业原材料、能源会计核算和业务技术核算的基础；
3. 原材料、能源的原始记录是企业对其进行科学管理的基础；
4. 原材料、能源原始记录是企业推行经济责任制的重要工具。

（四）设置原材料、能源原始记录的原则

1. 必须从企业实际出发，把需要和可能结合起来，根据生产特点，管理水平和材料管理活动的需要，确定原材料、能源原始记录的内容、形式和记录方法，使之有利于加强施工现场的原材料、能源的管理。而且随着企业原材料、能源管理水平的提高，要不断地整理和改进。

2. 必须考虑企业经济核算的统一需要。也就是说在设计原始记录的内容、份数和传递路线时，要满足统计核算，会计核算和业务技术核算的要求，三者要相互配合，口径统一。

3. 必须与企业各项管理制度密切结合，例如关于材料收发、领用的记录，必须纳入材料管理制度。

4. 必须有利于群众参加管理，力求做到原始记录的内容要简明扼要、通俗易懂，方法简便易行。

二、统计台账

（一）统计台账的概念

统计台账是指整理和积累原材料、能源基本情况统计资料的账册。它用一定的表格形式，将分散的、反映原材料、能源基本情况的原始资料，依照时间顺序进行登记，积累资料，并定期进行总结的账册。

（二）统计台账的特点

1. 统计台账的资料，来源于原始记录或经过加工整理以后的资料；
2. 统计台账是按照时间的先后顺序，对统计资料进行循序登记；
3. 统计台账是企业统计人员专门设置的一种积累资料的工具。

（三）统计台账的作用

1. 作为整理原材料、能源基本使用情况资料的重要工具；
2. 成为系统地积累原材料、能源各项资料的重要手段。

三、统计报表

（一）统计报表的概念

统计报表是根据原材料、能源的原始记录和统计台账的资料编制的，按照统一规定的表示方法、内容、日期和程序，向企业领导和上级行政主管部门报告原材料、能源各项情况的制度。

（二）统计报表的作用

1. 统计报表是企业领导掌握原材料、能源使用情况，指挥生产的重要依据；
2. 统计报表是向上级行政主管部门汇报企业原材料、能源使用情况的依据；
3. 统计报表，为企业内部各职能部门进行业务核算和会计核算提供依据。

四、原始记录、统计台账、企业内部统计报表之间的关系

原始记录是统计台账和企业编制统计报表的基础，决定着统计台账和企业内部统计报表的质量。

统计台账将原始记录系统化、条理化，在原始记录和统计报表之间起到承前启后的作用。

统计报表是根据统计台账和其他有关资料编制的，具有综合性特征。

练 习 题

一、填空题

1. 原材料、能源的统计工作主要涉及了原材料、能源_____、_____及_____三个方面的情况。

2. 原材料、能源的收入量必须以实际达到_____或_____并经验收合格入库为标准进行统计。

3. 原材料、能源收入计划执行情况的检查，就是将_____与_____进行对比，反映原材料、能源对施工生产的保证程度。

4. 原材料、能源消耗量，是指在一定时期内实际耗用于建筑产品_____过程的全部材料数量

5. 原材料、能源的储备定额，一般分为_____、_____和_____三种类型。

二、多项选择题

1. 原材料、能源收入计划执行情况的检查，通常需要考核的几个方面为（   ）。

   A. 检查收入量是否充足

   B. 检查材料物资收入的品种是否齐备

   C. 检查原材料、能源收入是否及时

   D. 检查原材料、能源收入资金量是否充足

2. 建筑原材料、能源按其在施工中的作用分为（   ）。

   A. 主要材料　　B. 结构件

   C. 机械配件　　D. 周转材料

3. 原材料、能源的原始记录有（   ）。

   A. 原材料、能源的供货发票

   B. 委托加工发货单

   C. 入库凭证

   D. 其他单据

三、简答题

1. 建筑业企业原材料、能源消费与库存统计的意义是什么？
2. 试述建筑业企业原材料、能源收入量、消费量、库存量统计的原则。
3. 试述原材料、能源储备定额的计算方法及其示意图的表示方法。
4. 原始资料、统计台账、企业内部统计报表之间的关系是怎样的？

四、应用题

1. 已知下列资料。

材料名称	计量单位	本期计划需要	期初库存	实际收入	
				日期	数量
钢材	t	9	0.9	3日、15日、20日	3.6；1.5；4.5
木材	m³	12	1.2	10日、20日、29日	4；6；4
水泥	t	60	10	6日、21日、30日	30；10；20

注：本月日历天数为30天，无休息日。

要求：

(1) 计算各种材料收入量计划完成程度指标；

(2) 分析材料在收入量方面是否存在问题。

2．某企业全年需用水泥 1800t，水泥每批供应间隔期为 20 天，根据实际记录，水泥供应一般超过正常期限的时间为 5 天，计算该企业水泥的正常储备量、保险储备量和最高储量。

3．某施工单位，报告期完成钢筋混凝土平板和钢筋混凝土圈梁两个分部分项工程，完成工程量以及材料消耗资料见下表。

分部分项工程名称	完成工程量		主要材料		每 10m³ 消耗		预算单价（元）
	单位	数量	名称	单位	定额	实际	
钢筋混凝土平板	m³	300	钢筋 32.5 级水泥 卵石	t t m³	1.036 3.359 8.729	1.1 4 8.8	1100 140 46
钢筋混凝土圈梁	m³	400	钢筋 32.5 级水泥 卵石	t t m³	1.216 3.228 9.135	1.3 3.2 9.1	1100 140 46

要求：分析该企业混凝土工程的材料消耗定额执行情况。

第十章 建筑业企业财务状况、经营成果统计

内容提要：本章主要讲述建筑业企业作为经济组织所必须拥有的资金，向债权人的举债及接受所有者的投资统计；经营成果及其分配的情况统计和企业经营效果统计三个方面。

在社会主义市场经济条件下，建筑业企业无论其所有制形式如何，作为一个独立的经济组织，开展生产经营活动，自负盈亏，自担风险，必须拥有一定的资金量，用于施工生产活动当中，如支付工资，支付材料费等；另外，通过不同形态的资金运用，使其在不断周转当中为企业带来经济效益，不断地积累，推动企业发展。在资金运用的过程当中，还应该考查资金的利用效果，提高资金的有效利用程度，使企业在有限的资金量条件下创造更多的收益。

第一节 建筑业企业资本金、资产权益统计

一、建筑业企业资本金统计的内容

（一）建筑业企业资本金的概念

资本金是指建筑业企业在成为独立经济组织过程中，按照国家法律、法规和合同、章程，在开办时筹集并在工商行政管理部门登记的注册资金。这部分资金对企业而言属于非负债资金，它可以以现金、实物、无形资产的形态存在，但无形资产的比重要符合国家有关规定。

（二）建筑业企业资本金的分类

这里主要是按投资主体的不同进行分类，分为国家资本金、法人资本金、个人资本金和外商资本金等部分。

1. 国家资本金

也可称为国家投资，是指以国家预算资金为来源并列入国家计划的资产投资，投入企业而形成的资本金。

它包括国家预算、地方财政、主管部门和国家专业投资公司拨给或委托银行贷给建设单位的基本建设拨款或中央基本建设基金，拨给企业单位的更新改造拨款，以及中央财政安排的专项拨款中用于基本建设的资金。

国家资本金对于建筑业企业这样有独立偿还能力的经济组织来讲，在其资本金来源渠道中所占的比重较小，主要是以其他方式为主。

在统计过程当中，只要是以国家资金进行投资的，均作为国家资本金进行统计，而不需要区分企业的资本金是哪个政府部门或机构投入的，何时投入的。

2. 法人资本金

法人资本金主要是指其他法人单位以其依法可支配的资产投入企业所形成的资本金。如其他的企业法人或社团法人通过购买企业发行的股票而进行的投资等。法人资本金是企业在筹建过程中吸收资金的主要渠道之一。

3．个人资本金

个人资本金是指社会上个人或企业内部职工以其合法财产投入企业所形成的。如社会上的个人通过购买企业发行股票投资所形成的资本金。通过这样的方式可以在比较广泛的范围内吸收较大量的资金。

4．外商资本金

外商资本金是指外国或港、澳、台地区的投资者投入企业形成的资本金。

在外商资本金形成过程当中，吸收国外资本直接投资的主要方式包括外商合资经营、合作经营、合作开发及外商独资经营等形式。

以上各项指标的本年实际数，以企业在工商行政管理部门注册资金登记数统计，或以会计师事务所出具的验资报告中的数据统计。如当年增加或减少资本金时，要按变更后的数字统计。

(三) 资本金的特点

可以从以下几个方面体现：

1．从资金的筹集对象来看，资本金的筹集对象是投资人。这些投资人可以是国家、法人、个人及外商；

2．从资金的偿还方式看，资本金是不需偿还的，投资人享有企业所有权，并有权按其投入企业的资本金份额取得红利；

3．从资金的使用期限看，资本金一旦投入企业，便成为企业的一项永久性资金，企业享有使用权，并且对于投资人来讲，在企业持续经营期内，该投资是不能撤回的；

4．从与企业生产经营的关系看，投资人有权按对企业资本投入的份额，参与企业的生产经营决策。

二、企业资产统计

建筑业企业作为市场主体从事生产经营活动，必须拥有一定的资产为保障，所谓资产，是指企业由于已完成的交易或事项而取得或归它实际控制支配，通过使用将来会滋生经济效益的财产物资。如货币资金，设备，企业的债权，专利权等。

资产具有以下几个方面的特征：

1．资产能够直接或间接地给企业带来经济利益

所谓经济利益，是指直接或间接地流入企业的现金或现金等价物，如企业所拥有的厂房场地、机器设备、原材料等可以用于生产经营过程，制造商品或提供劳务，出售后收回货款，货款即为企业所获得的经济利益。

2．资产是企业所拥有的，或者即使不为企业所拥有，也是企业所控制的

企业拥有资产，就能够排他性地从资产中获取经济利益。有些资产虽然不为企业所拥有但是企业能够支配这些资产，因此同样能够排他性地从资产中获取经济利益。如融资租入的固定资产。如果企业不能拥有或控制资产所能带来的经济利益，那么就不能作为企业的资产，如经营租赁方式租入的固定资产，企业对其不具有所有权，因此不能当作企业的资产。

3. 资产是由过去的交易或事项形成的

资产必须是现实的资产,而不能是预期的资产。只有过去发生的交易或事项才能增加或减少企业的资产,而不能根据谈判中的交易或计划中的经济业务来确认资产。

三、企业资产的分类

企业资产可以按照不同的标准进行分类,比较常见的是按照流动性和按有无实物形态进行分类。

(一) 按资产的流动性进行分类

按流动性进行分类,可分为流动资产和非流动资产。

所谓流动资产,是指可以在一年或者超过一年的一个营业周期内变现或耗用的资产,主要包括现金、银行存款、短期投资、应收及预付款、待摊费用、存货等。有些企业经营活动比较特殊,经营周期可能长于1年,如造船企业,此时,就不能以1年内变现作为流动资产的划分标准,而是将经营周期作为流动资产的划分标准。

在统计流动资产过程当中,其组成项目的资料来源可以从企业定期编制的"资产负债表"的期末余额的合计数得到。

除流动资产以外的其他资产,都属于非流动资产,如长期投资,固定资产、无形资产和其他资产。介绍如下。

1. 长期投资

长期投资是指除短期投资以外的投资,包括持有时间准备超过1年(不含1年)的各种股权性质的投资,不能变现或不准备随时变现的债券,其他债权投资和其他长期投资。

在统计过程当中,企业的长期投资应当以"资产负债表"期末的账面价值与可收回金额孰低计量,对可收回金额低于账面价值的差额,应当计提长期投资减值准备。在资产负债表中,长期投资项目应当按照减去长期投资减值准备后的净额反映。

2. 固定资产

固定资产,是指企业使用期限超过一年的房屋、建筑物、机器、机械、运输工具以及其他与生产、经营有关的设备、器具、工具等。不属于生产经营主要设备的物品,单位价值在2000元以上,并且使用年限超过2年的,也应当作为固定资产。

在统计固定资产时,应注意对于不同的企业而言,由于其经营内容,经营规模等各不相同,固定资产的标准也不可能强求绝对一致,各企业应根据制度中规定的固定资产的标准,结合各自的具体情况,制定适合本企业实际情况的固定资产目录、分类方法、每类或每项固定资产的折旧年限和折旧方法,作为固定资产核算的依据。

固定资产的分类:

通过分类,掌握固定资产的使用状态,为计算固定资产的利用情况提供依据。

(1) 按固定资产的经济用途分类

1) 生产经营用固定资产,是指直接服务于企业生产、经营过程的各种固定资产,如用于施工生产的机器、设备、工具等;

2) 非生产经营用固定资产,是指不直接服务于生产、经营过程的各种固定资产,如职工宿舍、食堂、浴室等。

(2) 按固定资产使用情况分类

1) 使用中固定资产,是指正在使用中的经营性和非经营性固定资产。由于季节性经营或大修理等原因，暂停使用的固定资产仍属于企业使用中的固定资产，企业出租（指经营性租赁）给其他单位使用的固定资产和内部替换使用的固定资产也属于使用中的固定资产；

2）未使用固定资产，是指已完工或已购建的尚未交付使用的新增固定资产以及因进行改建、扩建等原因暂停使用的固定资产；

3）不需用固定资产，是指本企业多余或不使用的各种固定资产。

(3) 按固定资产的所用权分类

1）自有固定资产，是指企业拥有的可供企业自由地支配使用的固定资产；

2）租入固定资产，是指企业采用租赁的方式从其他单位租入的固定资产，可分为经营性租入固定资产和融资租入固定资产。

(4) 按固定资产的经济用途和使用情况综合分类

1）生产经营用固定资产；

2）非生产经营用固定资产；

3）租出固定资产；

4）不需用固定资产；

5）未使用固定资产；

6）土地；

7）融资租入固定资产。

在统计当中，固定资产应按"资产负债表"中"固定资产"项目的期末合计数统计，还应反映固定资产的原值、累计折旧及固定资产的处置等情况。

3．无形资产

无形资产是指企业为生产商品或者提供劳务、出租给他人，或管理目的而持有的，没有实物形态的非货币性长期资产。

无形资产具有的特征为：没有实物形态，能在较长时期内使企业获得经济效益；持有的目的是使用而不是出售；有偿取得等等。

作为企业来讲，无形资产只有在满足以下条件时，企业才能加以确认。

(1) 该资产为企业获得经济利益的作用能够被证实；

(2) 该资产的成本能够可靠地计量。

无形资产可分为可辨认无形资产和不可辨认无形资产。可辨认无形资产包括专利权、非专利技术、商标权、著作权、土地使用权等；不可辨认无形资产是指商誉。在统计时，无形资产可按照"资产负债表"中无形资产期末数统计。

4．其他资产

其他资产是指不能包括在流动资产、长期投资、固定资产、无形资产等以外的资产，主要包括长期性质的待摊费用和其他长期资产。

(1) 长期待摊费用

指企业已经支出，但摊销期限在 1 年以上（不含 1 年）的各项费用。包括固定资产大修理支出、租入固定资产的改良支出等。

(2) 其他长期资产

一般包括国家批准储备的特种物资、银行冻结存款及临时设施和涉及诉讼中的财产等。

长期待摊费用和其他长期资产可根据"资产负债表"中该科目的期末数统计得到。

(二) 按资产有无实物形态进行分类

1. 有形资产

如存货、固定资产等具有物质实体形态的资产。

2. 无形资产

如货币资金、应收款项、短期投资、长期投资、专利权、商标权等，它们没有物质实体，而是表现为某种法定权利或技术。一般来说，通常将无形资产作狭义的理解，仅将专利权、商标权等能够为企业带来超额利润的资产称为无形资产。

四、企业负债统计

负债，是指过去的交易、事项形成的现时义务，履行该义务预期会导致经济利益流出企业。

负债具有以下两个方面的特征。

(1) 负债的清偿预期会导致经济利益流出企业，如以现金或实物资产偿还债务；以提供劳务方式偿还债务等；

(2) 负债是由过去的交易或事项形成的，只有过去发生的交易或事项才能增加或减少企业的负债，而不能根据谈判中的交易或事项或计划中的经济业务来确认负债，如银行借款是因为企业接受了银行贷款而形成的，如果企业没有接受贷款，则不会发生银行借款这项负债。

按照流动性对负债进行分类，可以分为流动负债和长期负债。

流动负债，是指将在一年（含一年）内或者超过一年的一个营业周期内偿还的债务，包括短期借款、应付票据、应付账款、预收账款、应付工资、一年内到期的长期借款等。

长期负债，是指偿还期在一年以上或者超过一年的一个营业周期以上的负债，包括长期借款、应付债券、长期应付款等。

流动负债和长期负债可以从"资产负债表"中流动负债合计数和长期负债合计数中得到。

五、所有者权益统计

所有者权益，是指所有者在企业资产中享有的经济利益，其金额为资产减去负债后的余额。

所有者权益具有以下特征：

(1) 除非发生减资，清算，企业不需要偿还所有者权益；

(2) 企业清算时，只有在清偿所有的负债后，所有者权益才返还给所有者；

(3) 所有者凭借所有者权益能够参与利润的分配。

所有者权益包括实收资本、资本公积、盈余公积和未分配利润。其数额可以"资产负债表"中的所有者权益（股东权益）期末余额的合计数中得到。

第二节 建筑业企业损益及分配统计

建筑业企业在生产经营过程中，为完成施工任务和其他业务活动，必然要发生各种形式的消耗。同时，通过工程结算和服务酬金的取得，形成了企业的损益，即企业的经济效益。企业所取得的经济效益，要在国家、企业法人，所有者和职工之间进行合理的分配，本节主要进行这两方面的统计。

一、企业损益情况统计

为了反映企业的损益情况，在工作中要通过统计并计算下列指标来完成。

（一）工程结算收入

工程结算收入，是指企业承包工程实现的工程价款结算收入，包括向发包单位收取的合同变更收入，索赔款和奖励款。对于施工企业而言，工程结算收入属于企业的主营业务收入。本指标可根据"利润表"中"工程结算收入"项目的本年累计数统计。

（二）工程结算成本

工程结算成本，是指企业已办理工程价款结算的已完工程实际成本。本指标可根据"利润表"中"工程结算成本"的项目的本年累计数统计。

（三）工程结算税金及附加

工程结算税金及附加是指企业因从事工程施工生产活动取得的工程价款收入按规定应交纳的营业税及根据营业税计算交纳的城市维护建设税和教育费附加。本指标可根据"利润表"中"工程结算税金及附加"项目的本年累计数统计。

（四）工程结算利润

工程结算利润＝工程结算收入－工程结算成本－工程结算税金及附加

（五）其他业务利润

其他业务利润是指除工程结算收入以外的，企业其他业务收入相抵其他业务支出后的净收益，即：

其他业务利润＝其他业务收入－其他业务支出

式中　其他业务收入——除工程结算收入以外的开展其他业务所取得的相应收入，如产品销售收入，机械作业收入等；

其他业务支出——企业经营其他业务发生的成本、费用、经营税金及附加；

"其他业务利润"——根据"利润表"中"其他业务利润"项目的本年累计数统计。

（六）管理费用

施工企业的管理费用是指企业行政管理部门即公司总部为管理和组织经营活动所发生的各项费用，包括行政管理人员工资、职工福利费、折旧费、修理费、低值易耗品摊销、办公费、差旅交通费、工会经费、职工教育经费、劳动保险费、待业保险费、董事会费、咨询费、审计费、诉讼费、绿化费、税金、土地使用费、技术转让费、技术开发费、无形资产摊销、开办费摊销、业务招待费、坏账损失、存货盘亏、毁损和报废损失，其他管理费用。本指标可根据"利润表"中"管理费用"余年累计数统计。

（七）财务费用

施工企业的财务费用是指企业为筹集施工生产经营所需资金而发生的各项费用，包括利息净支出，汇总净损失，金融机构手续费，以及企业筹资发生的其他财务费用。本指标可以根据"利润表"中"财务费用"本年累计数统计。

（八）营业利润

营业利润＝工程结算利润＋其他业务利润－管理费用－财务费用

本指标可以根据"利润表"中相应指标的本年累计数统计并计算得到。

(九) 投资净收益

施工企业的投资净收益，是指企业对外投资收益减对外投资损失后的净额。本指标根据"利润表"中"投资净收益"的本年累计数统计。

(十) 营业外收入与营业外支出

施工企业的营业外收入是指与企业工程结算收入和其他业务收入相对应的、虽与企业施工生产经营活动没有直接因果关系，但与企业又有一定联系的收入。如固定资产盘盈、处理固定资产净收益等。

施工企业的营业外支出是与企业施工生产经营活动无直接关系的各项支出，如固定资产盘亏，处理固定资产净损失等。

这两个指标可以从"利润表"中"营业外收入"与"营业外支出"的本年累计数统计。

(十一) 利润总额

施工企业的利润总额是企业在一定时期内施工经营活动经济效益的集中反映，是企业最终的财务成果。它可以通过下式计算得到。

利润总额＝营业利润＋投资净收益＋营业外收入－营业外支出

也可以通过"利润表"中"利润总额"本年累计数得到。

二、利润分配情况统计

施工企业所取得的利润，要在不同的所有者之间进行分配，以符合各投资方利益的要求。按国家统计局要求，利润分配内容应统计以下指标。

(一) 应交所得税

应交所得税，是指企业按照国家的税法规定应计算交纳的所得税。

(二) 应交特种基金

应交特种基金，是指企业年度内应上交国家财政的能源交通重点建设基金和国家预算调节基金等。

(三) 转作奖金的利润

转作奖金的利润，是指奖金暂未列入费用的企业，按规定从利润中提取转作奖金的部分。

(四) 利税总额

利税总额，是指企业实现的利润与利润分配前上缴的税金之和，它包括企业利润总额、工程结算税金及附加和管理费用中的税金。即

利税总额＝利润总额＋工程结算税金及附加＋管理费用中的税金

(五) 应付利润

应付利润，是指企业应付给投资者的利润。本指标可根据"利润分配表"中"应付利润"项目的本年实际数统计。

(六) 已分配股利

已分配股利，是指股份制企业根据股东所拥有的本公司股份（或股票）已分配给股东的股息和红利。

第三节　建筑业企业其他财务指标及补充资料财务指标统计

一、应付工资和应付福利费统计

（一）应付工资统计

应付工资是企业对职工个人的一种负债，是企业使用职工的知识、技能、时间和精力等而给予职工的一种补偿。

应付工资在统计时，应集中反映企业应付职工的工资总额，包括实行工资总额同经济效益挂钩企业提取的工资及工资增长基金，未实行工资总额同经济效益挂钩企业以及实行其他工资办法的企业应付职工的工资。

该项目在"资产负债表"中反映。

（二）应付福利费统计

应付福利费是企业准备用于企业职工福利方面的资金。这也是企业对职工的一项义务。我国企业中按规定用于职工福利方面的资金来源，包括从费用中提取和从税后利润中提取。从费用中提取的职工福利费主要用于职工个人的福利；从税后利润中提取的福利费主要用于集体的福利设施；从费用中提取的职工福利费，按职工工资总额的14%提取。

该项目可以在"资产负债表"中反映。

二、应由三资企业填报的财务指标

三资企业，是指中外合资经营企业、中外合作经营企业和外资企业。

由三资企业填报的财务指标主要有以下几种。

（一）本期实收外商资本

本期实收外商资本，是指按照合同、协议或企业申请书中所规定的注册资本及其所占比例。

（二）协议内本年从境外借款

协议内本年从境外借款，是指批准的企业投资总额内，以企业法人或中外各方的名义从境外（或境内外资金融机构）借入的资金。

（三）本年已分配给外方股利

本年已分配给外方股利，是指经企业董事会决定分配给合营、合作双方的利润股息中按比例属于外商的那部分。

（四）本年末分配利润中应分给外方股利

本年末分配利润中应分给外方股利，是指企业的年末未分配利润股息中按比例属于外商的那部分。

第四节　企业经营效果统计

一、固定资产利用效果统计

对于施工企业来讲，固定资产占有很大的比重，发挥着重要的作用。固定资产的使用状况决定着固定资产的使用效果，不断寻求提高固定资产使用效果的措施和途径，可以在固定资产有限的条件下,创造更多的效益,更好地发挥固定资产的生产能力。

固定资产的利用效果指标主要有以下几类。

(一)固定资产产值率

固定资产产值率,是指企业占用的每万元固定资产所完成的施工产值或总产值。该指标越大,说明固定资产的利用效果越好。

$$固定资产产值率 = \frac{年度完成施工产值或总产值(万元)}{固定资产全年平均原值(万元)} \times 100\%$$

固定资产占用率,是指每万元施工产值或总产值占用的固定资产的价值。与上一指标相反,该指标越小,则说明固定资产的利用程度越好。

$$固定资产占用率 = \frac{固定资产全年平均原值(万元)}{年度完成的施工产值或总产值(万元)} \times 100\%$$

(二)固定资产利润率

固定资产利润率,是指一定时期内企业创造利润与平均占用的固定资产原值的比率。

$$固定资产利润率 = \frac{利润总额(万元)}{固定资产平均原值(万元)} \times 100\%$$

该指标越高,说明企业固定资产利用效果越好。

二、流动资金利用效果统计

按照建筑施工的过程和流动资金的运动阶段,由储备资金、生产资金、成品资金、结算资金和货币资金构成了建筑业企业的全部流动资金。

在反映企业流动资金利用效果时,常用的统计指标有流动资金周转率、产值资金率和流动资金利润率等指标。

(一)流动资金周转率

流动资金周转率,是反映企业生产经营活动的一项综合性财务统计指标,一般用流动资金周转次数来表示。

$$周转次数 = \frac{报告期施工产值}{流动资金平均占用额}$$

(二)产值资金率

产值资金率,表明企业每完成百元施工产值或总产值所占用的流动资金数额。

$$产值资金率 = \frac{流动资金平均占用额}{年度完成建筑业产值} \times 100\%$$

(三)流动资金利润率

流动资金利润率,表明每百元流动资金与一定时期内企业创收利润的比率。

$$流动资金利润率 = \frac{利润总额}{流动资金平均占用额} \times 100\%$$

三、企业综合经营效果统计

在反映建筑业企业综合经营效果过程中,常用的指标有总资产报酬率,资本金利润率,销售利润率等。

(一)总资产报酬率

总资产报酬率用于衡量企业运用全部资产获利的能力,从而反映企业资产经营的效果。

$$总资产报酬率 = \frac{利润总额 + 利息支出}{平均资产总额} \times 100\%$$

式中　平均资产总额 = $\dfrac{\text{期初资产总额} + \text{期末资产总额}}{2}$

（二）销售利润率

销售利润率反映企业销售收入的获利水平。

销售利润率 = $\dfrac{\text{利润总额}}{\text{销售净额}} \times 100\%$

式中　销售净额 = 销售收入 - 销售退回 - 销售折让和销售折扣

（三）资本金利润率

资本金利润率是反映企业资本金利用效果的一个指标。

资本金利润率 = $\dfrac{\text{利润总额}}{\text{报告期资本金平均数额}} \times 100\%$

式中　报告期资本金平均数额 = $\dfrac{\text{期初资本金} + \text{期末资本金}}{2}$

练 习 题

一、填空题

1. 建筑业企业资本金按投资主体不同可分为国家资本金，法人资本金、_____和_____。
2. 企业资产按其流动性可分为_____和_____。
3. 企业的负债按照偿还时间的长短可分为流动负债和_____。
4. 利润总额 = 营业利润 + _____ + _____ - 营业外支出。
5. 企业经营效果主要是从对企业的_____的使用情况来考察的。

二、多项选择题

1. 企业所拥有的资本金的表现形态可以是（　　）。
   A. 现金　　B. 实物资金　　C. 无形资产　　D. 场地、设备、房屋等
2. 企业的流动资产包括（　　）。
   A. 现金　　B. 短期投资　　C. 商誉　　D. 土地所有权
3. 企业所发生的财务费用有（　　）。
   A. 利息净支出　　B. 汇兑净损失
   C. 金融机构手续费　　D. 折旧费

三、简答题

1. 简述企业资本金的特点。
2. 了解企业资产的概念及其分类方式。
3. 企业负债的概念、特征及分类。
4. 试述所有者权益的概念、特征。
5. 了解企业经营效果统计指标的主要内容。

第十一章 建筑业经济效益统计

内容提要：本章主要介绍企业通过生产经营活动所取得的经济效益可以用哪些指标进行反映；经济效益的财务指标的内容及其评价；从而使企业的决策者和所有者了解企业的生产经营状况。

经济效益的内涵，可以看作是各市场主体在生产产品、提供劳务过程中资源投入与有效产出相对比的结果。在市场经济条件下，各市场主体作为独立的经济组织，必须遵循自主经营、自负盈亏、自我约束、自我发展的企业生存法则。在资源有限但需求膨胀的制约下，必须对有限的资源进行充分地利用，使它创造出更多的成果，从而为企业创造出更多的收益。

同样，对于建筑业物质生产部门来讲，其生产建筑产品，提供劳务的过程，同时也是各种资源消耗的过程，也必须考虑其经营成果的问题，通过对建筑产品形成的整个过程的投入与产出的统计与分析，动态地把握产品形成过程中各资源的合理组合与消耗，从而达到用最合理的消耗，取得更多使用价值的目的，为企业的决策者进行生产经营决策提供最直接的参考依据。这也就是建筑业企业统计人员进行经济效益统计的意义和任务所在。

第一节 建筑业企业经济效益考核指标及经济效益的综合评价

建筑企业经济效益在形成过程中，要受到多种因素的影响，而且，在反映企业所取得的经济效益过程当中，要尽可能把从多个侧面去观察。因此，统计部门要设立一些主要的统计指标，并形成统计指标体系，从实物量、价值量上去体现企业所取得的经济效益；并且要通过有关经济效益指标的计算，来对企业所取得的经济效益进行评价。

一、建筑企业经济效益考核指标

（一）工程质量优良品率

工程质量优良品率，是以竣工的单位工程和房屋建筑面积作为观察对象，来衡量竣工工程达到相关质量标准的比率。

$$工程质量优良品率 = \frac{竣工验收优良单位工程个数（或房屋建筑面积）}{全部竣工验收的单位工程个数（或房屋建筑面积）} \times 100\%$$

（二）产值利润率

建筑业产值，是以货币表现的建筑安装企业和附营施工单位在一定时期内生产的建筑产品的总和。

报告期利润总额 = 报告期销售收入 - 报告期产品销售税金及附加 - 报告期总成本费用

在会计核算当中，报告期的时间长短一般为一年。

因此，报告期产品销售税金及附加 = 年产品税 + 年增值税 + 年营业税 + 年资源税 + 年

城市维护建设税＋年教育费附加

则　产值利润率

$$= \frac{报告期实现的利润总额}{报告期完成的建筑业总产值} \times 100\%$$

企业在报告期实现的利润,体现了企业在报告期实现的经营成果,因为利润就是劳动成果与耗费相对比的结果。所以,企业在完成总产值的过程当中,要采取措施更可能把降低耗费,使利润额得以增加。

（三）资金利润率

$$资金利润率 = \frac{报告期实现的利润总额}{固定资产平均净值＋流动资金平均占用额} \times 100\%$$

式中　固定资产净值＝固定资产原值－累计折旧

这个指标反映了资金的利用情况,资金利润率越高,意味着单位资金创造的利润额越多,奖金利用程度越好;反之,则越差。

（四）全员劳动生产率

按国家考核指标要求以产值计算,则

$$全员劳动生产率 = \frac{建筑业总产值}{全部职工平均人数} \times 100\%$$

它反映了报告期企业职工劳动效率的高低,可以用该指标与同行业物质生产部门的劳动生产率相比较,反映企业与其他建筑企业职工劳动效率的差别;与其他行业比较,反映企业的先进性。从而激励企业领导及施工生产人员挖掘自身潜力,努力提高劳动生产率水平。

（五）工期完成率

$$工期完成率 = \frac{按定额（合同）工期竣工的单位工程（个数）}{全部竣工的单位工程（个数）}$$

一般情况下,该项指标的数值越高,说明企业按工期要求执行合同情况越好。

（六）工程成本降低率

$$工程成本降低率 = \frac{工程成本降低额}{工程预算成本} \times 100\%$$

式中　工程成本降低额＝预算成本－实际成本

这是反映工程成本执行情况的一个指标,该指标应保持在一个合理水平上,这样可以在保证工程质量的前提下,节约工程的成本支出。

二、经济效益指标的综合评价

经济效益指标的综合评价,以评价的技术方法而言,常用的有以下几种。

（一）比较法

这是通过指标数据的直接对比,分析差异的一种评价方法。

通常可以进行以下几个方面的比较。

1．实际完成数和计划数比较

通过实际完成的指标数和计划指标数相比较,计算计划完成相对数,评价计划的执行情况,反映企业的预测、决策水平和对经营过程的控制能力。

2．实际完成数和企业历史最好水平比较

可分析企业的生产经营现状,评估企业的发展潜力,评价企业成长的可能性和存在的问题，深化对企业的认识。这是一种动态的比较与分析。

3．实际完成数和同行业先进水平或平均水平比较

和同行业先进水平或平均水平比较，可以明确本企业在同行业中的地位，衡量差距和优势，进而为找出原因、改善经营管理提供依据，明确企业的发展方向，制定出符合本企业自身能力、科学合理的发展目标。

（二）比率法

比率法是通过计算各对比指标的比率，评价企业经营状况和经营效果的方法。

1．结构比率法

结构比率法是计算某项指标的各个组成部分占总体的比重，观察、评价构成内容变化的一种方法。通过结构比率分析，能进一步掌握某一指标的变化趋势，找到解决问题的方法。

2．动态比率法

动态比率法是将不同时期同类指标加以对比，求出比率，评价该指标所反映事物的发展趋势的一种方法。

3．相关指标比率法

相关指标比率法是将两个性质不同但又相关的指标加以对比，观察相互关系，从而评价企业经营某一方面状况或效果的一种方法。

（三）因素分析法

本书第四章第四节已作介绍，此处略。

第二节 评价经济效益的财务指标

建筑企业取得的经济效益，最终要通过财务指标反映出来。常用到的财务指标，可以从以下几个方面去认识，包括财务盈利能力指标，偿债能力指标，资金周转状况指标等。

一、财务盈利能力指标

它是反映企业在市场经济中通过生产经营活动，利用所拥有的资产获得收益的情况，这是企业生存发展所必须的。财务盈利能力指标主要有：

（一）资产报酬率

资产报酬率也称资产收益率或投资报酬率。

$$资产报酬率 = \frac{净利润}{资产总额}$$

式中 净利润 = 利润总额 - 应交所得税

上式中的资产总额可以用年初年末平均数，也可以用期末数。

资产报酬率主要用来衡量企业利用资产获取利润的能力，它反映了企业资产的利用效果。在市场经济比较发达、各行业间竞争比较充分的情况下，各行业的资产报酬率将趋于一致。如果某企业的资产报酬率偏低，说明该企业资产利用效率低，经营管理存在问题，应及时分析，加以解决。

（二）所有者权益报酬率

也可称为股权报酬率。

$$所有者权益报酬率 = \frac{净利润}{所有者权益}$$

它反映了在股份制企业当中,通过生产经营活动能为企业所有者投资带来收益的情况,该指标越高,会使企业投资者信心增强,增加资金的来源渠道,增加资金的拥有量。

(三)资本金利润率

$$资本金利润率 = \frac{利润总额}{资本金总额}$$

它主要反映了企业投入资金的获利能力。

(四)销售利税率

销售利税率,是企业报告期利税总额与销售收入数额的比率。

$$销售利税率 = \frac{利税总额}{销售额} = \frac{营业利润 + 营业税金}{销售收入}$$

这是反映企业经营成果及其分配情况的一项指标。

二、偿债能力指标

企业在生产经营中,除了投入自有资金外,举债经营是经常发生的,通过偿债能力指标的计算分析,使债权人和投资者能对企业的偿债能力进行了解,以便债权人和投资者作出是否投资的决策。

(一)短期偿债能力指标

短期偿债能力指标是指企业偿付流动负债的能力,常用的指标有:

1. 流动比率

$$流动比率 = \frac{流动资产}{流动负债}$$

流动比率越高,说明企业偿还流动负债的能力越强,流动负债得到偿还的保障越大。但是,过高的流动比率也并非好现象,因为流动比率过高,可能是企业滞留在流动资产上的资金过多,未能有效加以利用。根据经验判断合理的流动比率应在2:1左右比较合适。另外,在实际工作中,对流动比率的分析还应结合不同的行业特点和企业流动资产结构等因素进行分析,使其更加符合实际情况。

2. 速动比率

速动比率,是用速动资产与流动负债相对比而计算的比率。

$$速动比率 = \frac{速动资产}{流动负债} = \frac{流动资产 - 存货}{流动负债}$$

由于在流动资产当中,存货的变现能力(流动性)相对来说是较差的,这样的话,在反映企业短期偿债能力时,就会形成虽然流动比率较高,但由于存货占的比重大,造成实际上流动资产的流动性差,则企业的短期偿债能力依然不强的现象。在这种情况下,就应该以速动比率的高低来衡量企业的短期偿债能力。根据经验一般认为速动比率为1:1较合适。

(二)长期偿债能力指标

1. 资产负债率

资产负债率是企业负债总额与资产总额的比率。它反映企业的资产总额中有多少是通过借债得到的。

即 $$资产负债率 = \frac{负债总额}{资产总额}$$

资产负债率可以反映企业偿还长期债务的保障程度。这个比率越高，企业偿还债务的能力越差；反之，则偿还债务的能力越强。

2．股东权益比率

股东权益比率是股东权益与资产总额的比率。该比率反映企业资产中多少是所有者投入的。

即　股东权益比率 = $\dfrac{股东权益}{资产总额}$

股东权益比率与负债比率之和等于1。这两个比率是从不同的侧面来反映企业的长期财务状况，股东权益比率越大，负债比率就越小，企业的财务风险就越小。

三、企业资金周转状况指标

企业资金周转状况指标反映了企业的营运能力，对此进行分析，可以了解企业的营业状况以及经营管理水平。常用的评价企业资金周转状况的财务指标有：

1．存货周转率

也称存货利用率，它是企业一定时期的销货成本与平均存货的比率，即

$$存货周转率 = \dfrac{销售成本}{平均存货}$$

式中　平均存货 = $\dfrac{期初存货 + 期末存货}{2}$

存货周转率说明了一定时期内存货周转的次数。可以用来测定企业存货的变现速度，衡量企业的销货能力及存货是否过量。在正常情况下，如果企业经营顺利，存货周转率越高，说明存货周转得越快，利润率就越大，营运资金用于存货的余额就越小，但存货周转率越高，也可能说明企业管理方面存在一些问题，如存货水平太低，甚至经常缺货，或者采购次数过于频繁，批量太小等。存货周转率过低，常常是存货管理不力，存货积压，资金沉淀，销售状况不好的结果。因此，对存货周转率的分析，必须要深入调查，结合实际情况作出判断。

2．应收账款周转率

应收账款周转率是企业赊销收入净额与应收账款平均额的比率。

即　应收账款周转率 = $\dfrac{赊销收入净额}{应收账款平均额}$

式中　应收账款平均额 = $\dfrac{期初应收账款 + 期末应收账款}{2}$

赊销收入净额 = 销售收入 − 现销收入 − 销售退回 − 销售折扣与折让

应收账款周转率是评价应收账款流动性大小的一个重要财务比率，它可以用来分析企业应收账款的变现速率和管理效率。这一比率越高，说明企业催收账款的速度越快，可以减少坏账损失，而且资产的流动性强，短期偿债能力也强。但是，如果应收账款周转率过高，可能是企业奉行严格的信用政策，付款条件过于苛刻的结果，这样会限制企业销售量的扩大，从而会影响企业的盈利水平。如果企业的应收账款周转率过低，则说明企业催收账款的效率太低，或者信用政策太松，这样会影响企业资金利用率和资金的正常周转。

四、考核经济效益中应注意的问题

（一）在反映企业经济效益过程中，应注意所取得的有效成果与发生的消耗相配比；

（二）在反映企业经济效益过程中各指标结合运用，综合分析；

（三）在反映企业经济效益过程中生产与流通相统一；
（四）在反映企业经济效益过程中宏观经济效益与微观经济效益相统一；
（五）在反映企业经济效益过程中注意生产经营速度与经济效益对立统一的问题。

练 习 题

1. 什么是经济效益？
2. 了解建筑企业经济效益考核指标有哪些？经济指标评价的方法有哪些？
3. 评价建筑企业经济效益的财务指标有哪些？掌握其内涵，并会运用评价经济效益的财务指标对企业所取得的经济效益进行财务评价。

第十二章 建筑业企业职工伤亡事故统计

内容提要：建筑业企业职工伤亡事故统计主要从职工伤亡事故统计范围、类型、职工伤亡事故的统计指标、伤亡事故严重率、伤亡事故频率、重伤频率、因工死亡率、职工伤亡事故分析报告、职工伤亡事故台账与报表等方面进行阐述。

第一节 职工伤亡事故统计范围及分类

一、伤亡事故统计的意义

建筑企业露天、高空作业多，存在一些不安全的客观因素，随着施工机械化程度的不断提高，建筑机械、运输设备大量增加，各种事故又有上升的趋势。为了把生产过程中的伤亡事故减少到最低限度，除了加强对职工的安全生产的教育外，还应该按照国家的规定，采取切实措施，保障职工的健康和安全。职工伤亡事故统计的任务是：反映企业安全生产情况，为各级领导机关制订安全生产的方针政策和规划的方向提供资料；检查企业执行安全生产的方针政策和规划的情况，供领导及时了解企业中职工伤亡事故情况及由此而引起的损失；通过调查分析，及时给事故责任者以必要的处理找出发生事故的规律，制订出预防事故重复发生的措施和办法，教育职工自觉遵守安全操作规程，实现安全生产和文明生产。

二、伤亡事故统计的概念和范围

（一）伤亡事故的概念

伤亡事故是指企业职工（包括临时职工和计划外用工）在劳动过程中所发生的与生产（工作）有关的伤亡事故，包括急性中毒的事故。

（二）伤亡事故统计的范围

具体范围如下：

1．在生产区域参加建筑施工和生产劳动中，发生的伤亡事故和急性中毒事故；

2．从事与本单位工作有关的发明、创造和技术改革过程中发生的伤亡事故和急性中毒事故；

3．在车间或露天作业时，因高温中暑使工作中断的职工；

4．企业的临时简易工作棚、休息室或集体宿舍倒塌，造成伤亡的职工；

5．在生产区域内工作和上、下班过程中，被企业各种运输车辆撞压，造成伤亡的职工；

6．集体乘坐本单位汽车前往开会、听报告、劳动、以及上下班所乘坐的车辆发生事故，造成伤亡的职工；

7．受企业指派搬运重物，被压内伤造成吐血的职工；

8．企业汽车、吊车、拖拉机等机械设备在生产区域外执行任务的行程和装卸过程中

发生意外事故,造成伤亡的司机和装卸、押运的职工;

9. 从事企业工作,因劳动条件不良而造成职工的职业病,使工作中断及造成残废或死亡的职工;

10. 生产过程中发生火灾及救火时造成伤亡的职工。

下列情况不作为本企业职工伤亡事故统计:

1. 在生产或工作区域外造成的与生产无关的伤亡事故;
2. 建勤民工、军工、实习学生等参加本企业劳动时所发生的事故;
3. 本企业职工借给外单位工作而造成的伤亡事故,由借入单位统计。

三、伤亡事故的分类

按在一次事故中的伤亡人数及其伤害程度,分为四类。

1. 轻伤事故

指只有轻伤的事故。

2. 重伤事故

指负伤的职工中有 1~2 人重伤而没有人死亡的事故。

3. 重大伤亡事故

指一次死亡 1~9 人或者重伤三人以上的事故。

4. 特别重大伤亡事故

指一次死亡 10 人以上的事故。

四、伤亡事故类别的划分

伤亡事故类别是指按直接使职工受到伤害的原因。按事故类别分组统计伤亡事故,便于不同的行业和企业了解本行业和本企业容易发生的事故种类,以便采取相应的预防措施。例如,据统计,建筑企业发生的伤亡事故中,高空坠落、物体打击、机具伤害及车辆伤害事故占的比例最大,这就为我们建筑企业的安全工作指出了工作的重点所在。

事故按其原因共划分为 20 种类别,见表 12-1。

事故类别 表 12-1

事故类别	事故类别	事故类别	事故类别	事故类别
1. 物体打击	5. 触电	9. 高空坠落	13. 放炮	17. 受压容器爆炸
2. 车辆伤害	6. 淹溺	10. 坍塌	14. 爆炸	18. 其他爆炸
3. 机器工具伤害	7. 灼烫	11. 冒顶片帮	15. 瓦斯爆炸	19. 中毒和窒息
4. 起重伤害	8. 火灾	12. 透水	16. 锅炉爆炸	20. 其他伤害

第二节 职工伤亡事故情况统计

一、职工伤亡事故的统计指标

为了说明企业的伤亡事故的严重程度,需要计算事故严重程度、工伤事故频率、重伤事故频率和死亡率等四个指标。

(一) 伤亡事故严重率

是指每一人次工伤事故所引起丧失劳动能力的平均天数,以反映事故的严重程度,其计算公式如下：

$$负伤事故严重程度 = \frac{报告期歇工总工日数}{报告期重伤轻伤人次}$$

【例 12-1】 甲公司在报告期中发生事故 10 人次，歇工的总工日数为 30 工日；乙公司发生事故 5 人次，歇工的总工日数为 20 工日。试说明此二公司事故的严重程度。

【解】 甲公司负伤事故严重程度 = 30 工日/10 人次 = 3 工日/人次

乙公司负伤事故严重程度 = 20 工日/5 人次 = 4 工日/人次

说明乙公司的事故伤害程度比甲公司为重。

但这种计算方法有一定的局限性，从上例即可看出，不论发生事故的人次还是由此而引起的损失工日数，以绝对数看，甲公司都比乙公司高。为了全面反映一个企业的安全生产面貌，还需要计算一些其他有关的指标。

（二）伤亡事故频率

是指企业在报告期中发生工伤事故的人次与该企业报告期平均职工人数的比率，其计算公式如下：

$$工伤事故频率 = \frac{报告期因工负伤事故人次}{报告期平均职工人数} \times 1000‰$$

【例 12-2】 某企业在报告期（月、季或年）内发生工伤事故 45 人次，平均职工人数 2500 人，求该企业在报告期内的工伤频率。

【解】 工伤事故频率（‰）$= \frac{45}{2500} \times 1000‰ = 18‰$

这表明某企业在报告期（月、季或年）内平均每 1000 名职工中发生了 18 人次工伤事故。

（三）重伤频率

是指企业在报告期内发生的重伤事故的人次与该企业报告期平均职工人数的比率，其计算公式如下：

$$重伤频率（‰）= \frac{报告期重伤人数}{报告期平均职工人数} \times 1000‰$$

（四）因工死亡率

是指企业在报告期内发生的因工死亡人数与该企业报告期平均职工人数的比率，其计算公式如下：

$$因工死亡率 = \frac{报告期因工死亡人数}{报告期平均职工人数} \times 1000‰$$

二、伤亡事故分析报告

（一）伤亡事故分析报告的概念

建筑企业伤亡事故统计分析结果可以通过表格、图形和文章等多种形式表现出来。文章式的主要形式是统计分析报告。它是全部表现形式中最完善的形式，这种形式可以综合而灵活地运用表格、图形等形式；可以表现出表格式、图形式难以充分表现的活情况；可以使分析结果鲜明、生动、具体；可以进行深刻的定性分析。

建筑企业伤亡事故分析报告就是指运用伤亡事故统计资料和伤亡事故统计分析方法，以独特的表达方法和结构特点，表现建筑企业伤亡事故发生的特点和规律性。伤亡事故分析报告是建筑企业伤亡事故统计分析研究过程中所形成的论点、论据、结论的集中表现；

它不同于一般的总结报告、议论文、叙述文和说明文；它是运用统计资料和统计方法、数字与文字相结合，对建筑企业伤亡事故进行分析研究结果的表现，是统计分析报告中的一种形式。

（二）伤亡事故分析报告的特点

1. 伤亡事故分析报告是以伤亡事故统计数据为主体

伤亡事故分析报告主要以伤亡事故统计数字语言，来直观地反映建筑企业安全生产、伤亡事故等情况，以确凿的数据来说明具体的时间、地点、条件下的安全生产的经验、问题与教训、各种矛盾及其解决办法。它不同于博引论证进行探讨研究的各种论文，而是以统计数字为主体，用简洁的文字来分析叙述建筑企业安全生产、伤亡事故情况，进行定量分析。

2. 伤亡事故分析报告是以科学的指标体系和统计方法来进行分析研究，说明建筑企业伤亡事故的活情况。

3. 伤亡事故分析报告具有独特的表达方式和结构特点，它属于应用文体，基本表达方式是以事实来叙述，让数字来说话，在阐述中议论，在议论中分析。

4. 伤亡事故分析报告的行文，通常是先后有序，主次分明，详略得当，做到统计资料与基本观点统一，结构形式与文章内容统一，数据、情况、问题和建议融为一体。

（三）伤亡事故分析报告的分类

伤亡事故分析报告的分类，可从不同角度进行划分。

按内容范围可分为伤亡事故综合分析报告和专题分析报告；按时间不同可分为伤亡事故定期分析报告和不定期分析报告；按写作的形式不同可分为调查报告、综合分析报告、专题分析报告和预测分析报告；按具体写作类型分为总结型、调查型、说明型、分析型、资料型、信息型和预测型等。但按主要作用、基本内容和结构形式特征归纳起来，主要分为以下四种：

1. 伤亡事故专题分析报告

伤亡事故专题分析报告是就建筑企业某一伤亡事故或某一安全问题进行的专门调查研究而写成的统计分析报告。伤亡事故专题分析报告的范围可以是一个部门、也可以是综合部门；题目可大可小，内容可多可少；但是，一般则强调内容的单一性、形式的多样性、表达的灵活性和意义的深刻性。它不受时间和空间的限制，要求写作具有针对性，单刀直入，深刻剖析。它最忌平铺直叙、面面俱到、泛而不专。伤亡事故专题分析报告较其他分析报告目标更集中，重点更突出，认识更深刻，是最常见的一种分析报告。

2. 伤亡事故综合分析报告

伤亡事故综合分析报告是从企业施工的全过程、多方位综合反映建筑安全生产状况。它的对象可以是一个地区的所有建筑行业或一个建筑施工企业。它的主要特点是全面性、系统性和综合性。

3. 伤亡事故预测分析报告

伤亡事故综合分析报告是在分析建筑企业安全生产的历史和现实的统计资料的基础上，运用统计预测方法，对建筑企业安全生产与伤亡事故的未来发展趋势做出的科学的判断和预计的分析报告。伤亡事故预测分析报告要求数据准确，定量分析与定性分析相结合，提出建筑企业伤亡事故预测结果具有的置信区间和可信度。

第三节 职工伤亡事故台账与报表

一、职工伤亡事故台账

职工伤亡事故台账是根据职工伤亡事故统计整理和分析的要求而设置的一种汇总资料的账册,它是统计台账的组成部分,是系统地积累职工伤亡情况的一种工具。

(一)职工伤亡事故统计台账的特点

1. 职工伤亡事故统计台账的资料,可以直接来源于统计台账,也可以从原始记录或经过加工整理以后的资料中获取。

2. 职工伤亡事故统计台账是将职工伤亡事故指标按照时间先后顺序,系统地登记在一个表册上,可以作为汇总企业职工伤亡事故统计数字资料的重要依据。

3. 职工伤亡事故台账的统计指标较为简单,所以其统计台账的账册也比较简单。

(二)职工伤亡事故台账的作用

1. 职工伤亡事故统计台账将职工伤亡事故指标进行序时登记,可据以监督检查安全生产计划的执行过程和结果;

2. 职工伤亡事故台账可以直观地反映建筑企业安全生产情况,并从动态分析中研究新情况、新问题及其发展变化的原因;

3. 职工伤亡事故台账是建筑企业编制各项安全生产计划、实现安全管理不可缺少的重要环节。

二、职工伤亡事故统计报表

职工伤亡事故统计报表是建筑企业安全生产管理的重要依据,是企业内部沟通安全生产信息的网络,也是完成国家和上级主管部门统计任务的工具。如表12-2所示。

职工伤亡事故统计报表,按照报送时间的长短,可分为日报、旬报、月报等,按照报送部门不同,分为内部报表和对外报表;按照事故类别不同,划分为高空坠落、物体打击、机具伤害、车辆伤害等报表。

职工伤亡事故月报表　　　　　表 12-2

单位 \ 事故类别 伤亡次数	合计			物体打击			车辆伤害			机具伤害			高空坠落			××	××
	死亡	重伤	轻伤	死亡	重伤	轻伤	死亡	重伤	轻伤	死亡	重伤	轻伤	死亡	重伤	轻伤		

练 习 题

1. 什么是伤亡事故？其统计的范围如何？
2. 伤亡事故有哪几种类别？
3. 伤亡事故统计指标有哪些？
4. 如何编写伤亡事故分析报告？
5. 职工伤亡事故台账的作用如何？

第十三章 建筑业企业附营业务活动统计

内容提要：本章主要介绍建筑业附营业务活动统计；包括附营工业，附营批发零售业，附营交通运输业及其他附营情况统计。

建筑业企业作为社会再生产活动的基本单位，在市场经济的大环境下，要以建筑工程施工及安装工程的施工作为自己的主营业务，随着市场竞争对企业生存能力要求的不断提高，在努力进行主营业务活动的同时，应根据自己的实际情况开展多种形式的附营业务活动，用以弥补企业在主营业务不畅时市场风险给企业带来的影响。建筑业企业附营业务活动统计，主要可以着手从附营工业，附营批发零售贸易业，附营交通运输业及其他附营业务活动四个方面进行统计。

第一节 附营工业统计

一、附营工业产品的概念及分类

（一）附营工业产品的概念

附营工业产品是指附营工业生产单位进行工业生产活动的直接有效的成果。

（二）附营工业产品的分类

1. 附营工业产品按其表现形态分为两类

（1）实物产品

实物产品是指企业生产活动的结果表现为新的实物形态，以及具有新的使用价值的产品（如将木材加工成木门窗等）。

（2）工业性作业

工业性作业是指企业生产活动的结果不是表现为创造新的使用价值，而是对某些已损坏的工业产品进行修理，以恢复其丧失的使用价值或对产品进行简单加工，以增加其使用价值的过程。

2. 工业产品按其完成程度分为三类

（1）成品

指在本单位内已经完成最后一道工序，并在本单位内不再需要进行任何加工，经检验合格并办完入库手续的产品。

（2）半成品

指在本单位内最后一个车间以外的某一车间加工完成，经检验合格，等待移交下一个车间继续加工的产品。如现浇钢筋混凝土构件中已下料成型的钢筋。

（3）在制品

指在车间内各工序上正在加工的产品，或已完成某一工序加工，在本车间内尚待下一工序加工的产品，以及待检验、待入库的产品，在制品是介于原材料与半成品之间、半成品与半成品之间或半成品与成品之间的产品。

二、附营工业产品产量统计

（一）附营工业产品产量的概念

附营工业产品产量，是指工业单位在一定时期内生产的，并符合产品质量要求的实物数量。它反映附营工业生产的发展水平，是制定和检查产量计划完成情况，分析各种工业产品之间的比例关系，进行产品平衡分配，计算实物生产指数以及计算工业总产值、实物劳动生产率指标的重要依据。

（二）工业产品产量的统计范围

1. 附属辅助生产单位各车间生产的计划内和计划外的全部产品产量，不论是要销售的商品量还是本企业的自用量，均应统计生产量；

2. 自备原材料生产的，或用订货者来料生产的产品；

3. 经正式鉴定合格的新产品和生产设备，在未正式投产以前试生产的合格品，均应包括在产品产量中；

4. 附属辅助生产单位为扩大社会产品增加盈利，发展多种经营而生产的一部分日用工业产品；

5. 在我国国土范围内的中外合资经营单位、中外合作经营单位、外资经营单位生产的产品，其产品产量全部统计在全国同类产品产量中；

6. 用进口原料或关键零部件生产的产品，无论在国内或国外销售，产量均应统计在国内同种产品产量中；

7. 用进口整套散装零件及用进口组装件加工和装配的产品，以及外商来件加工装配的产品，不管是国内销售还是外商经销，产量均统计在国内同种产品产量中。

（三）工业产品产量统计的原则

1. 一切产品必须符合规定的质量标准或订货合同规定的技术条件，方可统计产量

工业产品的质量标准，一律按国家标准或行业标准执行。没有国家标准或部颁标准的，应按照企业主管机关规定的标准，或订货合同规定的技术条件执行。各部门、各地区、各单位不得擅自更改标准或降低标准。

2. 报告期产品产量，应是截止到报告期最后一天的经检验合格并办理入库手续的产品产量

产品经验收并合格，证明它已达到有关标准及技术规范的要求，产品办完入库手续，表明产品已完成生产过程，要经历流通过程向消费过程转化，实现它的使用价值与价值。同时规定要求包装的产品，必须包装好，才能计算产品产量。在统计过程当中，统计报告期产品产量的截止时间，应与会计核算的结算时间相一致。

3. 在统计时，应按产品目录规定的产品名称排列顺序，填制单位报表。

三、附营工业产品产值统计

附营工业产品产量统计，是从实物量方面体现了附营工业企业在报告期的生产规模。但这个指标在应用上有一定的局限性，因为各种产品的使用价值是不同的，所以不能汇总计算。为了计算不同使用价值的全部工业产品总量，就需要以货币的形式表示产量，通过产品的价格来核算产品的价值量，即计算产值指标。

附营工业产品产值就是以货币表现的附营工业企业在报告期内生产的工业产品总量。

它反映在一定时期内工业生产的总规模和总水平,是编制和检查工业生产计划的依据;也是计算工业生产发展速度和主要比例关系、以及劳动生产率、产值利润率和其他经济指标的重要依据。

(一)附营工业产品产值统计的原则

1.附营工业产品产值是采用"工厂法"的原则计算的。所谓"工厂法"是指:第一,以工业企业作为一个整体,企业工业生产的成果才能计入总产值,企业内部不允许重复计算;第二,企业与企业之间的工业生产活动,允许重复计算,例如,施工现场浇筑的钢筋混凝土构件中,成型钢筋和水泥等材料不应计算产值,因其价值已包括在钢筋混凝土构件中。而该厂生产钢筋混凝土构件所用的钢筋、水泥则是企业外部的钢筋厂家和水泥厂家所提供的产品,其价值允许重复计算。

2.只有报告期本企业工业生产活动的有效成果,才能计算总产值。若是上期生产的半成品、在制品,本期将其进一步加工生产成成品,在计算总产值时,应减去这一部分半成品、在制品的价值。

3.对于实物产品和工业性作业,计算总产值的方法有所区别。对于本企业生产的实物产品,按其全价计入总产值;而对于完成的工业性作业,只能按其加工的价值计入总产值。

(二)附营工业产品产值的统计范围

附营工业产品产值的统计范围,包括成品价值、工业性作业价值和自制半成品,在产品期末期初差额价值。

1.成品价值

指本单位在报告期内已完成全部生产过程,经检验,包装入库的产品价值。主要包括:

(1)附营企业自备原材料生产的已经销售和准备销售的成品价值;

(2)附营企业生产的提供本企业基本建设部门、其他非工业部门和生活福利部门等单位使用的成品价值;

(3)附营单位自产自用设备的价值;

(4)用订货者来料加工生产的成品价值和已经销售和准备销售的半成品价值。

2.工业性作业价值

它是指对外承做已完成的工业性作业的价值。具体包括:

(1)对外承做的已完成的机械设备、交通运输工具等工业品的修理价值;

(2)已完成的对本企业的非工业生产部门提供的加工修理和设备安装等价值;

(3)本企业机械设备和交通运输工业的大修理作业价值;

(4)对外来材料、零件及未完制品所做的个别工序的加工价值。对外来的产品所做的分包和分装工作的价值;对外来的零件,配件进行简单装配工作的价值。

在计算中应当注意,工业性作业是按加工费计算工业总产值的,即不包括被修理、加工产品自身的价值,但应包括在工业性作业过程中所耗用的材料和零件的价值。

3.自制半成品和在制品的期末、期初差额价值。

自制半成品和在制品的期末、期初差额价值,是指附营工业单位在报告期内已经过一定生产过程,但尚未完成生产过程仍需继续加工的中间产品的价值。用报告期末自制半成品、在产品的价值减去报告期初自制半成品、在产品价值后的差额价值，计入工业总产值。

在生产周期不长（6个月以内）的情况下，期末、期初半成品、在产品价值差额不大，可忽略不计。

（三）附营工业产品价值的计算价格

附营工业产品价值的计算价格，基本有两种形式：现行价格和不变价格。

1. 现行价格

现行价格是指计算工业总产值时，采用的报告期内的产品实际销售价格。实际销售价格是指产品销售时的实际出厂价格，它包括产品的成本、销售费用、税金和利润。报告期产品的销售价格如果前后有变动，或同一种产品在同一时期有几种销售价格的，应分别按不同价格计算总产值，如生产完成时还不能确定按哪一种价格销售，可按报告期实际平均销售价格计算。

用现行价格计算的产值指标，可以说明报告期附营工业生产的实际价值，可以分析产销情况，并同产品成本和利润指标联系起来，研究企业的经济效益，对加强企业的经营管理有重要的意义。但是，由于现行价格在不同时期会受到价格变动因素的影响。因而，用现行价格计算产值，不适于用作各个不同时期工业总产值的比较。

2. 不变价格

不变价格，是指某一固定时期产品的价格，因在一定时期内固定不变，又称固定价格。不变价格其实也不是长期固定不变，它随着产品的价格水平和价格比例的变化，过一段时期作相应的调整。采用不变价格的目的，就是为了用不同时期的总产值对比时，清除不同时期现行价格变动的影响和不同地区价差的影响，以便更好地反映产品数量的变化，作为企业和综合部门编制计划和检查计划执行情况的依据。

使用不变价格时应注意：

（1）凡属全国范围内大量生产的产品，其不变价格由国家统计局制定，并在全国范围内统一使用；

（2）新产品，如果已有统一规定的不变价格，应采用统一规定的不变价格；如果没有统一规定的不变价格，凡未正式投入生产的新产品，可采用计划价格或合同价格；正式成批投入生产的新产品，在生产正常之后，应以实际出厂价格作为正式不变价格，报上级主管机关备案；

（3）凡已有不变价格的工业性作业，按规定的不变价格计算，没有规定不变价格的，可按实际加工费收入计算。但在使用实际加工费收入作为不变价格计算总产值时，应遵守企业的同类产品的现行价格与其不变价格水平比较接近的原则。

四、附营工业产品的生产能力统计

附营工业产品生产能力，是指企业生产某种产品的全部设备（包括主要设备，辅助生产设备，起重运输设备，动力设备及有关的厂房和生产用建筑物等），在原材料、燃料、动力充分供应、劳动力配备合理以及设备正常运转的条件下，可能达到的最大年产量。工业产品生产能力，一般是用产品实物量表示的。如混凝土的生产能力用立方米来表示。

（一）工业产品生产能力的计算

1. 工业产品生产能力的计算原则

(1) 计算工业产品生产能力，必须将企业生产某种产品的全部设备能力进行综合平衡。一般说来，企业生产某种产品的全套设备，可分为主体设备和配套设备。当设备配套齐全时，企业的产品生产能力可用主体设备的生产能力表示。如果设备配套不齐全，能力不平衡，就应该以采取技术措施提高能力后的薄弱环节的设备生产能力为准，把产品生产能力确定在合理和先进的水平上。

(2) 工业产品生产能力的确定，不应考虑原材料、燃料的供应和劳动力的配备，以及企业外部条件的影响，因为这些外部因素，只影响企业生产能力的利用程度，而不影响生产能力本身的高低。

(3) 必须确定企业的产品方向和品种构成。产品生产能力，大多是用产品的实物量来表示，在一般情况下，企业应按照原设计规定的或上级规定的产品方向及品种构成计算产品的生产能力。

2．决定工业产品生产能力的基本因素

某种设备生产能力的大小，决定于三个因素：设备的数量或生产面积，设备的有效工作时间和设备效率。

(二) 工业产品生产能力的主要统计指标

为了反映工业产品生产能力的变化过程和分析企业产品生产能力的利用程度，需要统计以下几种工业产品生产能力指标。

1．年初生产能力

年初生产能力，是指企业在报告年年初产品的生产能力。一般情况下，年初生产能力等于上年末的生产能力，只有在企业生产方向或产品品种构成发生重大变化时，才需要重新确定本年初的生产能力。

2．本年新增生产能力

包括这一年由于基本建设新增加的生产能力，通过更新、改造、挖潜措施新增加的能力，以及从其他企业调入或租用设备而新增加的生产能力等。

3．本年减少的生产能力

本年减少的生产能力，包括设备报废，拆除或调出原有设备而减少的生产能力。

4．年末生产能力

年末生产能力，是指本年年底生产某种产品的综合平衡能力。

年末生产能力＝年初生产能力＋本年新增生产能力－本年减少生产能力

5．全年平均生产能力

全年平均生产能力，是报告期内工业企业生产能力的一般水平。由于新增和减少设备的时间有先有后，它们参加当年生产的时间就有多有少，对生产影响的大小，自然也就不相同，为了更好地反映影响程度，需计算这一指标。

年平均生产能力＝年初生产能力＋本年新增的年平均生产能力－本年减少的年平均生产能力

$$本年新增（或减少）的年平均生产能力 = \frac{本年新增（或减少）设备的年生产能力 \times 自设备投产（或减少之日起）到年底的日历日数（或月数）}{365（或12）}$$

6．生产能力的利用率

它是反映生产能力利用程度的相对数。其计算公式为

$$产品生产能力利用率（\%）=\frac{本年实际生产量}{全年平均生产能力}\times100\%$$

第二节 附营批发零售贸易业统计

附营批发零售贸易业，是建筑企业附营的商业商品流转的经营活动，其基本职能是从事商品的买卖，即"货币——商品——货币"的交换过程。商品流转的中心是商品的销售，围绕商品销售的商品购进、商品库存指标，反映了企业从生产到消费的过程。

一、商品购进总额统计

商品购进总额，是指附营商业单位从本单位以外的单位和个人购进（包括从国外进口）作为转卖或加工后转卖的商品价值总额。

在这里应注意的是，定义中所说的商品购进总额是指各种类型的商业经营者以商品流通职能机构的身份向一切单位与个人购进的商品，以及对外贸部门购进的商品。但不包括其以消费者身份购进自用的商品和从商业部门内部购进的商品。

商品购进总额包括：

（一）从生产者购进额

是指直接从工农业生产者处购进的各种工矿产品和农副产品的价值数额。

包括：1. 购入的工矿、农副产品；

2. 购入的图书、报纸和杂志。

（二）农副产品购进额

是指从农业生产单位和个人以各种方式购进的全部农副产品总额。

包括：1. 从农民购进的农副产品；

2. 从集体农业购进的农副产品；

3. 从农场、林场、牧场、渔业捕捞和养殖场等购进的农副产品。

（三）从批发零售贸易业购进额

是指从各种经济类型的批发零售贸易企业单位购进的商品总额，包括国产商品和国外商品。

（四）进口

是指直接从国外进口的商品和委托外贸部门代理进口的商品总额。

（五）其他

商品购进总额中不包括：

（一）本单位自用而购入的商品；

（二）未通过买卖行为而收入的商品，如接收其他部门移交的商品、借入的商品、接受捐赠的商品等；

（三）本单位作中介，买卖双方直接结算，本单位只收取手续费的业务；

（四）销货退回和买方拒付货款的商品；

（五）商品溢余。

二、附营商品销售总额统计

商品销售总额，是指对本单位以外的单位和个人出售的商品（包括售给本单位消费用的商品）价值总额。

商品销售总额包括以下各项内容：

（一）对生产经营单位批发销售

如售给国民经济产业部门使用的各种机器、设备、能源、材料；售给居民服务业的各种营业用品（如家具、毛巾等），售给自然科学研究机构的各种科研用品等。

（二）对农民的农业生产资料销售额

对农民的农业生产资料销售额，是指售给农民作为农业生产用的生产资料。如售给农业集体组织生产用的各种机械、农药、种子、肥料等生产资料。

（三）对批发零售贸易业的批发额

（四）出口额

是指直接向国外出口商品和委托外贸部门代理出口的商品数额。

（五）对居民和社会集团的商品零售额

这些商品销售给居民后，主要用于居民的日常生活消费和社会集团的公共消费。如食品、日用品、燃料、服装文化用品，体育用品，教学用品等。

商品销售总额中不包括：

（一）出售本单位自用的废弃品回收价值；

（二）未通过买卖行为而付出的商品，如借出的商品，赠送给其他单位的商品等；

（三）经本单位介绍，由买卖双方直接结算，本单位只收取手续费的业务；

（四）购货退出的商品；

（五）商品损耗和损失。

三、附营商品期末库存统计

附营商品期末库存额，是指附营商业单位报告期末已取得所有权的全部商品价值总量。

附营商品期末库存统计是以所有权为基础的，如：存放在本单位的仓库、货场、货柜、货架中，其所有权属于企业的商品；暂时寄放别处的商品；代其他单位采购的商品等。但应注意不包括所有权不属于企业的商品（如代售而未售出的产品）及委托外单位加工的商品等。某一种商品的实物量，在不考虑其他商品收支的条件下，它们之间的联系直接表现为下面的平衡关系：

期初商品库存＋本期商品购进＋本期商品调入＝本期商品销售＋本期商品调出＋期末商品库存

四、本单位批发零售贸易网点、人员统计

（一）批发零售贸易网点数统计

批发零售贸易网点在统计过程中，主要是反映在报告期内某一时点上本单位商业网点数及商业网点的分布情况。在统计过程中，还应按商业网点的规模（如营业面积）来分类统计。

（二）批发零售贸易网点从业人员统计

批发零售贸易网点从业人员，是指在零售贸易网点工作，并取得劳动报酬的人员。在统计过程中，从业人员的数量，有两种表示方法：一种是时点人数，一种是时期人数。

1. 时点人数

批发零售贸易网点从业人员，在一定时期内是会发生变动的，为了准确反映变动后的结果，需要把其计算的人数固定在一个时点上。国家统计局规定的指标是"从业人员年末人数"，是报告期最后一天（即 12 月 31 日）从业人员的实有数量。

2. 时期人数

主要是用"从业人员年平均人数"来反映。从业人员年平均人数，是报告年度（1 月 1 日至 12 月 31 日）平均每天拥有的从业人员数量。

在计算平均人数时，应注意：

（1）节假日和公休日人数，按该日前一天计算；同时，不论职工是否出勤，都应计算在内；

（2）无论企业在报告期开工天数是多少，一律用日历日数作分母。

（三）批发零售贸易网点从业人员报酬

批发零售贸易网点从业人员报酬，是国家按照劳动者的数量、质量以及有关规定，支付给从业人员的工资、奖金、津贴、补贴、加班加点工资和其他工资的总和。

第三节 附营交通运输业统计

一、附营交通运输业统计的范围

根据国家统计局规定，施工企业附营交通运输单位的统计内容，主要是公路运输统计和水上运输统计两方面。

（一）公路运输统计的范围

附营公路运输单位，主要是对其营运汽车（载客和载货汽车）的数量及报告期完成的客、货运量和营业收入等指标进行统计。

载客汽车，是指有专门的客运设备，用于旅客运输的汽车。

载货汽车，主要用于货物运输。

不论是载货或载客汽车，都应在从事相关业务之前，取得公安交通管理部门核发的车辆牌照及工商行政管理机关核发的营业执照。

（二）水上运输统计的范围

附营水上运输单位，主要是对其机动和非机动的营运船只数量及其报告期完成的客、货运量和营业收入等指标进行统计。

二、附营交通运输业统计的指标

（一）附营公路运输的统计

附营公路运输的统计指标有很多，可以分为从运输量、运输产值、运输汽车运用情况等方面反映，包括货运量、货运周转量、货物平均运距、汽车运输产值、汽车实有数量、总车日、工作车日、总行程、完好率、工作率、营业收入等指标。

（二）附营水上运输的统计指标

附营水上运输的统计指标，如水上运输工具的数量；载客、载货运输的运量及周转量；客、货船功率；营业收入；年末从业人员人数以及从业人员报酬等。

第四节　附营其他业务活动的统计

建筑企业附营业务，除前面所介绍的附营工业，附营批发零售贸易业，附营交通运输业的统计工作之外，还有其他的附营业务活动，比如餐饮业、居民服务业、娱乐服务业等，也要对其业务活动情况进行统计。对建筑业其他附营业务活动统计，国家统计局设定的指标有单位数，从业人数，从业人员报酬和收入四项指标，由法人单位综合统计。

一、附营业务单位数

其他附营业务单位数，是指附属于建筑业企业的从事非建筑生产活动的附营活动单位数。

这些从事附营业务的单位，必须同时具备较固定的经营场所，可以单独组织生产、经营或业务活动，以及独立核算的特征，这三个条件缺一不可，否则，不应作为附营单位个数统计。

二、年末从业人数

年末从业人数，是指附营业务单位报告期末在附营活动单位从事生产劳动并由附营活动单位支付劳动报酬的全部人员。

三、从业人员报酬

从业人员报酬，是指报告期内附营活动单位以各种形式支付给从业人员的劳动报酬。既包括工资、奖金、各种津贴、补贴以及返聘人员的报酬，也包括各种实物工资。

四、收入

收入，是指附营活动单位通过生产经营活动所取得的全部收入。这里的收入一般是指毛收入，即未扣除成本费用的总收入。

练　习　题

一、填空题

1．附营工业产品是指附营工业生产单位进行工业生产活动的_____成果。
2．附营工业产品产值是以_____的形式表示的产品产量。
3．附营工业产品的生产能力是企业生产某种产品的全部设备的_____年产量。
4．附营批发零售贸易业统计，反映了企业从_____到_____的过程。
5．附营交通运输业统计包括了公路运输统计和_____两方面。

二、多项选择题

1．附营工业产品按其完成程度分为（　　）。
　A．成品　　B．半成品　　C．在制品　　D．实物产品
2．附营工业产品价值的计算价格有（　　）两种形式。
　A．现行价格　　B．不变价格　　C．可变价格
3．工业产品生产能力的主要统计指标有：（　　）。
　A．年初生产能力　　B．本年新增生产能力
　C．年末生产能力　　D．全年平均生产能力

三、简答题

1. 附营工业产品产值统计的原则是什么？范围是什么？
2. 决定工业产品生产能力的基本因素有哪些？
3. 什么是商品购进总额与商品销售总额？
4. 附营交通运输的统计指标有哪些？
5. 附营其他业务活动统计的内容有哪些？

参 考 文 献

1. 国家电力公司人力资源部,国家电力公司劳动信息管理委员会编. 劳动统计信息管理实用手册. 北京:中国电力出版社,1999
2. 建设部建筑业司,中国建筑业协会统计专业委员会编. 建筑企业统计工作手册. 北京:工商出版社,1997
3. 肖智明,凌玮编. 新编经济统计学原理. 上海:同济大学出版社,2001
4. 国家统计局编. 建筑业统计指标解释
5. 颜子源编. 建筑企业统计. 北京:中国建筑工业出版社,1995
6. 范仲玉编. 建筑企业统计. 北京:中国建筑工业出版社,2000